基金管理公司和基金经理特征
对基金绩效的影响研究

董丽娃　著

中国财经出版传媒集团

经济科学出版社
Economic Science Press

图书在版编目（CIP）数据

基金管理公司和基金经理特征对基金绩效的影响研究/
董丽娃著 . —北京：经济科学出版社，2019.3
ISBN 978 - 7 - 5218 - 0358 - 7

Ⅰ. ①基… Ⅱ. ①董… Ⅲ. ①基金 - 经济评价 -
中国 Ⅳ. ①F832.51

中国版本图书馆 CIP 数据核字（2019）第 049044 号

责任编辑：于海汛 陈 晨
责任校对：王肖楠
版式设计：齐 杰
责任印制：李 鹏

基金管理公司和基金经理特征对基金绩效的影响研究
董丽娃 著
经济科学出版社出版、发行 新华书店经销
社址：北京市海淀区阜成路甲 28 号 邮编：100142
总编部电话：010 - 88191217 发行部电话：010 - 88191522
网址：www. esp. com. cn
电子邮件：esp@ esp. com. cn
天猫网店：经济科学出版社旗舰店
网址：http：//jjkxcbs. tmall. com
北京季蜂印刷有限公司印装
710×1000 16 开 15.75 印张 240000 字
2019 年 3 月第 1 版 2019 年 3 月第 1 次印刷
ISBN 978 - 7 - 5218 - 0358 - 7 定价：56.00 元
（图书出现印装问题，本社负责调换。电话：010 - 88191510）
（版权所有 侵权必究 打击盗版 举报热线：010 - 88191661
QQ：2242791300 营销中心电话：010 - 88191537
电子邮箱：dbts@ esp. com. cn）

Preface | 前　言

　　自改革开放以来，中国经济迅速增长。按照国内生产总值（GDP）总量衡量，中国成为世界第二大经济体；按照人均 GDP 衡量，中国成为中等收入国家。中国的储蓄存款总额占 GDP 的比重超过 70%。在居民的家庭金融资产中，储蓄存款和现金占比达到 75%，而证券、基金等理财产品占比还不到 25%。大力发展财富管理行业既是中国经济发展到中等收入阶段的需要，也是提高居民的财产性收入、全面建设小康社会的需要。作为财富管理业的重要组成部分，基金业虽然取得了飞速发展，但是与美国、英国等发达国家相比还有较大差距。自从 1997 年底至 1998 年初中国基金业从老基金转变为新基金之后，基金业的发展速度是金融部门中最快的。

　　基金的运作和管理通常采取"投资决策委员领导下的基金经理负责制"，投资者在投资购买基金的时候通常也会考虑基金管理公司和基金经理的特征。那么，基金管理公司和基金经理的特征是否会影响基金绩效？哪些特征会影响基金绩效？会产生什么影响？

　　本书采用了历史分析法、逻辑归纳法和计量实证法等研究方法。在文献综述的基础上，一是从股东性质、股权结构和内部治理结构三大方面描述基金管理公司的总体特征，从生理特征、学历特征、从业资质和从业经验四个方面描述基金经理总体特征，表明不同基金所属的基金管理公司和基金经理特征存在差别；二是选择了中国 140 只开放式股票型基金作为样本，采用 2004 年 7 月 1 日至 2015 年 12 月 31 日的数据，计算了其绩效；三是在逻辑分析的基础上归纳了基金管理公司和基金经理特征影响基金绩效的 10 个假说；四是实证检验基金管理公司和基金经理特征影响基金绩效的假说；五是给出结论和政策建议与启示等。

第一，基金管理公司和基金经理的特征各异，并且差别较大。从基金管理公司的股东性质、股权结构、内部治理结构等方面考察基金管理公司的总体特征，主要表现为：一是股东性质多元化，从原来只有证券公司和信托公司才能够作为基金管理公司的发起人和主要股东，到商业银行、保险公司、投资公司等都可以，再到外资、实业公司等都可以成为基金管理公司的股东；二是基金管理公司的股权结构各异，并且不断变化，表现为绝对控股型为主，相对控股型其次，分散持股型占比很少，还不到10%；三是内部治理结构多样化，基本框架基本相同，都拥有董事会、监事会、独立董事、督察长等，但是董事会规模、监事会规模、独立董事人数及其占比等存在差别。从性别、年龄、学历及其毕业院校和从业经验等方面考察基金经理的总体特征，主要表现为：一是总体上男性基金经理多于女性，同时女性基金经理的比例也在不断提高；二是基金经理相对都比较年轻；三是基金经理的学历都相对比较高，而且名校毕业的占比绝大多数；四是基金经理的从业时间普遍不长，特别是在职的基金经理。

第二，基金管理公司的第一大股东性质、是否合资、股权结构和内部治理结构等特征会影响基金绩效。一是基金管理公司第一大股东性质、股权结构、独立董事占比和监事会规模对基金收益和绩效具有显著的影响，是否合资、董事会规模和总经理是否董事对基金收益和绩效的影响不显著；第一大股东性质、是否合资、监事会规模对基金风险的影响显著，股权结构、董事会规模、独立董事比例和总经理是否董事对基金风险的影响不显著；二是第一大股东性质会影响基金收益、绩效和风险，相对于第一大股东不是证券公司的基金管理公司所管理的基金，第一大股东是证券公司的基金管理公司所管理的基金低收益、低绩效、低风险；相对于第一大股东不是信托公司的基金管理公司所管理的基金，第一大股东是信托公司的基金管理公司所管理的基金高收益、高绩效、高风险；相对于第一大股东不是商业银行的基金管理公司所管理的基金，第一大股东是商业银行的基金管理公司所管理的基金低收益、低绩效、高风险；三是合资基金管理公司具有显著更高的总风险和非系统性风险；四是基金管理公司的股权结构与基金收益和绩效负相关，股权集中度越高，基金收益和基金绩效越低；五是基金管理公司董事会的独立董事占比与基金收益正相关；六是基金管理公司的监事会规模与基金收益、绩效和风险之间负相关。

第三，基金经理性别、学历和从业经验等特征会影响基金绩效。一是在单独考察基金经理特征的影响时，基金经理性别和从业经验对基金收益和绩效的影响不显著；基金经理的学历对基金收益和绩效的影响显著；基金经理的性别、学历和从业经验对基金风险有显著影响，但不是对总风险、系统性风险和非系统性风险都有显著影响；在同时考察基金管理公司和基金经理特征的影响时，基金经理的性别对基金绩效的影响显著，男性基金经理具有更高的基金绩效；二是男性基金经理相对于女性基金经理所管理的基金具有更低的系统性风险；三是具有博士学位的基金经理相对于硕士及以下学历的基金经理具有更低的收益、绩效和非系统性风险；四是基金经理经验与基金风险负相关，表明基金经理的经验对控制基金风险有作用。

通过对中国基金管理公司和基金经理特征及其与基金绩效影响关系的分析和实证检验所得出的结论，可以得出对基金业监管部门、基金管理公司和基金投资者的若干政策含义和启示。

第一，对基金业监管部门的政策建议。一是必须要加强监管和执法力度，特别是对基金管理公司与股东可能存在的关联交易等进行监管；二是要逐渐放松对基金业发展的管制，特别是进入管制；三是进一步探索基金管理公司、基金经理与基金份额持有人利益相关、激励相容的基金运行模式，提高基金收益和绩效，可以探索基金管理公司员工——包括高管、董事、基金经理等——成为所管理基金的份额持有人模式，可以探索基金管理费的计提与单位基金份额净值直接相关而不是只与基金净值相关的模式。

第二，对基金管理公司的启示。一是从收益、绩效和风险的角度看，基金管理公司未必要引进外资组建合资基金管理公司；二是从收益和绩效的角度看，基金管理公司要降低股权集中度；三是从基金管理公司的内部治理结构对基金绩效的影响看，提高独立董事占比，降低监事会规模；四是基金管理公司对基金经理的选择应该重视学历和从业经验，从控制风险的角度看选择更高学历者和更长工作经验者。

第三，对基金投资者的启示。一是要重点考虑基金管理公司的第一大股东性质、是否合资、股权结构、独立董事占比和监事会规模等因素，董事会规模和总经理是否董事等因素不重要；二是从收益和绩效的角度看应该主要考虑基金经理的性别和学历，不要太在乎基金经理的从业经验，但是从风险的角度看，基金经理的三个方面的个人特征都应该考虑。

本书的创新大体上体现在三个方面：

第一，将基金管理公司特征和基金经理特征放在一起共同考察对基金绩效的影响。现有文献基本上都是分别研究基金管理公司特征和基金经理特征对基金绩效的影响，很少有文献将二者放在一起共同考察对基金绩效的影响。本书在分别研究基金管理公司特征和基金经理特征影响基金绩效的基础上，将二者共同作为解释变量，考察它们对基金绩效的影响。

第二，全面研究基金管理公司第一大股东性质对基金绩效的影响。在已有文献中，虽然也考察基金管理公司股东性质对基金绩效的影响，但是主要考察证券公司作为股东对基金绩效的影响，要么是采用虚拟变量要么是采用证券公司持有基金管理公司的股权比例作为解释变量。本书设定了四个模型分别考察基金管理公司第一大股东为证券公司与非证券公司、信托公司与非信托公司、银行与非银行、其他类公司与证券公司、信托公司、银行对基金绩效的影响，并且以这四个模型为基准，逐渐增加基金管理公司是否合资、股权结构和内部治理结构等变量以全面考察基金管理公司特征对基金绩效的影响。

第三，研究基金管理公司监事会规模对基金绩效的影响。已有研究基金管理公司内部治理结构影响基金绩效的文献主要是研究董事会规模、独立董事占比、总经理是否为董事等的影响，还没有文献研究基金管理公司监事会对基金绩效的影响。本书在内部治理结构变量中，采用监事会规模作为解释变量研究监事会对基金绩效的影响。

Contents | **目　录**

第1章　引言 ……………………………………………………………… 1

1.1　选题背景、问题提出与研究意义 ………………………… 1

1.2　主要概念界定 …………………………………………… 10

1.3　研究思路与研究方法 …………………………………… 17

1.4　主要的创新与不足之处 ………………………………… 19

1.5　本书的结构框架 ………………………………………… 20

第2章　文献综述 ……………………………………………………… 22

2.1　对证券投资基金绩效评价的研究 ……………………… 23

2.2　对基金管理公司特征和基金经理特征影响
　　　基金绩效的研究 ………………………………………… 29

2.3　简要评论与本章小结 …………………………………… 44

第3章　中国基金管理公司和基金经理特征的总体描述 ……… 48

3.1　中国基金管理公司特征的总体描述 …………………… 49

3.2　中国基金经理特征的总体描述 ………………………… 73

3.3　本章小结 ………………………………………………… 80

**第4章　中国证券投资基金的绩效评价：指标选择、样本选择与
　　　实证结果** ………………………………………………………… 83

4.1　基金绩效衡量的指标与模型选择 ……………………… 83

4.2　中国证券投资基金绩效衡量的样本选择和区间选择 ……… 93

4.3　基金绩效的计算：以景顺长城优选基金为例 ················· 94

4.4　本章小结 ·· 112

第5章　基金管理公司和基金经理特征对基金绩效的影响：
　　　　机理和假说 ··· 113

5.1　基金管理公司特征对基金绩效的影响：机理和假说 ········ 115

5.2　基金经理特征对基金绩效的影响：机理和假说 ··········· 123

5.3　本章小结 ·· 126

第6章　基金管理公司特征对基金绩效影响的实证检验 ·········· 127

6.1　数据来源、变量选择与描述性统计 ····················· 127

6.2　基金管理公司第一大股东性质对基金绩效的影响 ········· 131

6.3　基金管理公司的股权结构和内部治理结构对
　　　基金绩效的影响 ······································ 146

6.4　本章小结 ·· 158

第7章　基金经理特征对基金绩效影响的实证检验 ·············· 160

7.1　基金经理特征对基金绩效影响的实证检验 ··············· 160

7.2　基金经理特征对基金风险影响的实证检验 ··············· 170

7.3　稳健性检验 ·· 172

7.4　本章小结 ·· 187

第8章　结论、政策建议及有待进一步研究的问题 ·············· 188

8.1　结论 ··· 188

8.2　政策含义和启示 ·· 190

8.3　有待进一步研究的问题 ································· 196

参考文献 ··· 198

附录1　样本基金名称及所属公司 ···························· 234

附录2　样本基金管理公司中样本基金的数量 ················· 240

后记 ·· 242

引　言

1.1　选题背景、问题提出与研究意义

1.1.1　选题背景

1.1.1.1　随着中国人均 GDP[①] 达到中等收入国家水平，中国进入财富管理时代

（1）中国人均 GDP 达到中等收入国家水平。自改革开放以来，中国经济迅速增长，GDP 总量在 2010 年超过日本，成为世界第二大经济体。2014 年中国 GDP 总量超过 10 万亿美元，成为世界上仅有的两个经济总量超过"10 万亿美元"的国家。中国的人均 GDP 在 2011 年达到 5576 美元，超过 5000 美元，进入中等收入国家行列。之后，中国人均 GDP 一直不断提高，2017 年人均 GDP 达到 8836 美元，2018 年人均 GDP 达到 9768.8 美元[②]。

[①]　Gross Domestic Product，国内生产总值。

[②]　中国的人均 GDP 数据来自：2014 年之前的数据来自国家统计局的年度数据；2017 年和 2018 年的数据根据《2017 年国民经济和社会发展统计公报》《2018 年国民经济和社会发展统计公报》中的人均 GDP 和全年平均汇率计算得出。

（2）"中国进入财富管理时代"。一般说来，当一个国家进入中等收入国家行列之后，将会对财富管理产生巨大的需求。2012 年 6 月 7 日，时任中国证监会主席的郭树清在中国证券投资基金业协会成立大会上发表了题为"我们需要一个强大的财富管理行业的报告"[①]，之后有人提出了"中国进入财富管理时代"[②] 的判断。

第一，中国的储蓄存款和人均储蓄存款都达到了比较高的水平。2014年，中国城乡居民储蓄存款达到 48.5 万亿元，占当年 GDP 的 76.3%；城乡居民人均储蓄存款达到 35477 元。表 1 - 1 给出了 1998 年到 2014 年中国城乡居民的储蓄存款情况。从表 1 - 1 可以看出，中国城乡居民储蓄存款总额和人均储蓄存款都不断攀升，从储蓄存款占 GDP 的比重来看，更是超过了 70%，甚至达到了 75% 以上。

表 1 - 1　　　　　　　1998 ~ 2014 年中国城乡居民储蓄存款情况

年份	城乡居民储蓄存款 总额（亿元）	城乡居民储蓄存款占 GDP 的比重（%）	人均城乡居民储蓄 存款（元）
1998	53407.47	62.92	4280.78
1999	59621.83	66.11	4739.94
2000	64332.38	64.48	5075.81
2001	73762.43	66.89	5779.53
2002	86910.65	71.83	6765.95
2003	103617.65	75.87	8081.27
2004	119555.39	74.39	9197.42
2005	141050.99	75.88	10787.34
2006	161587.3	74.24	12292.87
2007	172534.19	64.37	13058.01
2008	217885.35	68.79	16406.78
2009	260771.66	75.45	19540.78

① 郭树清. 我们需要一个强大的财富管理行业——在第一届基金业年会暨基金业协会成立大会上的讲话 [M]//中国证券投资基金年鉴编委会编. 中国证券投资基金年鉴：2012 ~ 2013（总第十卷）. 中国经济出版社，2014.

② 马庆泉，刘钊等. 中国基金业简史：1998 ~ 2013 [M]. 中国金融出版社，2014：239.

年份	城乡居民储蓄存款 总额（亿元）	城乡居民储蓄存款占 GDP 的比重（%）	人均城乡居民储蓄 存款（元）
2010	303302.5	74.17	22619.15
2011	343635.89	70.98	25504.57
2012	399551.04	74.81	29508.07
2013	447601.6	76.12	32894.47
2014	485261.34	76.28	35476.99

注：城乡居民储蓄存款总额指标 2014 年之后国家统计局年度数据"人民生活"中不再统计，所以本书没有这一指标 2015～2018 年的数据。

资料来源：城乡居民储蓄存款总额来自国家统计局年度数据"人民生活"；城乡居民储蓄存款占 GDP 的比重和人均储蓄存款根据城乡居民储蓄存款总额和 GDP 数据、总人口数据计算得出，GDP 数据和总人口数据来自国家统计局年度数据中的"国民经济核算"和"人口"两部分。见http：//data.stats.gov.cn/。

第二，中国居民的家庭金融资产中，储蓄存款和现金这两种无风险资产占比高，股票、基金等有风险资产占比较低。根据西南财经大学中国家庭金融调查与研究中心 2012 年发布的中国家庭金融调查报告，中国居民的家庭金融资产中，银行存款占比达到 57.75%，现金占比为 17.93%，二者之和达到 75.68%，而股票占比为 15.45%、基金占比 4.09%、银行理财产品占比 2.43%。这一方面说明中国居民厌恶风险，另一方面说明中国的资本投资市场还不够完善和发达，居民对股票、基金等的较高风险还存在着较大的担忧。

第三，发展财富管理业是增加居民的财产性收入的重要手段。中共中央越来越重视居民财产性收入的提高，在中共十七大报告中曾经提出"创造条件让更多群众拥有财产性收入"，中共十八大报告中又进一步提出"多渠道增加居民财产性收入"的论述①，中共十九大报告又进一步提出"完善按要素分配的体制机制……拓宽居民劳动收入和财产性收入渠道"②

① 新华社. 十八大报告解读：如何多渠道增加居民财产性收入［EB/OL］. http：//www.gov.cn/jrzg/2013–02/12/content_2331513.htm.

② 习近平. 决胜全面建成小康社会 夺取新时代中国特色社会主义伟大胜利——在中国共产党第十九次全国代表大会上的报告［EB/OL］. http：//cpc.people.com.cn/n1/2017/1028/c64094–29613660–10.html.

并且将财产性收入提高到衡量国民富裕程度和实现全面建设小康社会的高度。

1.1.1.2　中国基金业取得了飞速发展，但是与发达国家相比还有较大差距

作为财富管理业中的一个重要组成部分，中国的基金管理业从 1998 年以来取得了飞速发展，然而中国基金业还存在各种各样的问题。

（1）基金业是中国财富管理业中管理资产最多的。根据中国证券投资基金业协会整理的数据①，2014 年底，中国公募基金、私募投资基金和各类私募资产管理计划合计资产管理规模达到 20.42 万亿元，占可统计资产管理规模的 42.1%，而信托公司的信托计划占比 26.9%、银行理财占比 30.9%。这表明，基金业在中国资产管理行业中具有非常重要的地位。

（2）中国基金业取得了飞速的发展。无论是从基金管理公司的规模、所管理资产的数量还是基金投资账户数量来看，都是如此。截至 2014 年底，公募基金投资账户数达到 4.64 万亿户，占全国总人口的 33.93%，占全国家庭总户数的 111.30%；有效账户数为 1.27 万亿户，占全国总人口的 9.32%，占家庭总户数的 30.56%②。截至 2014 年底，中国已经成立基金管理公司 95 家，有 6 家证券公司取得了公募基金管理资格，共发行基金 1897 只；公募基金份额达到 4.20 万亿份，年末资产净值达到 4.54 万亿元，占 GDP 的比重达到 7.13%，占 M2③ 的比重为 3.70%，占金融机构各类存款余额的比重为 3.87%，占股票市价总值的 12.23%；截至 2015 年底，中国已经成立基金管理公司 101 家，有 10 家证券公司或证券公司资管子公司、1 家保险资管公司取得了公募基金管理资格，共发行公募基金 2722 只；公募基金份额达到 7.67 万亿份，年末资产净值达到 8.40 万亿

---

① 中国证券投资基金业协会编. 中国证券投资基金业年报（2014）［M］. 中国财政经济出版社，2015：6.

② 公募基金投资账户数量和有效账户数量来自中国证券投资基金业协会编. 中国证券投资基金业年报（2014）［M］. 中国财政经济出版社，2015：136；中国人口总数和家庭户总数来自国家统计局的年度数据；公募基金投资账户数和有效账户数占全国总人口和家庭总户数的比重根据以上两个数据计算得出。

③ Broad money，广义货币，反映货币供应量的重要指标。

元，占 GDP 的比重达到 12.41%，占 M2 的比重为 6.03%，占金融机构各类存款余额的比重为 6.01%，占股票市价总值的 20.09%①，如表 1 - 2 所示。

表 1 - 2   中国公募基金在宏观经济金融部门中的规模占比

年份	项目	公募基金	宏观经济	货币金融			资本市场	
			GDP	M2	金融机构存款余额	金融业总资产	股市总市值	债券余额
2013	资产（万亿元）	3.0	58.80	110.70	107.10	203.75	23.91	30.00
	占比（%）	100	5.10	2.71	2.80	1.47	12.55	10.00
2014	资产（万亿元）	4.54	63.64	122.84	117.37	235.13	37.11	29.41
	占比（%）	100	7.13	3.70	3.87	1.93	12.23	15.44
2015	资产（万亿元）	8.40	67.67	139.2	139.8	——	41.80	——
	占比（%）	100	12.41	6.03	6.01	——	20.09	——

资料来源：2013 年和 2014 年数据来自中国证券投资基金业协会编. 中国证券投资基金业年报（2014）［M］. 中国财政经济出版社，2015：7；2015 年公募基金资产净值数据来自中国证券投资基金业协会. 公募基金市场数据（2015 年 12 月）［EB/OL］. http：//www. amac. org. cn/tjsj/xysj/jjgssj/390189. shtml；宏观金融数据来自《2015 年国民经济和社会发展统计公报》，占比数据根据公募基金数据和宏观金融数据计算得出。

（3）中国基金业与美国、英国、日本等发达国家的基金业还存在较大差距。中国的基金业从 1997 年《证券投资基金管理暂行办法》之后进入规范发展阶段，之后于 2003 年获得通过《证券投资基金法》并于 2004 年

---

① 基金管理公司家数、基金只数、基金份额数、资产净值等原始数据中 2014 年数据来自：中国证券投资基金业协会. 证券投资基金市场数据（2014 年 12 月）［EB/OL］. http：//www. amac. org. cn/tjsj/xysj/jjgssj/387824. shtml；2015 年数据来自：中国证券投资基金业协会. 公募基金市场数据（2015 年 12 月）［EB/OL］. http：//www. amac. org. cn/tjsj/xysj/jjgssj/390189. shtml。宏观经济金融数据来自《2015 年国民经济和社会发展统计公报》占比数据根据公募基金数据的宏观金融数据计算得出。

开始实施，2012 年进行了修订，但是由于中国证券市场特别是股票市场还处于发展的早期阶段，"过山车式"的波动还异常突出，导致了基金投资者具有投机心理，同时中国的证券投资基金都是契约型基金，基金管理公司的股东与基金持有人之间存在利益冲突。由于中国的基金业起步比较晚，虽然发展速度比较快，但是与美国等发达国家的基金业还存在着较大差距，比如到 2013 年中国基金资产规模仅占全球的 1.6%，排第十位，远低于美国（50%）、卢森堡（10.1%）、澳大利亚（5.4%）等①国家。这说明，中国的基金业还有巨大的发展空间。

1.1.1.3　作为基金业最重要主体的基金管理公司各有特点，基金经理更换频繁，基金份额持有人②利益优先原则难以实现

中国的基金业中，基金管理公司是基金的发起人和管理人；在基金的管理和运行中大多数实行"投资决策委员会领导下基金经理负责制"（宋国良，2005）。基金管理公司是基金业最重要的单位主体，基金经理是基金业最重要的个人主体。

（1）基金管理公司各有特点。不仅不同基金管理公司的特征存在差别而且同一个基金管理公司的特征在不同时期也存在较大差别，这既是中国基金业相关制度演变的要求，也是基金管理公司自身发展的需要。从股东和股权结构性质看，经历了从证券公司和信托投资公司到引进外资股东，到银行股东、保险公司股东等过程，使中国的基金管理公司的股权结构、股东性质具有很大差别，既有绝对控股型，也有相对控股型，还有分散持股型，第一大股东既有证券公司、信托投资公司，也有外资，还有银行或保险公司等。从内部治理结构看，2001 年引进独立董事制度，并且规定了独立董事占基金管理公司董事总人数的比例不低于 3 人，不低于 1/3；董

---

① 数据来源于：中国证券投资基金业协会编. 中国证券投资基金业年报（2014）［M］. 中国财政经济出版社，2015：6.

② 需要说明：基金的个体投资者在中国基金业发展的初期在文件中都采用的是"基金持有人"，后来采用了"基金份额持有人"。本书中对基金持有人和基金份额持有人两种说法都有采用并未统一，并且尽量采用"基金份额持有人"说法，原因在于一方面要尽量与文件中的说法保持一致，另一方面是采用最新的更准确的表述方式"基金份额持有人"。

事会的规模也有很大差别，董事人数最多的可以达到 13 人，最少的只有 7 人；在董事会中还有内部董事和外部董事，其中总经理是否为董事在各个基金管理公司存在差别；监事会是基金管理公司从成立之后就一直存在的，然而监事会也存在差别，主要是内部监事或者职工监事的比例存在差别。

（2）中国基金经理更换频繁，个人特征差别较大。基金经理的个人特征可以从生理特征（年龄和性别）、教育背景（学历、毕业院校、MBA、海外学习）、从业资质（CFA 证书和 CPA 证书）、从业经历（从事金融业时间、从事证券业时间、从事基金业时间或担任基金经理时间等）来考察（陈圆圆，2012；关山晓，2016）。从年龄角度看，中国基金业由于起步较晚，特别是新基金从 1998 年才开始，基金经理的年龄都相对比较小，最小的不超过 30 岁，最大的也不过 40 多岁；从性别角度看，从最初的清一色男性基金经理到后来有了部分女性基金经理，据统计，女性基金经理数量约为男性基金经理的 1/5[①]。从教育背景看，由于基金业是一个具有高度专业性并且管理着巨额资金投资运作的行业，对学历、毕业院校等的要求比较高，大多数基金经理具有硕士或博士学位，本科及以下学历的基金经理占比不超过 10%[②]，甚至还有很多海归博士或硕士。从毕业院校看，绝大多数基金经理毕业于名校，据考察，基金经理毕业院校最多的是北京大学和复旦大学，其次是清华大学、上海财经大学等[③]。从职业资质上看，绝大多数基金经理具有特许金融分析师（CFA）证书或注册会计师（CPA）证书。从从业经历看，有的是从证券公司、商业银行等转到基金业的，有的是一直在基金业中工作，而且中国基金经理更换和跳槽都非常频繁，平均任职年限仅为 2.6 年，近 40% 的基金经理任职不足一年[④]。

---

① 高谈. 女性基金经理业绩、平稳性并无优势 [N]. 第一财经日报，2012 – 3 – 10：B4.

② 据统计，硕士占 80.27%，博士占 13.47%，本科占 5.99%，大专生只有 2 名。数据来自安丽芬. 基金经理教育背景调查：12 所高校"量产"87% 基金经理 [N]. 21 世纪经济报道，2012 – 6 – 25：21.

③ 安丽芬. 基金经理教育背景调查：12 所高校"量产"87% 基金经理 [N]. 21 世纪经济报道，2012 – 6 – 25：21.

④ 唐芳. 基金经理平均任职 2.6 年四成任职不足一年 [EB/OL]. http：//money. 163. com/15/0817/04/B16NQCIO000253B0H. html.

（3）基金份额持有人利益优先原则难以实现。中国基金业发展的制度虽然都一直规定要优先保证基金份额持有人利益，然而由于基金管理公司的独立董事、督察长、基金经理等与基金管理公司的利益关系比与基金份额持有人的利益关系更加密切，对他们的行为约束主要是外部约束，缺乏内在激励，导致基金份额持有人利益优先原则难以得到保证和实现。

1.1.2 问题提出

由于基金管理公司和基金经理是基金业发展最重要的主体，也是基金投资者投资所形成基金的管理者和运作者，其利益能否得到实现与基金管理公司和基金经理具有很大关系。基金投资者在选择购买基金时，往往也会把基金管理公司和基金经理的特征作为主要考虑因素[①]，考虑基金管理公司的规模、存续时间、业绩、股权结构、治理结构等，考虑基金经理的性别、年龄、学历、经验、业绩排名等因素。那么，基金管理公司和基金经理是否影响基金绩效？基金管理公司和基金经理的哪些特征影响基金绩效？这构成本书研究的核心问题。

第一，基金管理公司和基金经理的特征包括哪些方面？具有什么特点？本书将选取第一大股东性质、股权结构、内部治理结构等方面考察基金管理公司的总体特征，选取性别、年龄、学历及毕业院校、从业经验等分析中国基金经理的总体特征。

第二，中国证券投资基金的绩效如何？哪些指标衡量基金绩效？如何衡量基金绩效？本书在国泰安数据库中按照一定的要求选取了140只开放式偏股型基金，计算其收益率、詹森（Jensen - α）指数、夏普（Sharpe）指数、特雷诺（Treynor）指数和信息比率等。

第三，基金管理公司特征和基金经理特征如何影响基金绩效？各种特征会产生什么影响？机理是什么？本书将在有关文献的基础上并结合中国

---

① 许多研究表明，基金管理公司和基金经理是投资者选择投资基金时考虑的两个最重要因素。见中国证券业协会发布的《基金投资者情况调查分析报告（2010）》和中国证券投资基金业协会发布的《基金投资者情况调查分析报告（2012）》等都得出，投资者在选择基金品种时将基金管理公司、基金经理等作为重要因素。

实际把基金管理公司特征分为第一大股东性质、是否合资、股权结构、内部治理结构四大方面，把基金经理特征分为性别、学历和从业经验三个方面，分析各个特征影响基金绩效的机理，归纳相关假说。

第四，基金管理公司特征对基金绩效到底会产生什么影响？是否能够证实基金管理公司特征影响基金绩效的假说？本书将以基金管理公司第一大股东的性质作为基准模型，分别增加基金管理公司是否合资、股权结构和内部治理结构变量验证基金管理公司特征影响基金绩效的假说。

第五，基金经理特征对基金绩效到底会产生什么影响？是否能够证实基金经理特征影响基金绩效的假说？

第六，研究基金管理公司和基金经理特征影响基金绩效这个问题能够对政策制定者或监管者、对基金管理公司和基金投资者提出什么建议或启示？本书将根据实证结果，分别分析对监管者的政策建议、对基金管理公司完善治理结构和投资者投资选择的启示。

1.1.3 研究意义

本书具有重要的理论价值和现实意义。理论价值主要体现为：

第一，证实或证伪基金管理公司特征影响基金绩效的理论假说和判断。关于基金管理公司的特征——包括公司的股东性质、股权结构、内部治理结构等影响基金绩效，国内外文献已经形成了若干假说与判断，然而不同的假说与判断在实证检验中得出的结果存在很大差别，本书的实证研究将证实或证伪有关假说。

第二，证实或证伪基金经理特征影响基金绩效的理论假说和判断。对于基金经理的个人特征对基金绩效的影响，国内外文献提出了若干假说与判断，然而实证检验得出的结果存在很大差别，甚至结果完全相反，本书的实证研究将证实或证伪有关假说或判断。

本书研究的现实意义体现在：

第一，为基金监管者完善基金管理公司和基金经理制度提供指导。通过实证研究发现基金管理公司特征和基金经理特征对基金绩效产生何种影响，提出完善基金管理公司和基金经理制度的政策建议。

第二，对基金管理公司完善治理结构和选择基金经理提供指导。通过对基金管理公司和基金经理特征影响基金绩效的实证研究，明确基金管理公司股东选择、股权结构设置、内部治理结构和基金经理的哪些特征影响基金绩效，提出基金管理公司完善治理结构、选择基金经理的政策建议。

第三，对基金投资者从基金管理公司和基金经理特征选择投资基金提供指导和参考依据。由于基金管理公司和基金经理是影响基金绩效的重要因素，它们的不同特征会对基金绩效产生不同的影响，相关结果可以为基金投资者选择基金时关注基金管理公司或基金经理哪些方面的特征提供指导和参考依据。

1.2　主要概念界定

本节对基金、证券投资基金、基金管理模式基于委托代理关系的基本分析框架进行讨论，以限定本书的研究对象。

1.2.1　基金与证券投资基金

基金与证券投资基金并非完全相同的概念，但是狭义上的基金一般就是指证券投资基金（马清泉、刘钊等，2014），许多研究者、实务工作者在讨论基金问题时通常就是指证券投资基金。这里讨论基金和证券投资基金的概念有两个目的：一是明确本书的研究对象，除非特别说明，就是指证券投资基金；二是从基金发展的历史和过程及基金的分类来看，证券投资基金是基金的一种，其委托代理关系与早期的基金没有本质的差别。

1.2.1.1　基金

"基金"这个词在汉语中有多种意思。一是"为兴办、从事或发展某种事业或活动而储备的资金或专门拨款"①，如慈善基金、教育基金、扶贫基金、福利基金等；二是国民经济中"通过国民收入的分配和再分配形成的具有特定用途的资金"②，如积累基金、生产基金、消费基金等；三是指"共同基金"，是"一种利益共享、风险共担的集合投资方式。通过发售基金份额募集资金，形成独立财产，由基金管理人管理，基金托管人托管，为基金份额持有人的利益，以投资组合的方式进行证券投资"③。根据基金的形成和使用，通常情况下，基金至少有三种不同的类型：一是公益基金，如慈善基金等；二是公用基金、公共基金，通过社会或个人缴纳所形成的，用于社会福利或保障事业的基金，如社保基金；三是经营盈利性基金，如各种各样的投资基金，包括投资于实业和证券等的基金。本书所研究的是第三种类型的基金，而且是投资于证券的基金，其他类型的基金不在本书的研究范围内。

从经营营利性的角度来看，所谓基金（fund），就是"资金池"，是"以特定的目的而存在的资金的集合"（中国人民大学信托与基金研究所，2004），如果目的是进行投资并获取收益，这种基金就是投资基金；如果投资的是具体产业，就是产业投资基金；如果投资的是证券，就是证券投资基金。马清泉、刘钊等（2014）等给出了基金的广义定义，"是指专门用于某种特定目的并进行独立核算的资金，比如养老基金、救济基金、奖励基金等"。基金的资金来源可以分为很多种形式，如财政拨款、社会募集、自愿捐献或强制缴纳等。在运作中有的以营利为目的，有的不以营利为目的，如运用于各种救助、奖励的基金等。

从基金的定义来看，无论是什么形式的基金，都至少存在出资者和管理者两个主体，出资者将资金委托给管理者，由管理者进行管理、运行和使用，目标是实现对出资者许诺的目标或者出资者希望达到的目标。如果

---

① 这是中国的汉语词典中通常的解释，如龚学胜. 当代汉语词典（国际华语版）［M］. 商务印书馆国际有限公司，2007：810；新华大字典［M］. 商务印书馆国际有限公司，2014：371；新华汉语词典［M］. 商务印书馆国际有限公司，2011：452.

② 新华大字典［M］. 商务印书馆国际有限公司，2014：371；辞海［M］. 上海辞书出版社，2011：1007.

③ 辞海［M］. 上海辞书出版社，2011：1007、731.

出资者和管理者是同一个主体，那么管理者在基金的管理、运行和使用上就与出资者完全一致；如果出资者和管理者不是同一个主体，那么管理者在基金的管理、运行和使用上就可能出现与出资者目标不一致、甚至违背出资者目标的问题，即典型的委托－代理问题。

这就涉及如何通过一种机制设计来保证基金管理者与出资者的目标一致，即出资者如何激励和约束管理者。图1－1给出了基金委托代理关系的最基本框架。在基金的运行和管理中，出资者为委托人，管理者为代理人，委托人和代理人之间信息不对称，代理人能否按照委托人的目标行事，是其中最为核心的问题。在以投资和营利为目的的基金中，最为关键的就是代理人能否保证出资者共同出资建立的基金实现保值增值，能否为出资者带来收益。

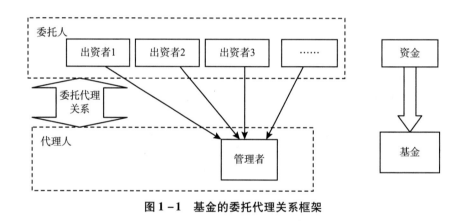

图1－1　基金的委托代理关系框架

1.2.1.2　证券投资基金

所谓证券投资基金就是投资于证券的基金。李曜、游搁嘉（2014）给出了一个相对具体的定义，"证券投资基金是一种将众多不特定投资者的小额资金汇集起来，委托专业的基金管理人进行投资管理，委托专业的基金托管人进行资产托管，基金所得的收益由投资者按出资比例分享的一种投资制度"。从最基本的委托代理关系来看，证券投资基金只是基金的一种形式，只不过其投资的对象不是具体产业，而是股票、债券、外汇、期货、期权等有价证券，也正是由于投资对象是有价证券，其投资收益会受到证券市场波动的影响而具有较高风险，因此为了保护投资人的利益，增加了一个基金托管人，通过托管人对管理人的行为进行一定的限制和约束。所以，证券投资基金的委托人仍然是出资者，管理人和托管人是代理人，而在管理人和托管人这两个代理人中，管理人是直接运营基金的主体，托管人并不运营基金，但是能够在一定程度上对管理人的行为进行限制和约束。其委托代理关系可以通过图1-2进行说明。

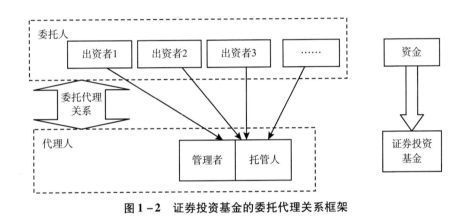

图1-2 证券投资基金的委托代理关系框架

在图1-2中，证券投资基金的形成与一般基金没有差别，都是由出资者分散的资金形成的，其与一般的基金不同之处在于其投资的对象是有价证券，由于有价证券特别是股票的价格波动等会提高投资的风险（相对于投资产业而言），为了向投资者保证或者向投资者发出投资相对安全的信号，也为了降低投资者的风险，管理者一般会将证券投资基金委托专业的托管者进行托管或者监管当局要求基金管理者将基金交给专业托管者进行托管。托管者不是基金管理者也不是基金管理公司，通常是取得了专业托管资格并得到监管部门认可的机构，如中国的专业基金托管者主要是国有商业银行等。因此，证券投资基金管理和运营中的委托代理关系决定了其机制设计会影响基金的管理者和托管者是否为出资者的利益行事。

1.2.2 基金与基金管理公司

按照基金的组织形态，基金通常被划分为公司型基金（corporate type funds）和契约型基金（contractual type funds）（李曜、游搁嘉，2014）。这两种不同类型基金的组织形态决定了基金与基金管理公司之间的关系不同，基金持有人、基金托管人、基金管理人之间关系不完全相同，决定了基金经理与基金管理公司之间的关系不同。

公司型基金是"依据《公司法》而成立的投资基金。即委托人发起以投资为目的的投资公司（或称基金公司），发行出售投资公司的股份，投资者购买投资公司的股份、参与共同投资"（李曜、游搁嘉，2014）。公司型基金的基本当事人包括受益人（基金持有人）、基金公司、基金管理人和托管人四个主体，基金公司因基金而存在，基金本身就是一个公司，基金与基金公司是完全对应的，一家基金公司对应着一只基金。基金公司作为一个主体寻找合适的基金托管人、基金管理人，签订相应的协议，基金托管人和基金管理人对基金公司负责。

按照李曜、游搁嘉（2014），契约型基金是"基于一定的信托契约而组织起来的信托投资制度，一般由投资者、基金管理公司、基金托管机构三方通过订立信托投资契约而建立"（李曜、游搁嘉，2014）。契约型基金的基本当事人包括受益人（基金持有人）、基金管理人和托管人三个主体，然而，基金管理人又至少包括两个主体：基金管理公司和基金经理。一家基金管理公司可以发行多只基金，从而一家基金管理公司可能有多只不同的基金；而且还可能既有封闭式基金，也有开放式基金；既有股票型基金，也有债券型基金，还有混合型基金。与公司型基金相比较，契约型基金不是一个独立的主体，最多算是一个信托契约或者资金池，内置于基金管理公司，基金与基金管理人合二为一。

在契约型基金中，基金受益人（基金的持有者、投资者）是通过购买基金受益凭证的方式加入投资基金，有权参与投资收益的分配，但是不参与基金管理公司的治理；在公司型基金中，基金的投资者通过基金公司的股份而成为其股东，具有股东的所有权利，如表决权、利益分配请求权、

剩余财产分配权等。所以，从基金投资者和基金与基金管理公司的关系
看，契约型基金的投资者与基金存在利益相关关系，但是与基金管理公司
不是一一对应的利益关系，特别是当基金管理公司有多只基金的时候，只
与其所持有的基金相关，而与没有持有的基金之间不存在利益关系；公司
型基金的投资者与基金和基金公司的关系是一一对应的，因为持有基金就
相当于持有基金公司的股份。图 1 - 3 给出了契约型基金和公司型基金中
基金持有者与基金和基金管理公司之间的关系。

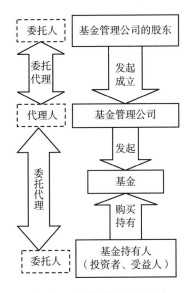 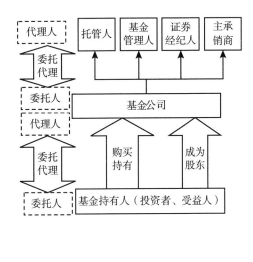

（a）契约型基金的投资者与基金和　　　　（b）公司型基金的投资者与基金和
　　　基金管理公司间的关系　　　　　　　　　基金管理公司间的关系

图 1 - 3　契约型基金和公司型基金中基金持有者与基金（管理）公司之间的关系

在图 1 - 3 中，（a）图给出了契约型基金中基金持有人与基金和基金
管理公司的关系。基金管理公司的股东发起成立基金管理公司，作为独立
的法人，取得发起设立基金的资格，基金的发行销售获得批准之后开始销
售，基金投资者通过购买基金成为持有人、受益者，所以基金持有人、受
益者仅仅以所持有的基金资产与基金管理公司产生委托代理关系，与基金
管理公司发行的其他基金之间没有关系，与基金管理公司的法人财产也没

有关系。图 1-3 中，（b）图给出了公司型基金中基金持有人与基金和基金管理公司的关系。基金持有人同时也就是基金公司的股东，基金公司是凭借基金持有人认缴或购买的基金形成的资产而成立，因此其与基金公司存在直接的利益关系，其投资的份额构成基金公司的股份。

1.2.3 基金收益、基金绩效与基金管理公司的收益

基金收益是指基金在一定期限内（日、周、月或年）管理和运作中能够实现的收益。基金的收益通常有四种来源：利息收入、股利收入、资本利得和其他收入（李曜、游搁嘉，2014），按照中国证券投资基金信息披露的有关规定，基金的收益率按照不同的加权方式可以分为基金份额收益率和基金净值收益率。无论是哪一种指标，基金收益都直接反映出来的是基金在一定期限内能够实现的增值。基金公司每日公布基金的单位资产净值，单位资产净值的变化就最为直接得体现了基金的收益。比如，基金发行时每单位 1 元，在发行之后于某个时间点（日、周、月或年）公布的单位资产净值为 1.10 元，就相当于在该时间段内基金的收益率为 10%。这是投资者能够观察到的最直接的指标，也是大多数投资者在投资时最常考虑的指标。

随着证券投资基金业的发展，基金的收益并非一直稳定增长，许多研究者提出在研究或分析基金收益时需要考虑基金投资的风险，调整了风险的收益就是基金的绩效指标。换句话说，投资者投资于基金，不能够只看到基金在某个时间段的收益率，还要考虑基金投资可能具有的风险。所有的基金投资都具有风险，在证券投资基金中，证券投资基金的风险还比较高，因为所投资证券的价格可能会有比较大的波动。因此，基金绩效就不仅仅是一定期限内基金的收益率，而是基金收益与风险权衡的结果，或者就是考虑了投资风险的收益率。传统上测量基金投资基金绩效的指标有夏普（Sharpe）指数、特雷诺（Treynor）指数和詹森（Jensen-α）指数；常用的衡量基金绩效指标还有基于三因素模型的 Fama-French-α，基于四因素模型的 Carhart-α；还有其他的一些基金绩效的衡量指标，比如信息比率（information ratio，IR）和 M^2 指数等。

由于中国的基金是契约型基金，基金管理公司与基金并非一一对应，一家基金管理公司可以发行和管理多只不同的基金，因此基金管理公司的收益与基金收益就不是相同的概念，来源也不同。基金收益主要来自投资活动，因为基金的本质是形成一个"资金池"，然后投资于股票、债券等各种有价值证券及产业而获得收益的活动；基金管理公司在建立之后通过发行基金，目的是赚取基金管理费，通常是按照所管理基金的一定比率提取，比如年 1.5% 或 2.5% 等。因此，基金管理公司能够获得的收益相对稳定，与基金的收益基本上没有关系，其最直接相关的就是所管理的基金的规模，基金规模越大，其能够获得收益就越多。对此，有许多学者提出了反对意见，因为基金的收益是不确定的、带有风险的，而基金管理公司的收益不论基金的收益如何，都要按照约定的固定比例提取，在基金业发展的历史上曾经形成了"基金管理公司较高的、无风险的管理费收入与投资者承担的巨大亏损并存"的局面。所以，有学者提出了基金的管理费率应该浮动的观点（张洁，2012）。

本书研究的对象既有简单的基金收益，也有调整了风险的基金绩效，但不是基金管理公司的收益或绩效。

1.3　研究思路与研究方法

1.3.1　研究思路

本书在综述国内外研究基金绩效评价、基金管理公司和基金经理特征影响基金绩效的相关成果的基础上，首先描述基金管理公司的股东、股权结构、内部治理结构等特征和基金经理的性别、年龄、学历、毕业院校、从业经验等特征，并总结其变化特点；其次选择中国 140 只股票型开放式基金为样本，采用 2004 年 7 月 1 日到 2015 年 12 月 31 日的半年度数据，计算各基金的绩效，作为被解释变量；再次根据逻辑推理和已有文献总结基金管理公司和基金经理特征影响基金绩效的 10 个假说；然后分别对基金管理公司特征和基金经理特征对基金绩效的影响进行实证检验；最后是总结全书、给出政策建议，并提出进一步研究的问题。图1-4给出了全书的研究路线。

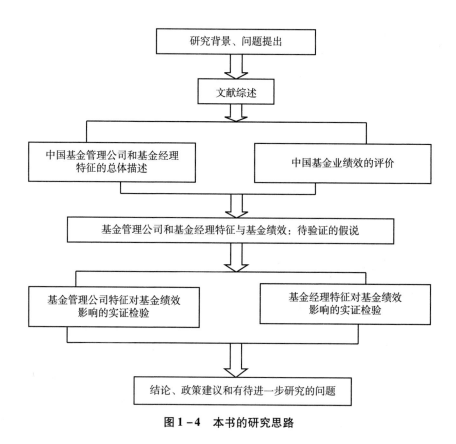

图1-4　本书的研究思路

1.3.2　研究方法

（1）历史分析法。通过对刻画或表现中国基金管理公司和基金经理特征的制度和发展变化进行研究，描述基金管理公司在股东性质、股权结构、内部治理结构等方面的特征及其变化，描述基金经理在性别构成、学历构成以及经验等方面的特征及其变化。

（2）逻辑归纳法。结合相关文献，从逻辑上分析基金管理公司特征和基金经理特征影响基金绩效的机理，归纳基金管理公司特征和基金经理特征影响基金绩效的假说。

（3）计量实证检验。一是采用经典的基金绩效评价指标对中国 140 只开放式股票基金 2004 年 7 月 1 日到 2015 年 12 月 31 日间每半年的绩效进行评价，计算了基金的收益率、夏普（Sharpe）指数、特雷诺（Treynor）指数和詹森（Jensen－α）指数、基于三因素模型的 Fama－French－α（简称 FF－α）、信息比率（Ir）等，作为被解释变量；二是采用多元线性回归、工具变量回归等计量方法实证检验基金管理公司和基金经理特征对基金绩效的影响，验证假说。

1.4 主要的创新与不足之处

1.4.1 本书的创新之处

本书的创新之处体现在三个方面：

一是将基金管理公司特征和基金经理特征放在一起共同考察对基金绩效的影响。现有文献基本上都是分别研究基金管理公司特征和基金经理特征对基金绩效的影响，除了何杰和杨丹（2010）外，很少有文献将二者放在一起共同考察对基金绩效的影响。本书在分别研究基金管理公司特征和基金经理特征影响基金绩效的基础上，将二者共同作为解释变量，考察它们对基金绩效的影响。

二是全面研究基金管理公司第一大股东性质对基金绩效的影响。在已有文献中，虽然也考察基金管理公司股东性质对基金绩效的影响，但是主要考察证券公司作为股东对基金绩效的影响，要么是采用虚拟变量要么是采用证券公司持有基金管理公司的股权比例作为解释变量。本书设定了四个模型分别考察基金管理公司第一大股东为证券公司与非证券公司、信托公司与非信托公司、银行与非银行、其他类公司与证券公司、信托公司、银行对基金绩效的影响，并且以这四个模型为基准，逐渐增加基金管理公司是否合资、股权结构和内部治理结构等变量以全面考察基金管理公司特征对基金绩效的影响。

三是研究基金管理公司监事会规模对基金绩效的影响。已有研究基金管理公司内部治理结构影响基金绩效的文献主要是研究董事会规模、独立董事占比、总经理是否为董事等的影响，除了肖继辉和彭文平（2010）外，还没有文献研究基金管理公司监事会对基金绩效的影响。本书在内部治理结构变量中，采用监事会规模作为解释变量研究监事会对基金绩效的影响。

1.4.2　本书的不足之处

一是偏重于对基金管理公司特征和基金经理特征影响基金绩效的实证检验，尚未结合中国契约型基金的实际，构建基金管理公司特征和基金经理特征影响基金绩效的理论模型。

二是实证研究数据的选取。本书主要选择了 140 只开放式股票型基金，而截止到 2015 年底中国已经成立并发行了 2722 只基金，仅占 5% 左右，相对来讲样本数量不是太多。同时，需要指出，在国泰安数据库中，在不同时间，按照相同的条件提取数据时，得到的基金样本存在差别。有些基金在国泰安数据中的类型和基金管理公司中对不同基金类型的界定也不完全相同。

三是数据处理的问题。有许多原始数据是根据《招募说明书》和《招募说明书（更新）》等逐个整理的，由于有的基金经理信息公布不齐全，比如基金经理的学历等信息，使数据有些缺失；有些信息虽然公布了但是只公布到月份，在整理数据时只能够做近似处理；还有些变更信息无法准确判断时间，也只能够做近似处理，这可能会导致与实际情况存在较大差别，甚至会影响实证结果。

1.5　本书的结构框架

全文共分为 8 章。

第 1 章是引言。阐述选题背景、研究意义、研究思路与研究方法，指出研究的创新点与不足之处。

第 2 章是文献综述。围绕着基金绩效的评价、基金管理公司特征和基金经理特征影响基金绩效等国内外文献进行综述，并对已有研究尚未关注到或关注到但尚未深入展开研究的问题进行评述。

第 3 章根据中国基金业发展描述基金管理公司和基金经理特征的变化及特点。

第 4 章中国证券投资基金的绩效评价：指标选择、样本选择与实证结果。按照一定标准，根据一定的程序和步骤，共选择了 140 只样本基金，选取 2004 年 7 月 1 日至 2015 年 12 月 31 日作为样本区间，按照每半年的频率计算样本基金的绩效，按照经典指标和方法，计算了 6 个刻画基金绩效的指标。

第 5 章结合已有文献对基金管理公司特征和基金经理特征影响基金绩效的机理进行逻辑推理，归纳全书需要验证的假说。

第 6 章实证检验基金管理公司特征影响基金绩效的假说。以基金管理公司的第一大股东性质为基准模型，逐渐加入基金管理公司是否合资、股权结构和内部治理结构变量考察对基金绩效的影响。

第 7 章实证检验基金经理特征影响基金绩效的假说。研究了基金经理性别、学历和经验对基金绩效和基金风险的影响；然后将基金管理公司特征和基金经理特征共同作为解释变量检验对基金绩效的影响。

第 8 章是全文的结论、政策建议及有待进一步研究的问题。

第2章 ∥

文 献 综 述

在国外，对证券投资基金的研究从什么时候开始无从追溯。从基金发展的历史看，虽然最早的基金可以追溯至 18 世纪的荷兰，但是世界金融史学家一般将 1868 年英国"海外及殖民地政府信托"视作现代投资基金的开始，而证券投资基金大发展却是在 20 世纪 20 年代之后的美国，最早的是 1921 年的"美国国际证券投资信托基金"（李曜、游搁嘉，2014）。从对证券投资基金绩效、基金风险测度的相关文献至少可以追溯到 20 世纪 50 年代马克维茨在《金融学期刊》上发表的题为《投资组合选择》的论文（Markowitz，1952）。

在中国，根据检索到的文献，对证券投资基金问题的相关研究开始于 1991 年，虽然学者们所使用的术语不完全相同，如共同基金、单位信托基金、证券投资信托基金等[①]。有学者研究了共同基金的意义、条件、实施步骤以及对中国股票市场的影响（夏斌，1991；王怀林，1991a，1991b，1991c）；有学者论证了开办证券投资信托基金的可行性及相关问题（石磊，1991）；有学者介绍了单位信托基金作为一种新兴投资工具的问题（宋运肇，1991）。1997 年中国《证券投资基金管理暂行办法》出台之后，"证券投资基金"作为一种主要投资于证券市场的投资基金正式确立了名

[①] 因为证券投资基金在美国称为"共同基金（mutual fund）"，在英国和中国香港称为"单位信托基金（unit trust）"，在欧洲一些国家称为"集合投资基金"或"集合投资计划"（collective investment scheme），在日本和中国台湾称为"证券投资信托基金（securities investment trust）"，见李曜、游搁嘉（2014）第 3 页，因此在检索文献时，分别以这些名称进行了检索。

称，明确了投资领域和投资对象；在研究文献中，也就有了确切的研究对象和准确术语。

与证券投资基金相关的研究成果浩如烟海，本书无法也不需要综述所有的研究成果，根据所研究的主题，这里只综述以下两大方面的文献：一是证券投资基金绩效评价方法、评价指标等的理论研究及实证研究；二是证券投资基金管理公司特征、基金经理特征与基金绩效关系的研究。

2.1　对证券投资基金绩效评价的研究

国内外学者对证券投资基金绩效的评价方法、指标选择等进行了大量研究，同时采用这些研究方法对基金绩效进行评价。本节主要包括两个方面：一是证券投资基金绩效评价指标和评价方法的相关研究；二是对证券投资基金绩效的实证研究。

2.1.1　证券投资基金绩效评价指标和评价方法

一般认为，证券投资基金绩效的评价指标和评价方法等的研究开始于20 世纪 60 年代，将 1962 年宾夕法尼亚大学沃顿商学院为美国证券交易委员会准备并提交的《共同基金研究报告》（Friend，Irwin；F. E. Brown；Edward S. Herman and Douglas Vickers，1962）[①] 作为最早的文献（Ippolito，1993）。评价基金绩效的经典方法和指标都是以马克维茨的证券组合理论（Markowitz，H.，1952，1959）和资本资产定价模型（Sharpe，1964；Lintner，1965a，1965b；Mossin，1966）为基础的；后来有许多研究者基于 DEA 模型发展了基金绩效的评价方法。

20 世纪 50 年代，马克维茨提出了证券组合选择理论（Markowitz，H.，

---

① 从能够找到的这份研究报告的目录来看，这是一份 500 多页的研究报告，其中第五章是基金绩效的研究，详细研究了每年的绩效、累计绩效等。可惜，无法找到这份报告的原文，因此无法得知其详细内容。不过，特雷诺（Treynor，1965）引用了这篇研究报告；伊波利托（Ippolito，1993）也将这篇报告视作基金绩效评估最初的文献。

1952，1959），度量了证券投资组合的收益与风险的关系，为后来学者构建以均值－方差为基础的证券投资基金绩效评价方法和评价指标奠定了基础（Tobin J.，1958）。

从 1965~1968 年，夏普（Sharpe）、特雷诺（Treynor）、詹森（Jensen）等分别提出了 Sharpe 指数、Treynor 指数和 Jensen 指数等，这可以被称为基金绩效评价范式形成期（Ippolito，1993）。1965 年，特雷诺首先提出对证券投资基金绩效的评价根据系统性风险进行调整，即特雷诺指数。特雷诺认为，证券投资基金管理人可以通过证券组合消除投资所面临的非系统性风险，从而基金只面临系统性风险，可以通过系统性风险对收益进行调整来评价基金绩效，即用基金每一单位超额收益所承担的系统性风险来衡量基金绩效。1966 年，夏普提出，由于基金经理管理基金的能力存在差别，不是所有的证券投资基金都能够全部分散掉非系统性风险，不同基金包含系统性风险和非系统性风险的总风险存在很大差别，因此调整基金收益的风险要采用总风险，这样以总风险来调整基金收益来评价基金绩效的指标称为夏普指数。所以，夏普指数就是改进了的特雷诺指数。1968 年，詹森以资本资产定价模型为基础，计算每只基金的超额收益，即样本基金收益超过以资本资产定价模型计算出来的收益，即詹森指数。

这三大指数在提出来之后，无论是在理论界还是实务界都受到了广泛的重视并得到了大量应用。理论界主要是用来研究基金绩效，实务界则直接用于投资决策，比如著名的基金评级公司晨星（Morning Star）就将 Sharpe 指数作为基金绩效的评价指标（范新安，2014）。然而，这些指数也面临着不同的问题，比如 Jensen 指数由于是绝对值指标而无法评价不同类型基金的绩效水平（赵玉彪，2013），许多学者在这些指标的基础上进行了改进：以 Jensen 指数为基础发展出了评估比率，以 Sharpe 指数为基础改进发展出了 M^2 指数。在 Jensen 指数的基础上，特雷诺和布莱克（Treynor and Black，1973）提出了估价比率（Appraisal Ratio），用詹森指数除以标准差的商作为衡量基金绩效的指标，既克服了 Jensen 指数的不足，又利用了其易于检验的优点，适用范围更加广泛。在 Sharpe 指数的基础上，索丁诺等（Sortino and Meer，1991）认为，根据行为金融学，人们对损失的风险比对收益更加敏感，对基金风险的测量只需要测量损失的下方差就可以了。他们将 Sharpe 指数中的标准差修改为损失的下方差，从而提出了索丁诺指数。同样，以 Sharpe 指数为基础，两位莫迪利安尼提出了 M^2 指数（Modigliani and Modigliani，1997），只不过该指数是用基金在同等风险水平下所能够获得的超过市场平均水平的超额收益来衡量基金绩效。古德温（Goodwin）提出了信息比率（Information Ratio），用来测算单位非系统风险能够带来的超额收益（Goodwin，1998；Chincarini and Kim，2007）。该值越大，说明单位非系统风险能够带来的超额收益越高，基金的绩效越好。穆拉利达尔（Muralidhar，2000）在综合并改进 Sharpe 指数、信息比率和 M^2 指数的基础上，提出了 M^3 指数，在评价基金绩效时将相关性差异和投资者风险偏好差异考虑进来。肖尔茨和威尔肯斯（Scholz and Wilkens，2005a，2005b）提出了市场风险调整绩效指数（MRAP），将被评价基金的风险水平调整到与市场平均的风险水平持平并以此来调整基金的收益率从而作为评价基金绩效的指标。在中国证券投资基金开始发展之后，学者一是对国外基金绩效的评价方法进行介绍和评述，如王聪（2001）、胡昌生（2001）；二是采用这些指标和方法对中国证券投资基金的绩效进行实证研究。

以上基金绩效评价的指标和方法被广泛应用，但是也有许多学者指出了它们所存在的问题，即都必须要有一个比较的基准、市场择时能力的作用和交易成本的内生性（Grinblatt and Titman，1989，1993；Murthi et al.，1997）。基于此，默西（Murthi）等引入了查恩斯、库珀和罗兹（Charne；Cooper and Rhodes，1978）提出并发展的数据包络分析方法（DEA）来衡量基金绩效，提出了 DEA 证券组合效率指数（DPEI）；之后，贝索和富纳里（Basso and Funari）系统阐述了衡量基金绩效的 DEA 方法的原理和优点，指出 DEA 方法衡量基金绩效能够考虑到投入问题，即不同的风险程度和投资成本（Basso and Funari，2001）。邓超和袁倩（2007）提出了基于动态 DEA 模型的证券投资基金绩效评价方法；杨湘豫和罗志军（2009）则将超效率 DEA 方法运用于证券投资基金绩效的评价；王赫一（2012）将规模可变的超效率 DEA 模型引入到基金绩效的评价；许永峰等（2015）运用模糊综合评价法和灰色综合评价法提出了一种利用截面数据评价基金绩效的方法；胡艳（2015，2016）将时间维度引入证券投资基金绩效评价，建立了基于面板数据的 Malmquist – DEA 指数评价模型。

2.1.2 对证券投资基金绩效的实证研究

在证券投资基金的评价方法和评价指标提出来之后，就一直有许多学者采用这些评价方法和评价指标对证券投资基金的绩效进行评价。这既是对基金绩效进行评价作为投资的依据，也是为了研究基金绩效的决定因素。下一节专门综述对基金绩效决定因素的研究，这里只综述对证券投资基金绩效的实证研究。

特雷诺、夏普和詹森在提出他们的基金绩效评价指标和方法之后都对美国的基金绩效进行了实证研究。特雷诺和玛祖伊（Treynor and Mazuy，1966）采用特雷诺（Treynor，1965）发展起来的方法对美国 1953～1962 年的 57 只基金的绩效进行了实证研究；夏普（Sharpe，1966）利用其发展起来的方法考察了美国 1954～1963 年的 34 只开放式基金的绩效；詹森（Jensen，1968）利用其发展起来的方法对美国 1945～1964 年的 115 只基金的绩效进行了实证研究。

从 20 世纪 70 年代之后，大量学者采用这三大指数对基金绩效进行研究。根据伊波利托（Ippolito，1993），从 1971～1990 年，采用 Sharpe 指数和 Jensen 指数进行的实证研究达到 400 多项，采用 Treynor 指数进行的实证研究有 30 多项。比如，采用 Jensen 指数，卡尔森（Carlson，1970）对美国 1948～1961 年的 82 只股票型基金的绩效进行了实证研究；麦克唐纳（McDonald，1974）对美国 1960～1969 年的 123 只基金的绩效进行了实证研究；明斯（Mains，1977）对美国 1955～1964 年的 70 只基金的绩效进行了实证研究；戈恩和詹（Kon and Jen，1979）也对美国 1960 年 1 月至1971 年 12 月的 49 只基金的绩效进行了实证研究。当然，学者们不仅仅只研究了美国证券投资基金的绩效，还对法国、瑞士等国家的基金绩效进行了实证研究，如麦克唐纳（McDonald，1973）对法国证券投资基金绩效的评价研究；达尔基斯特等（Dahlquist et al.，2000）对瑞典证券投资基金绩效的评价研究。

中国学者对证券投资基金绩效的评价主要是采用国外学者发展起来的

方法结合中国实际进行实证研究。仅就证券投资基金绩效评价的实证研究成果主要是在 2007 年之前。2007 年之后虽然仍然有许多研究证券投资基金绩效的成果，但是已经不仅仅是评价基金绩效，而是在评价的基础上将主题集中于对绩效影响因素的研究。

邹春霞、董琼慧（2000）运用基金组合回归方法对中国当时的 14 只新基金的绩效进行了比较，并深入分析了各家基金的特征。王聪（2001）对国际上流行的证券投资基金绩效评估模型划分为五类，评述了五大类模型的运用方式、作用和区别；胡昌生（2001）划分了单一期限的基金绩效评价和多期限的基金绩效评价方法。沈维涛和黄兴孪（2001）应用风险调整指数法、T－M 模型和 H－M 模型对中国 1999 年 5 月 10 日上市的 10 只新基金的绩效进行了实证研究。

惠晓峰、迟巍（2002a，2002b）分别运用 VAR 风险度量模型和基于 VAR 风险调整的 RORVC 基金绩效评价方法对中国的基金绩效进行了实证研究，指出基金绩效评价的核心应该是对其风险的测量和计算。王尤、陈宇峰（2002）采用单因素模型对当时中国的 20 只基金的绩效进行了实证研究。赵强（2002）则基于证券投资基金绩效评估的目的、原则和方法，构建了基金绩效评价的体系框架。

倪苏云等（2003）基于基金的盈利能力、组合资产的流动性等设计了基金绩效的综合评价体系，利用遗传算法求解了非线性的基金综合评价目标规划模型，并对中国 29 只样本基金在评价期内的绩效进行了实证研究。陈彦玲、胡丽霞（2003）基于定量和定性两个方面构建了开放式基金绩效评价体系，并对 2001 年设立的 3 只基金 2002 年 1 月至 6 月的绩效进行了评价。陈收等（2003）运用 Sharpe 指数对中国证券投资基金的绩效进行了评价；于光祥（2003）运用单因素模型对中国证券投资基金绩效进行了评价。

李红权、马超群（2004）采用经典的詹森指数等对中国证券投资基金 2001～2002 年的绩效进行了评价；刘霞（2004）采用三大经典基金绩效评价指标对 10 只样本基金在 2002 年的绩效进行了计算和排序；卢学法和严谷军（2004）采用国际上通用的周收益率、Sharpe 指数、Treynor 指数、Jensen 指数、M^2 指数等对中国 1999 年之前上市的 20 只基金 2000 年 1 月 1

日至 2002 年 11 月 7 日之间的绩效进行了实证研究，并对不同指数和模型得出的结果的一致性进行了检验。

王守法（2005）用主成分统计分析方法对收益与风险、风险调整收益、基金经理人的选股择时能力以及基金绩效的持续性四个指标体系进行综合，得出了一个度量基金绩效的综合指数，对中国 1999 年 12 月 31 日之前设立的规模为 20 亿元以上的 10 只基金在 2000 年 1 月 4 日至 2003 年 8 月 31 日之间的绩效进行了评价。钱建豪（2005）利用 DEA 方法从收益风险、基金经理选股能力以及市场择时能力等方面对 2003 年上半年发行的 9 只基金 2003 年 7 月 1 日至 2004 年 12 月 31 日之间的绩效进行了评价，这应该是国内较早运用 DEA 方法评价基金绩效的文献之一。

邓超和袁倩（2007）基于动态 DEA 模型对 2003 年 12 月之前上市的 15 只开放式基金 2003～2005 年的绩效进行了实证研究；朱波和宋振平（2009）运用 Carhart 四因子模型，使用随机前沿分析方法对选取 2005 年 1 月至 2008 年 7 月期间 74 只开放式基金的绩效进行了实证研究；杨湘豫和罗志军（2009）利用超效率 DEA 模型对 18 只开放式基金在 2006 年、2007 年、2006～2007 年间的相对绩效进行了比较研究。

屠新曙、朱梦（2010）利用 FF 三因素模型对中国 26 个基金管理公司的 30 只开放式基金的绩效进行了评价，结果表明三因素模型比单因素模型得出的结果更加准确；薛圣召、管晓永（2011）采用四因素模型对中国 2004 年 5 月前成立的 30 只股票型开放式基金的绩效进行了评价；孙冰岩（2011）运用 FF 三因素模型对中国 2004 年以前成立的 98 只开放式基金 2004 年第二季度至 2010 年第二季度的绩效进行了评价；罗春风（2011，2012）利用 2007～2010 年间的数据对中国开放式基金中的股票型基金、混合型基金和债券型基金的总体绩效进行了实证分析；杨爱军、孟德锋（2012）提出了考虑高阶矩的广义 Sharpe 指数，并使用参数和非参数方法计算了 2003 年 8 月 1 日之前上市的 30 只基金的广义 Sharpe 指数来刻画基金绩效；庞丽艳（2014）运用 GARCH 模型对中国开放式股票型基金的收益率进行了实证研究，并应用修正 Sharpe 指数，对其绩效进行了评价；曾祥渭等（2015）利用层次分析法（AHP）建立基金绩效综合评价模型，对中国 27 只开放式基金的绩效进行了评价。

另外，中国还有许多学位论文对证券投资基金的绩效进行评价，这里不再详细阐述。

2.2 对基金管理公司特征和基金经理特征影响基金绩效的研究

在对证券投资基金的绩效进行评价的基础上，至少从 1967 年詹森就开始研究基金绩效的决定因素问题①。之后，很多学者研究了基金绩效的决定因素和影响因素。有学者将这些因素划分为内部管理、员工素质、组织结构等"影响决策过程"的内部因素和市场行情、政府的政策、科技发展等影响投资基金"运行环境"的外部因素（曹小清 and J. Bilderbeek，2002）。由于研究基金外部因素对基金绩效影响的文献比较少，而且也主要集中于基金对股票市场波动性的影响，而并非直接研究对基金绩效的影响（杨宁，2012），本节分为三个方面进行综述：一是基金管理公司特征影响基金绩效的文献；二是基金经理特征影响基金绩效的文献；三是基金特征影响基金绩效的文献。

2.2.1 基金管理公司特征对基金绩效影响的研究

正如在第一章所阐明的，在公司型基金中，基金管理公司和基金公司是两个不同的主体，因为公司型基金是依据《公司法》成立的，基金投资者相当于投资、购买基金公司的股份，成为基金公司的股东。基金公司将所成立的基金再委托给专门的基金管理公司进行管理（欧明刚，2002）。但是，在契约型基金中，基金管理公司发起设立基金。一家基金管理公司

---

① 根据查找到的文献，1967 年詹森在一个研讨会发表了题为"基金绩效决定因素"的报告（Jensen, Michael. "Determinants of Mutual Fund Performance." In *Proceedings of the Seminar on the Analysis of Security Prices.* University of Chicago Press, 1967），可以从詹森教授的网页上浏览到这一点，见 http://www.hbs.edu/faculty/Pages/profile.aspx? facId = 6484&facInfo = pub。但是，非常遗憾，没能够找到原文。

可以发起设立多只基金，同时也就成为这些基金的管理人。基金投资者投资的是基金管理公司发起、管理的某只基金的基金份额，是基金份额持有人，不是股东，更不是基金管理公司的股东。因此，在以美国为代表的公司型基金中，基金管理公司与基金公司是界限分明的两个法人主体；在中国的契约型基金中，基金管理公司和基金公司是一个法人主体，人们通常用"基金公司"简称"基金管理公司"。因此，国外特别是美国研究基金公司特征与基金绩效之间关系的文献所指代的基金公司与中国的基金公司并非完全相同。在对基金公司或基金管理公司特征影响基金绩效的已有研究中最主要地从基金公司或基金管理公司的治理结构角度进行的研究。

从基金公司或基金管理公司治理结构角度研究基金绩效的文献可以追溯到对公司治理与公司绩效关系的研究。公司治理是现代企业制度的核心内容，包括股权结构、股东会、董事会和监事会等方面。对于公司治理问题的研究，可以追溯到亚当·斯密的《国富论》（Hermalin and Weisbach，2003）；现代企业理论对公司治理问题的研究一般追溯到 20 世纪 30 年代的伯利和米恩斯（Berle and Means，1932）的《现代公司与私人财产》，他们认为，现代公司的股权结构是分散的，分散的股东没有监督公司经营者的足够能力和激励。在所有权与经营权分离的条件下就出现了公司治理的问题。与不同的公司治理模式、不同的公司治理结构相关的最直接问题就是公司治理的绩效，从 20 世纪 70 年代开始有大量文献研究公司治理与公司绩效之间的关系，涉及公司董事会特征、高层管理人员特征、公司治理环境等多个方面（郝臣，2009）。如詹森和麦克林（Jensen and Meckling，1976）研究了内部股东所占股份比例与公司价值之间的关系；霍尔德尼斯和希恩（Holderness and Sheehan，1988）通过比较股权集中与股权分散公司的绩效发现，二者的绩效没有显著差别，从而得出了公司股权结构与绩效无关的结论；麦康奈尔和瑟韦斯（McConnell and Servaes，1990）通过实证研究发现，公司价值与股权结构密切相关，而且呈倒"U"形关系，即公司价值随着内部股东持股比例的提高先上升后下降；肖明玄（Myeong-Hyeon Cho，1998）认为股权结构是影响公司价值的内生变量，通过实证研究发现，其影响并非简单的线性关系或倒"U"形关系，而可能为 N 形关系。国内学者也利用中国数据进行了大量研究，如周业安

（1999）、孙永祥和黄祖辉（1999）、陈小悦和徐晓东（2001）、刘芍佳等（2003）、徐莉萍等（2006），等等。由于国内外对基金公司或基金管理公司治理结构与基金绩效的研究成果比较多，这里不再详细综述公司治理与公司绩效之间关系的研究成果，而重点综述基金和基金管理公司治理结构与基金绩效关系的研究成果。

国外虽然有大量文献研究基金绩效及其影响因素，但是研究基金治理、基金治理结构的文献却出现得较晚，基本上是从图法诺和赛维克（Tufano and Sevick，1997）开始的，而且主要是对基金公司董事会规模、独立董事人数和比例等对基金绩效、基金费率等方面的研究。图法诺和赛维克主要研究了基金公司的董事会和独立董事比例对基金费率的影响，发现董事会规模越小、独立董事占比越高的基金，基金费率越低。德尔格西奥等（Del Guercio et al.，2003）研究了封闭式基金的董事会结构和董事独立性，他们采用基金费用比率作为衡量董事会效率的指标，发现董事会规模越小、独立董事占比越高，董事会越有效率，这与图法诺和赛维克（Tufano and Sevick，1997）的结论基本一致。丁和韦莫斯（Ding and Wermers，2005）发现基金董事会中独立董事的人数越多，基金的绩效往往越好，并且更可能更换绩效不佳的基金经理，从而他们得出采用独立程度来衡量董事会结构是基金治理质量的一个很重要的决定因素。科罗纳等（Khorona et al.，2007）研究了在基金合并中董事会的影响，他们发现独立董事不可忍受基金的低绩效，当独立董事的比例达到100%时，独立董事的影响就能够发挥出来。费里斯和严（Ferris and Yan，2007）通过对基金公司董事会主席和独立董事比例与基金绩效和基金丑闻关系的实证研究发现，基金丑闻发生的概率和基金的总体绩效与基金公司董事会主席或董事会的独立性不存在相关关系，从而对美国证监会对基金治理结构改革方案的有效性提出了质疑。陈等（Chen et al.，2008）表明，基金公司的股权结构与基金业绩存在显著关系。

中国学者对基金公司或基金管理公司治理结构的研究分为两大类：一是研究基金管理公司治理结构存在的问题；二是研究基金管理公司治理结构与基金绩效之间的关系。

对中国基金管理公司治理结构及其存在问题的研究至少从2001年就

开始了，如陈四汝（2001）对公司型基金的法人治理结构进行了深入研究，如蔡军祥（2001）、陈亮（2001）、李仲翔等（2001）、盛军锋和郑海天（2003）等对美国基金或基金公司治理结构等的研究。2002 年开始，许多学者开始研究契约型基金和公司型基金治理结构的差别，如欧明刚（2002）对公司型基金的治理结构、契约型基金的治理结构进行了深入研究，并提出了中国契约型基金治理结构的框架；刘传葵和高春涛（2002）比较了契约型基金和公司型基金的特征、优势和缺点，特别指出了契约型基金无法形成对基金管理人的有效制衡，提出了完善契约型基金治理结构的建议。随后，很多学者根据发达国家基金治理结构的特征和优点，结合中国契约型基金治理所存在的问题，提出了中国基金和基金管理公司治理结构完善的建议，如何孝星（2003）、何媛媛和卢大印（2004）、魏中奇（2005）、张宏远等（2007）、滕莉莉和宋光辉（2011）、董丽娃和李增刚（2016）等。还有许多学者采用博弈论和委托代理理论研究基金管理公司的治理结构及其存在的问题，如陆明和蒋海萍（2003）、郝旭光等（2004）。于宏凯（2002）研究了基金治理机构中的独立董事制度；李滨和杨蔚东（2003）研究了董事会在中国基金公司治理中的定位与作用，可以说是对基金管理公司治理结构中董事会和独立董事最核心问题的研究，因为国外学者对基金公司治理结构的研究也主要是从董事会和独立董事角度出发的。

对基金管理公司治理结构与基金绩效关系的实证研究，一是研究股权结构与基金绩效的关系；二是研究董事会等特征与基金绩效之间的关系。王健超（2006）研究了基金管理公司的股权分布和股东性质对封闭式和开放式基金绩效的影响，结果表明对不同类型的基金所得出的结果不同。张兵和王石林生（2008）、张兵（2008）利用中国 2006 年 4 月 1 日至 2007 年 3 月 31 日封闭式基金和开放式基金为样本，研究了基金管理公司的股权结构与基金绩效之间的关系，结果表明，相对控股型基金公司旗下的基金表现优于其他类型基金公司的基金，外资参股的基金公司的基金绩效表现较好。李学峰和张舰（2008）通过对 48 家基金管理公司 2006 年数据的实证研究，得出基金管理公司股东数、大股东持股比例、大股东控制力、金融类股东持股比例都会对基金绩效产生正面影响。吴翔东（2009）利用多个指标研究了基金公司的股权结构对基金绩效的影响，结果表明，基金管理公司的股权结构对基金绩效有影响，并且大多数刻画股权结构的指标都表明存在正向相关关系，外资适度参股对基金绩效具有正向影响。祁玲（2010）表明，股权集中度与基金绩效正相关，第一大股东的控制力与基金绩效正相关，外资参股并没有对基金绩效产生明显的影响。介勇虎和任颋（2011）表明，中资基金公司的整体绩效低于合资基金公司，绝对控股基金公司绩效优于相对控股和分散持股基金公司的绩效。江萍等（2011）通过实证研究得出结果表明，国有控股的基金公司基金绩效好于其他基金公司，合资基金公司的基金绩效好于其他基金公司。高远（2012）表明，基金公司股权集中度对基金绩效没有显著的正向影响，外资公司入股基金公司对基金有显著的负面影响。李超（2014）表明，第一大股东控股程度对基金公司绩效具有正向影响，外资和金融机构持股比例对基金公司的绩效没有显著影响。彭耿和殷强（2014）以 2003 年之前上市的 14 只开放式基金为样本研究了基金管理公司治理结构与基金绩效之间的关系，结果表明，基金管理公司股东数、证券公司持有基金管理公司的比例、第一大股东持股比例以及第一大股东和第二大股东持股比例之比与基金绩效没有相关关系。刘春奇（2015）表明，合资基金公司的基金绩效低于中资基金公司，国有控股基金公司的基金绩效明显好于非国有控股基金公司的绩效。杜小艳等（2016）研究了基金管理公司股权集中度、证券公司持股比例与基金绩效之间的关系，得出基金管理公司的股权集中度与基金绩效正相关，证券公司的持股比例也与基金绩效正相关。

何杰（2005a，2005b）以 2002 年 12 月 31 日前在沪深两市上市的 17 家基金管理公司管理的全部 54 只封闭式基金 2002 年的数据为样本研究了基金及基金管理公司的治理结构特征、独立董事与基金绩效的关系，表明基金管理公司总经理在公司董事会中的地位越高，对基金绩效的负向影响越大，基金管理公司董事会规模与基金绩效之间存在显著的倒 "U" 形曲线关系。田静和陆蕾（2007）以 2002～2005 年在沪深两市上市的全部 54 只封闭式基金的数据为样本研究了基金治理结构与绩效之间的关系，结果表明，基金管理公司及其股东持有基金比例与基金绩效具有显著的正向关系，基金管理公司的董事会规模与绩效之间呈现明显的倒 "U" 形曲线关系，董事会中独立董事的比例和具有证券从业经验的独立董事的比例与基金绩效也呈倒"U"形曲线关系。肖继辉和彭文平（2010）以 2005 年 1 月 1 日前公开募集的开放式基金管理公司为样本研究了基金管理公司的内部治理结构与基金绩效之间的关系，结果表明，一股独大、董事会规模、内部董事比例和督察长的设计对基金绩效具有负面影响，均分股权、监事会规模、内部监事比例和投资决策委员会规模具对基金绩效具有正面影响，独立董事比例对基金绩效没有影响。彭耿和殷强（2014）还得出，董事会规模与基金绩效呈正相关关系，独立董事占比与基金绩效没有相关关系。杜小艳等（2016）还得出，基金管理公司董事会规模及基金绩效负相关，即董事会成员数量过多不利于基金绩效的提高。另外，谢铃娟（2012）、杨宗儒（2013）等也研究了基金管理公司治理结构与基金绩效之间的相关关系。

通过对基金公司或基金管理公司特征影响基金绩效相关文献的研究可以看出，一是基金公司或基金管理公司股东性质、股权结构和内部治理结构等特征是影响基金绩效的重要因素，但是到底呈正相关关系还是负相关关系，不同的研究有不同的结论，比如股权集中度对基金绩效的影响，李学峰、张舰（2008）、吴翔东（2009）、祁玲（2010）、高远（2012）、李超（2014）等发现呈正相关关系，张兵（2008）、张兵和王石林生（2008）、彭耿、殷强（2014）等发现二者关系不明显，而肖继辉、彭文平（2010）发现第一大股东持股比例对基金绩效具有负面影响；再比如合资基金公司与中资基金公司对基金绩效的影响，李学峰、张舰（2008）、李超（2014）发现，外资持股对基金绩效没有产生显著影响，张兵（2008）、张兵和王石林生（2008）、吴翔东（2009）、祁玲（2010）、介勇虎和任颋（2011）、江萍等（2011）发现合资基金管理公司的绩效优于中资基金管理公司，而高远（2012）却发现外资入股基金管理公司对基金绩效具有显著的负面影响。二是造成研究结果差别的原因主要是不同文献所选择的样本存在差别，有的研究选择一年期的样本，如李学峰、张舰（2008）选择的是 2006 年的样本数据、张兵（2008）选择的是 2006 年 4 月 1 日至 2007 年 3 月 31 日之间的数据、吴翔东（2009）选择是 2007 年 7 月 31 日至 2008 年 7 月 31 日之间的数据、李超（2014）选择的是 2013 年的数据；有的研究选择的是多年期的样本数据，其中介勇虎和任颋（2011）、彭耿和殷强（2014）、刘春奇（2015）选择的样本时间都达到 10 年，江萍等（2011）的数据为 6 年；还有就是所选择的基金类型不同，何杰（2015a，2015b）、田静和陆蕾（2007）选择的是封闭式基金，王健超（2006）、张兵（2008）等选择的是封闭式基金和开放式基金，而肖继辉和彭文平（2010）、江萍等（2011）、彭耿和殷强（2014）等选择的是股票型和混合偏股型开放式基金。

2.2.2　基金经理特征对基金绩效影响的研究

由于基金经理是基金的直接管理者，决定着基金的投资方向、投资时机等，而基金经理的经历（经验）、教育背景、年龄、性别等个人特征将可能影响到基金的投资方向和投资时机等。因此，国内外许多学者研究了基金经理的个人特征对基金绩效的影响。

最早研究基金经理特征对基金绩效影响的文献一般追溯到戈利克（Golec，1996）。戈利克（1996）以美国 530 只基金 1988～1990 年间的数据为样本研究了基金经理的特征和基金绩效之间的关系，发现基金绩效受到基金经理特征的显著影响，与基金经理的年龄、学历和任期有直接关系，基金经理年龄越小绩效越好，年龄越大绩效越差，同时拥有工商管理硕士（MBA）学位的年轻经理表现出了更高的绩效。伊斯列森（Israelsen，1998）从多个方面实证考察了绩效较好基金的特征，包括费率、净资产、基金经理任期和周转率等，结果表明，任期长的基金经理所管理的基金的收益率较高，周转率较低。柴维列和埃利翁（Chevalier and Ellion，1999）从多个方面考察了基金经理个人特征与基金绩效之间的关系，包括基金经理的年龄、大学期间的毕业院校与学术能力综合测验得分（SAT Score）、是否具有 MBA 学位、任现职的时间等，他们考察了 1988～1995 年的数据，结果表明，基金经理的毕业院校的排名和学术水平与基金经理所管理基金的绩效正相关，拥有 MBA 学位与基金绩效正相关，基金经理年龄与基金绩效负相关，基金经理的任期与基金绩效正相关，这说明基金经理的个人特征会影响基金绩效。巴伯和奥登（Barber and Odean，2001）

通过对美国股票市场 1991 年 2 月到 1997 年 1 月的数据实证研究了男性和女性投资的差别，结果表明，男性比女性交易更加频繁，比女性更加过度自信。比利斯和波特（Bliss and Potter，2002）考察了基金经理性别对基金绩效的影响，他们提出的理论判断是，女性相对于男性更厌恶风险、不会过度自信，从而基金的净收益应该更高；然而通过美国和国际数据表明，在周转率方面，女性基金经理和男性基金经理没有明显差别；经过风险调整后，女性基金经理和男性基金经理所管理基金的绩效没有显著差异，从而可以得出结论，基金经理的性别对基金绩效没有明显影响。丁和韦莫斯（Ding and Wermers，2005）考察了 1985～2002 年美国开放式基金的治理结构与绩效之间的关系，特别是研究了基金经理对基金绩效的影响，结果发现，更有经验和更好投资记录的成长型基金的基金经理在绩效上好于其他，基金经理的经验对基金绩效具有显著影响。戈特斯曼和莫里（Gottesman and Morey，2006）研究了基金经理的教育与基金绩效之间的关系，他们采用 GMAT 成绩和 Business Week 排名来衡量基金经理 MBA 学位的质量，发现基金经理的 GMAT 成绩与基金绩效显著正相关，从 Business Week 排名前 30 的商学院获得 MBA 的基金经理的绩效明显好于没有 MBA 或从其他院校获得 MBA 学位的基金经理；但是基金经理是否持有 CFA 资格证书或其他非 MBA 硕士学位或博士学位与基金绩效没有明显关系。彼得森和菲尔波特（Peterson and Philpot，2006）以美国 63 只不动产基金 2001～2003 年的数据为样本研究了基金经理个人特征对基金绩效的影响。科恩（Cohen et al.，2008）研究了基金经理与上市公司高管人员之间是否具有相同的教育背景（是否毕业于同一院校、是否在同一院校有交集）对基金绩效的影响，结果表明，基金经理会将更多资金投资在与自己有相同教育背景的公司高管任职的公司股票上，并且具有更高的基金绩效，从而证明了社会网络很可能是资产价格信息流动的重要机制。

中国学者最早从 2004 年开始研究基金经理个人特征对基金绩效的影响。罗真、张宗成（2004）在研究基金经理的职业忧虑对基金投资行为的影响时，通过对中国 48 只基金 1999 年 1 月 1 日至 2002 年 12 月 31 日数据的实证研究得出结果，基金经理的年龄和经验会影响其投资行为，相对于年长的基金经理，年轻的基金经理更容易产生"羊群效应"。徐明东和黎捷（2005）以 54 只封闭式基金 2003 年的数据为样本研究得出，基金经理拥有 MBA 学位相比于没有 MBA 学位绩效也差一些，年龄较大的基金经理的绩效优于年龄较小的基金经理，从业时间较短的基金经理的绩效优于从业时间较长的基金经理，任期越短的基金经理的业绩越好。李豫湘等（2006）通过对基金经理个人特性与基金绩效关系的定性和定量研究得出，基金经理越年轻、投资经验越丰富，其所管理基金的绩效就越好，基金经理管理同一只基金的时间越长，基金的绩效也越好。艾洪德、刘聪（2008）研究了基金经理个人特征与基金投资风格之间的关系，结果表明，从业时间越长、毕业于名校、拥有经济学学位的基金经理倾向于稳健的投资风格，基金经理年龄和性别对投资风格不存在显著影响。徐琼和赵旭（2008）以中国 72 只基金 2002 年 1 月 2 日至 2004 年 9 月 30 日的数据为样本对基金经理投资行为的实证研究表明，基金经理的年龄与收益率负相关，年龄越小基金经理所管理基金的绩效明显好于年长基金经理所管理基金的绩效，基金经理的受教育程度不仅不与基金绩效正相关，还表现出不显著的负相关，基金经理的任职时间越长，基金绩效越好。陈立梅（2008）以 2007 年 8 月 31 日前上市的 147 只股票型基金和 74 只配置型基金 2005 年 8 月 31 日至 2007 年 8 月 31 日间的数据为样本对基金经理的个人特征对基金绩效的影响进行研究表明，基金经理的个人人力资本对基金绩效有影响，在短期内不显著，但在长期内较为显著，基金经理的任期对基金绩效的影响较为明显。胡俊英（2009）以 2004 年之后 2008 年 12 月 31 日之前成立的 62 只股票型或偏股型基金 2007～2008 年的数据为样本研究了基金经理的个人特征对基金绩效的影响，结果表明：男性基金经理与基金业绩负相关，女性基金经理平均绩效好于男性；海归基金经理与基金绩效正相关；牛市时基金经理的年龄与绩效正相关，而熊市时基金经理的年龄与绩效负相关；基金经理的从业经验与基金绩效相关性不显著；基金经理更换与基金绩效负相关；基金管理团队人数与基金绩效负相关。赵秀娟、汪寿阳（2010）实证检验了基金经理的个人特征与基金绩效之间的关系，结果发现，在中国基金业发展的早期阶段，基金经理的经验对基金绩效具有显著的正向影响，经验丰富的基金经理能够获得更高的投资收益率，但是在 2003 年之后基金经理的经验对基金绩效的影响不明显，但是经验丰富的基金经理更注重控制投资风险；基金经理的学位对基金绩效的影响不仅不显著正相关，而且还具有负相关关系，拥有博士学位的基金经理的收益水平较低，但是风险控制能力较强；而是否具有海外背景、是否拥有职业资格证书、性别等与基金绩效没有持续的显著影响。许友传和唐松莲（2010）采用分位数回归研究了基金经理个人特征对基金绩效的影响，结果发现：基金经理的绩效具有持续性，基金经理的证券从业时间对基金绩效具有显著影响，但是并非证券从业时间越长就能够获得越好的绩效；基金经理的性别对基金绩效具有显著影响，男性基金经理的绩效要好于女性基金经理，没有证据表明基金经理的学历对基金绩效具有显著影响。李晓梅、刘志新（2010）通过对 2007 年 12 月 31 日之前发行的股票式基金 2005 ~ 2007 年的数据研究表明，基金经理的个人特征对基金绩效存在影响，年老的海归经理业绩显著较好，男性基金经理的业绩好于女性基金经理，CFA 资格证书能够提高基金绩效，而 MBA 学位对基金绩效具有负相关关系。何杰、杨丹（2010）采用中国 1999 ~ 2007 年所有基金管理公司的数据进行的实证研究表明，基金经理平均年龄、基金经理中女性的比例对基金管理公司的绩效有明显的正向影响。王品、李紫沁（2010）对基金经理个人特征影响基金绩效的实证研究表明，基金经理的从业经验对投资收益率虽然正相关，但是不显著；性别与基金绩效没有显著关系；海外经历对基金绩效的影响在考察期的不同时间段影响不稳定，有正有负；MBA 学位与基金绩效不相关；专业资格证书与基金绩效正相关且显著；基金经理的研究员身份与基金绩效正相关；硕士学位与投资收益正相关，同时与风险水平也正相关，而博士学位与投资收益正相关，对风险的控制则表现出不稳定。陈立梅（2010）对基金经理从业时间、任期、年龄、学历等个人特征与基金绩效的关系进行了相关性分析，结果表明：从业时间与绩效正相关，任期与绩效显著相关且影响较大，年龄与基金绩效之间没有显著相关关系，学历与基金绩效显著相关。潘越等（2011）表明，无论是在股市泡沫形成和膨胀阶段还是在泡沫破灭阶段，缺乏经验的年轻基金经理相对经验丰富的老基金经理都起到了推波助澜的作用，反映出年轻基金经理在股市泡沫形成时期具有明显的跟风行为，而在股市泡沫破灭时也没有起到稳定股市的作用，从而证明了基金经理的年龄会对基金绩效产生影响。肖继辉等（2012）、肖继辉和彭文平（2012）研究了基金经理个人特征与选股风格进而影响基金绩效的机制并进行了实证研究，结果表明，基金经理的年龄、从业经验、教育程度、专业背景和所毕业大学排名都不能够有效预测基金经理的业绩；基金经理的财经和理工双专业背景倾向于提高基金的系统性风险，对基金业绩有正影响；基金经理的职业资格证书对基金绩效没有明显影响。刘可和田存志（2012）采用179只股票型基金625位基金经理的数据为样本实证研究得出，基金经理的任职时间和最高学历为硕士总体上对基金绩效有显著的正向促进作用；通过分位数回归发现，任职时间对基金绩效的促进作用随着分位点的上升而不断上升。于静（2013）通过实证研究发现，投资经验、毕业院校、MBA背景、海外经历或专业资格证书与基金绩效正相关，具备这些条件的基金经理更容易成为明星基金经理。李梦佳（2014）的研究表明，女性基金经理偏爱系统性风险较低的股票，其投资分散程度明显高于男性，并且教育和专业知识背景也没有完全改变这种风险偏好态度。晏艳阳和邓开（2015）分别对牛市和熊市不同行情条件下基金经理个人特征对基金绩效的影响进行了研究，得出在牛市中，学历背景对基金绩效有显著影响，对基金风险的影响显著为正。史金艳等（2016）研究了基金经理的性别与风险承担的关系，结果表明，与男性基金经理相比，女性基金经理能够显著地降低风险承担水平。关山晓（2016）研究了基金经理的生理特征、教育背景、任职经历等对基金绩效的影响，结果表明，男性基金经理的基金绩效高于女性基金经理，学历与基金绩效负相关，拥有商科背景能够提高基金绩效。

通过对国内外基金经理个人特征对基金绩效影响的研究可以看出：一是基本的共识是，基金经理的个人特征会对基金绩效产生影响，刻画基金经理的变量包括生理特征（年龄和性别）、教育背景（学历、毕业院校、MBA学位等）、资格证书（CPA证书和CFA证书）、从业经历（从事基金业的时间、担任基金经理的时间或从事证券业的时间等）四个方面，然而不同研究在具体选用哪些变量时会根据样本情况、研究目的等有所不同；二是由于不同研究所选择的基金样本和考察期间不同，没有得出完全一致的结论或结果，如大多数研究（如：许友传和唐松莲，2010；李晓梅和刘志新，2010；关山晓，2016）认为男性基金经理比女性基金经理所管理的基金具有更高的绩效，然而也有研究表明二者之间没有显著差别（如：王品和李紫沁，2010），甚至男性基金经理所管理基金的绩效差于女性基金经理所管理的基金（如：胡俊英，2009；何杰和杨丹，2010）。再如，年龄与基金绩效之间的关系，有的研究认为年龄与基金绩效负相关，如徐琼和赵旭（2008）、陈圆圆（2012），有的研究认为年龄与基金绩效正相关，如李晓梅和刘志新（2010）、何杰和杨丹（2010）、史历（2012），还有的认为年龄与基金绩效没有显著相关关系，如陈立梅（2010）、肖继辉等（2012）。

2.2.3 基金特征对基金绩效影响的研究

关于基金特征对基金绩效影响的研究主要包括：一是基金规模对基金绩效的影响；二是基金年龄对基金绩效的影响；三是基金的团队管理还是个人管理对基金绩效的影响；四是基金家族规模对基金绩效的影响；五是基金其他特征如所在城市对基金绩效的影响。

正如陈等（Chen et al.，2004）所指出的，基金规模对基金绩效的影响是一个非常重要的问题，然而并没有引起足够的重视，因为二者之间的关系是不确定的。有的学者认为，基金规模对基金绩效存在正向影响，因为存在规模经济；也有的学者认为，基金规模会侵蚀基金绩效，因为可能存在较高的交易费用等。因德罗等（Indro et al.，1999）最早研究了基金规模对基金绩效的影响，提出基金要获得必要的收益就必须要达到一定的规模，因为规模太小就不能够承担信息成本，但是基金如果规模太大就可能是信息获得的边际收益递减，因此基金存在最优规模的问题，通过对美国683只基金数据的实证研究证实了基金规模与基金绩效之间的关系。贝克尔和格雷戈（Becker and Greg，2001）比较早地探讨了基金规模对基金绩效的影响，并且提出了最优基金规模的问题。克拉克（Clark，2003）表明基金规模对基金绩效的影响不稳定。陈等人（Chen et al.，2004）提出了基金规模是否会侵蚀基金绩效的问题，运用1966～1999年美国的基金数据得出，基金收益会随着滞后一期的基金规模上升而下降，不论是扣除管理费和成本支出之前还是之后都如此；在控制了单只基金的规模之后，基金收益不会随着基金所属基金家族的规模的上升而消失，这表明只要基金组织良好的话基金规模并非一定会侵蚀基金绩效。普拉瑟等人（Prather et al.，2004）研究了基金特征、管理特征与基金绩效之间的关系，从人气、增长性、费用和管理四个方面概括基金的特征变量，对基金经理来讲其投入到某只基金上的时间越多，该基金的绩效越可能更好。格米尔和托马斯（Gemmill and Thomas，2006）运用英国 1995～1998 年封闭式基金的月度数据为样本实证研究得出，基金管理费每上升 1% 投资收益就下降 1.5%。博莱特和威尔逊（Pollet and Wilson，2008）主要研究了基金规模对基金投资行为的影响，认为基金经理会随着基金规模的扩大而相应增大已有投资的规模而不是感兴趣于形成其他的投资理念。克里斯托弗森和扎尔基希安（Christoffersen and Sarkissian，2009）研究了城市规模与基金绩效之间的关系，结果表明，平均来看，金融中心的基金的绩效明显好于其他地方的基金，但是在同一个金融中心城市中的不同基金来讲，基金经理的经验与基金绩效明显正相关，但是同一个基金经理在金融中心的绩效要好于在其他城市。雷特尔和齐策维茨（Reuter and Zitzewitz，2010）运用晨星（Morningstar）1996 年 12 月至 2009 年 8 月全部基金的月度数据，通过断点回归方法验证基金规模到底多大程度上会对基金绩效产生影响，结果得出，没有证据表明基金规模会侵蚀基金绩效。卡拉吉安尼蒂斯（Karagiannidis，2010）对单个经理管理基金和团队管理基金的绩效进行比较研究，结果表明，在熊市期间，团队管理的基金的绩效要差于单个经理管理的基金的绩效，但是在牛市期间，二者没有差别。博德森等人（Bodson et al.，2011）在一个一般框架中研究了基金规模与基金绩效之间的关系，运用 2926 只基金 2000 年 1 月至 2010 年 6 月的月度数据为样本实证研究得出，基金绩效与基金规模呈倒"U"形关系，说明存在最优基金规模。埃尔顿等人（Elton et al.，2011）表明基金的管理费随着基金规模的递增而递减，绩效高的基金具有费率递减，而绩效较差的基金费率递增，达到一定规模的基金会出现规模不经济。伯贾基等人（Bhojraj et al.，2012）研究了基金家族规模与基金绩效之间的关系，以 1992～2008 年美国的基金数据为样本得出，基金家族规模与基金绩效显著正相关，基金家族规模越大，基金的选股能力越强。卡拉吉安尼蒂斯（Karagiannidis，2012）研究了基金管理团队特征与基金绩效的关系，结果表明，团队成员越多、任期越长、研究生学历的成员越多，基金的风险越低。布塞等（Busse et al.，2014）表明，基金规模越大基金绩效越差，在基金业中存在规模不经济的情况。

中国学者对基金特征与基金绩效关系的研究在国外的研究成果发表之后不久就开始了，最早可见门庆兵和祝卫华（2000）对基金管理中规模经济问题的研究。门庆兵和祝卫华（2000）研究了基金管理中的规模经济效应，利用巴伦共同基金季报（Barron's Lipper Mutual Fund Quarterly）公布的已经存在5年以上比较稳定的2610种基金的数据实证得出，在共同基金管理中存在规模经济效应。林坚等（2002）以2000年8月之前发行或改制设立的29只封闭式基金2000年8月4日至2001年8月31日的周数据为样本研究了证券投资基金的绩效与基金规模的关系，认为二者之间存在着密切的关系。郑晓辉和肖慧（2002）以中国2000年12月29日之前设立的31只基金为样本研究了基金的持股集中度等与基金绩效之间的关系，发现基金绩效与基金的持股集中度负相关；与上市地点显著相关，沪市基金的表现不如深市；与基金经理的选股能力正相关。曾德明等（2006）通过对143只基金2002～2004年的数据为样本进行的实证研究发现，上一年度的基金超额收益、折价率、单位净资产与基金绩效具有显著的正相关关系，而基金经理的从业经历和市净率对基金绩效具有显著的负相关关系，基金年龄和周转率对基金绩效具有负相关关系。鲁炜和蔡冬梅（2007）以50只开放式基金2004年7月至2006年6月的数据为样本研究了基金规模与基金绩效之间的关系，结果表明，中国开放式基金的规模与业绩之间不存在某种特定的关系。马春阳和华仁海（2008）以193只开放式基金和54只基金重仓股为研究对象研究了基金家族的竞争性对股票市场流动性和波动性的影响；马春阳等（2008）研究了基金家族的竞争性对股票市场收益率的影响，结果表明，基金数量与股票收益率成反向变动关系，基金规模、基金经理的风险容忍度不能够充分解释基金重仓股的截面收益差异。高士亮（2009）以中国2004～2006年偏股型开放式基金为样本对基金规模与基金绩效的关系进行了实证研究，结果表明，基金规模与基金业绩之间存在着倒"U"形的非线性关系。李翔等（2009）提出了管理能力假说来解释基金投资收益与基金规模的负相关关系，认为二者之间的负相关关系不是因果关系，只是基金管理公司利益最大化策略的结果。蒋天虹（2009）以 2003~2007 年成立时间较早的 40 只基金为样本研究了基金个体特征和家族特征对基金绩效的影响，结果表明，基金流量对基金绩效有显著的正向影响，基金规模与基金绩效显著负相关，基金家族流量和基金家族的基金数量与基金绩效显著正相关。祖国鹏等（2010）研究了基金的管理模式对基金绩效的影响，认为管理团队可以显著降低基金总风险和系统性风险并能够显著提高基金的投资绩效。何杰和杨丹（2010）以中国基金业建立以来 1999~2007 年所有基金管理公司的不平衡面板数据分析基金经理特征、基金特征和基金管理公司特征等对基金绩效的影响，结果表明，基金管理公司外资持股比例对基金绩效有显著的正向影响，基金管理公司高管的金融从业背景和政府从业背景对基金绩效有显著的正向影响；基金管理公司中基金经理的平均年龄、女性占比对基金绩效有明显的正向影响；基金管理公司所管理的基金数量与基金绩效显著负相关；基金管理公司的年龄与基金绩效显著正相关；基金管理公司所在城市的政治地位对基金绩效有显著的正相关影响，而金融地位的影响不显著。江萍等（2011）采用中国 157 只股票型基金 2004 年 6 月至 2010 年 6 月半年度的数据为样本研究了基金管理公司与股权结构对基金绩效的影响，在控制了基金和基金经理特征之后，国有控股和中外合资基金管理公司管理的基金绩效较好；基金规模与基金绩效负相关，基金规模越大，绩效越差；基金年龄与基金绩效负相关，基金成立时间越长，绩效越差；基金经理的任期与基金绩效正相关，说明基金经理任期越长，基金绩效越好；基金管理公司所管理的基金数量和牛市对基金绩效没有影响。代昀昊（2013）运用中国股票型基金 2004 年上半年至 2011 年下半年半年度的数据为样本研究了团队与个人基金经理对基金特征的影响，发现团队管理能够使基金具有更低的行业集中度，然而团队管理并不比个人管理具有更高的收益率，也没有明显的控制风险的优势。高鹤等（2014）研究了中国男性和女性基金经理在基金投资风格和基金绩效方面的差异，通过对 2006~2011 年中国开放式股票型基金经理数据的实证研究发现，女性基金经理与男性基金经理在基金业绩上的差别并不明显。骆盈盈和任颐（2015）以中国1030只基金2003~2012年的年度数据为样本研究了基金管理模式对基金绩效的影响，发现团队管理和个人管理两种模式对基金业绩不存在显著影响，团队管理比个人管理的整体风险要低。高美林（2015）以中国27只偏股型基金2009~2014年第三季度数据为样本对基金规模与基金绩效关系的实证研究得出，基金绩效会随着基金规模的扩大而出现一个规模不经济的最低点，之后会出现随着规模扩大而实现规模经济的阶段。

通过对基金特征对基金绩效关系研究文献的综述可以得出，一是基本一致的判断是基金规模对基金绩效会产生影响，基金管理存在规模经济问题，但是基金规模并非越大越好，基金规模也存在最优规模问题，至于最优规模为多大，不同的模型、不同的数据得出的结果存在差别；二是基金管理模式对基金绩效的影响不明显，或者至少没有明显的证据表明团队管理比个人管理更能够提高基金绩效，但是相对比较一致的结论是认为团队管理比个人管理能够降低基金风险；三是基金家族特征包括规模、所管理基金数量和成立时间的长短等都会对基金绩效产生影响；四是基金或基金管理公司所在的城市特征会影响基金绩效，一般来看，国外研究表明金融中心对基金绩效有比较明显的正向影响，而国内研究表明政治中心对基金绩效的影响更为显著。

2.3　简要评论与本章小结

本章主要综述了国内外研究基金绩效评价的方法、理论和实证研究的成果以及基金管理公司特征、基金经理特征、基金特征等与基金绩效关系的研究成果。可以看出：

（1）基金绩效评价方法、理论和实证研究从20世纪60年代开始一直到90年代都是外国学者研究的重点问题，相应地发展出了多种评价指标和评价方法。这些评价指标和评价方法主要体现为对基金投资风险的处理上，从最初不考虑风险因素的简单基金收益，到考虑风险因素的基金绩效或基金业绩，到对风险处理的方式不同，所依据的理论从最早以资本资产定价模型（CAPM）为理论基础，到以 APT 模型为理论基础，再到后来引进 DEA 方法来评价基金绩效，都体现了研究者对基金绩效评价指标、方法和理论研究的深化。国内学者对基金绩效评价的研究是中国 1998 年新基金发展之后 10 年内的重点，从介绍引进国外对基金绩效评价的方法到对国内基金业的实证研究，是一个逐渐深化的过程。由于中国证券投资基金业规范发展是从 1998 年之后才开始的，所以早期的研究与国外差距较大，但是在中国基金业规范发展之后，基本上也是采用与国外研究相同的理论、指标和方法等来评价中国证券投资基金的绩效，差别在逐渐缩小。2010 年之后，中国仍然有许多研究证券投资基金绩效的成果，但是单纯研究基金绩效的成果较少了，大多数的研究成果是在评价基金绩效的基础上再进一步探寻影响基金绩效的因素，探寻不同因素对基金绩效影响的方向和程度。

（2）基金公司或基金管理公司特征对基金绩效的影响，虽然国内外学者都有所研究，但是国内外学者所谓的基金公司并非完全相同的概念。国外学者的研究特别是对美国基金公司治理结构对基金绩效的影响中的基金公司就是基金设立时注册成立的公司，不是基金管理公司；国内学者研究中所使用的基金公司的治理结构实际是基金管理公司的治理结构，即基金管理人的治理结构。当然，这是由于美国的公司型基金和中国的契约型基金的基金管理模式存在差异所造成的。然而，国内学者对基金管理公司治理结构对基金绩效的影响的研究所得出的结论并不完全一致，还存在一定差别。这也就为进一步研究基金管理公司的治理结构对基金绩效的影响奠定了基础。

（3）对于基金经理特征对于基金绩效影响的研究，国内外学者都是从年龄、性别、学历、从业经验、从业资格证书、毕业院校、关系（如政治关系等）等各方面因素着手的，虽然已经基本上就基金经理个人特征会影响基金绩效达成了共识，然而不同文献对于这些因素如何影响基金绩效、会产生何种影响得出了不同的结果或结论，原因主要在于选择的基金样本不同、选择的样本考察期不同、选择研究的国别不同等，这也就为进一步研究基金经理的个人特征对基金绩效的影响留下了空间和余地。

（4）基金特征、基金家族特征等是影响基金绩效的重要因素，如基金的规模、基金管理的模式是团队管理还是个人管理等因素都会对基金绩效产生影响。基金规模对基金绩效的影响是源于经济学的一般概念规模经济和规模不经济，无论是理论研究还是实证检验基本上都得到了比较一致的结论，即在基金发展到一定规模之前存在规模经济，在达到一定规模之后就表现出规模不经济，存在最优基金规模的问题。关于基金管理模式对基金绩效的影响，不同文献得出的结论不同，有的实证研究表明团队管理的绩效好于个人管理，有的实证研究的结果相反，但是基本一致的是团队管理在风险控制上要优于个人管理。虽然这些因素不是本书关注的重点，但是由于是影响基金绩效的重要因素，在本书中作为控制变量进行研究。

（5）国内外研究基金公司或基金管理公司特征和基金经理特征对基金绩效影响的文献基本上都是分别进行研究，鲜有文献将二者同时作为解释变量进行研究，这就为同时考察二者对基金绩效的影响留下了余地。同时，国内外文献偏重于对基金公司或基金管理公司和基金经理特征影响基金绩效的研究，鲜有文献研究基金管理公司特征对基金风险的研究，也很少有文献同时考察二者对基金绩效和风险的影响。

（6）对基金管理公司股东性质影响基金绩效的研究中，已有研究重点是考察券商作为基金管理公司股东对基金绩效的影响，要么采用是否有券商作为虚拟变量，要么就是采用券商持有基金管理公司的股权比例作为变量。然而，中国基金管理公司的股东除了券商作为第一大股东外，还有信托公司、商业银行或其他类投资公司等作为第一大股东，需要研究或比较不同性质的公司作为基金管理公司第一大股东对基金绩效的影响，本书将对此进行研究。

（7）在基金管理公司内部治理结构对基金绩效的研究中，已有研究主要是要考察了基金管理公司董事会规模、独立董事人数及其占比、总经理是否为董事等对基金绩效的影响，鲜有文献研究监事会对基金绩效的影响，本书将对此进行研究。

总之，随着基金业的发展，其在国民经济中越来越重要，基金绩效是投资者选择所投资基金的最重要因素，也是体现基金份额持有人利益保护程度的最重要指标。基金管理公司和基金经理特征作为基金绩效的影响因素，既需要弄清楚其影响机制也需要运用中国的数据进行实证检验。由于选择不同的样本、不同的样本区间，会得出不同的结果，因此这是一个常研究常新的问题，需要不断深入研究。

第3章 ///

中国基金管理公司和基金经理
特征的总体描述

如果从 20 世纪 80 年代中资或外资金融机构在境外设立的"中国概念基金"算起，中国的基金业已经发展了 30 年；如果从 1992 年中国"老基金"的发展算起，中国的基金业已经发展了 20 多年；如果从 1997 年中国《证券投资基金暂行办法》出台规范基金发展、并正式明确为"证券投资基金"算起，中国的基金业已经发展了 20 年。

中国的证券投资基金业发展迅速。从数量上看，从 1998 年底的 6 家基金管理公司、5 只封闭式基金、基金规模 100 亿份、年末资产净值 107.42 亿元人民币①发展到 2015 年底的 100 家基金管理公司、2722 只基金、基金资产净值合计 83971.83 亿元（其中，开放式基金资产净值 82024.11 亿元，封闭式基金资产净值 1947.72 亿元）②；从基金的类型看，从单纯的封闭式基金发展成为多元基金形式并存，包括公募基金和非公募基金并存，封闭式基金和开放式基金并存，股票型基金、债券型基金、混合型基金、货币型基金和 QDII 型基金并存。

中国基金管理公司的特征在总体上不断变化，各公司的特征在不断变化，不同公司之间的特征差别甚大。在股东性质上，从只有证券公司和信

---

① 中国证券投资基金年鉴编委会编.中国基金业发展掠影：1998～2013［M］.中国金融出版社，2014：174.

② 中国证券投资基金业协会.证券投资基金市场数据（2015 年 12 月）［EB/OL］.http：//www.amac.org.cn/tjsj/xysj/jjgssj/390189.shtml.

托投资公司可以发起设立，到外资入股并且股权比例不断增加，再到银行以及非金融机构可以发起设立。在股权结构上，既有一股独大的绝对控股，持股比例在 50% 以上，甚至有的基金管理公司只有 1 家公司发起设立，也有相对控股，持股比例虽然不到 50%，但是也远超过其他股东，还有分散持股，各股东持股比例差不多，没有任何股东能够控股。在内部治理结构上，董事会的规模差别较大，有的公司的董事会只有 7 人，有的达到 14 人；独立董事制度在 2001 年引入后虽然对独立董事人数和占董事会总人数的比例有所限制，但是各公司差别甚大；内部董事的比例以及总经理是否为董事各公司不同、同一公司不同时期也不同；监事会的人数、结构（内部监事占比）也各有不同。

中国基金经理的特征在总体上不断变化，同时由于同一只基金经常变更基金经理，使得同一只基金的基金经理的特征也不断变化。在总体上，中国基金经理在生理特征、教育背景、职业资质和从业经验等方面都在不断发展变化。

中国基金管理公司特征和基金经理特征的发展演变既是中国基金业发展的要求，也是中国基金业不断发展的重要表现。本章以中国基金业发展中相关制度的建立和完善为背景，从股东性质、股权结构、内部治理结构阐述基金管理公司特征的变化，从性别、学历、从业经验等方面阐述基金经理特征的变化。

3.1　中国基金管理公司特征的总体描述

中国基金业的发展始于 20 世纪 80 年代的"老基金"，但是老基金由于发展不规范等问题在 20 世纪 90 年代被叫停（中国人民大学信托与基金研究所，2004）。1997 年《证券投资基金管理暂行办法》出台之后，新基金开始发展，迎来了基金业的大发展。基金管理公司的特征无论在总体上还是个体上都不断发展变化。

3.1.1 基金管理公司特征的总体描述

3.1.1.1 股东性质、股权结构与内部治理结构的制度规定

中国基金管理公司股东特别是主要股东的性质是有明确规定的。1997年《证券投资基金管理暂行办法》规定,只有证券公司、信托投资公司和基金管理公司可以发起设立基金,基金在发起设立之后由基金管理公司进行管理,基金管理公司的发起人为按照国家有关规定设立的证券公司和信托投资公司。因此,1998~1999年成立的"老十家"基金管理公司的股东都是证券公司和信托投资公司。2001年之后,中国基金管理公司股东的性质有所放松,除了证券公司和信托投资公司之外,实业公司也可以作为股东发起基金管理公司,基金管理公司的股东走向多元化,如银河基金管理有限公司,除银河证券作为主发起人是证券公司之外,其他四个股东都为实业公司,这被称为"好人举手"制度(马庆泉、刘钊,2014)。2001年中国加入世界贸易组织(WTO)之后,为了适应对外开放资本市场的要求,中国证监会制定了外资参股基金管理公司的有关办法和规定。2002年开始,外资参股发起设立基金管理公司,并且取得了较快发展,合资基金管理公司占中国全部基金管理公司的比例在2008~2014年超过了50%[①]。2004年,基金管理公司的股东略有收紧,主要是限制了持股比例最高且不低于25%以上的主要股东的性质为"从事证券经营、证券投资咨询、信托资产管理或者其他金融资产管理"的机构。2005年,中国人民银行、中国证监会和中国银监会共同发布了《商业银行设立基金管理公司试点管理办法》,商业银行可以作为发起人和主要股东设立基金管理公

---

① 中国证券投资基金年鉴编委会. 中国证券投资基金年鉴: 2012~2013 [M]. 中国经济出版社,2014: 111; 2013 年数据来自:中国证券投资基金业协会. 证券投资基金市场数据(2013 年 12 月)[EB/OL]. http://www.amac.org.cn/tjsj/xysj/jjgssj/385457.shtml; 2014 年数据来自:中国证券投资基金业协会. 证券投资基金市场数据(2014 年 12 月)[EB/OL]. http://www.amac.org.cn/tjsj/xysj/jjgssj/387824.shtml; 2015 年数据来自:中国证券投资基金业协会. 证券投资基金市场数据(2015 年 12 月)[EB/OL]. http://www.amac.org.cn/tjsj/xysj/jjgssj/390189.shtml.

司，从 2005 年至 2013 年，由商业银行作为控股股东发起设立的基金管理公司达到 13 家。2013 年，证监会发布《保险机构投资设立基金管理公司试点办法》，保险公司也可以作为主要股东发起设立基金管理公司。所以，基金管理公司的股东性质是一个逐渐放松、多元化的过程，这样就决定了不同基金管理公司的股东性质特别是第一大股东的性质是不同的，有证券公司、信托公司、外资、商业银行、保险公司等，甚至还有自然人①。

对中资基金管理公司各股东持股比例没有明确的制度限制，但是对合资基金管理公司外资的持股比例做了规定。中国在加入 WTO 允许外资参股基金管理公司时，最初限定外资占基金管理公司的股份不超过 33％，在 3 年过渡期结束之后，外资占基金管理公司的股份不超过 49％。这样，虽然外资可以成为基金管理公司的最大股东，但是不超过基金管理公司总股份的 50％，只是相对控股，而不能够绝对控股。但是，这一制度限制也有可能突破，因为 2015 年首家外商独资基金管理公司已经在上海自贸区获批②。

基金管理公司内部治理结构是按照现代公司制度建立的，对独立董事、督察长等方面做了明确的制度规定。基金管理公司基本上都建立起了股东会、董事会、监事会的内部治理结构。在发展过程中的主要变化体现为：一是独立董事制度。2001 年，中国证监会发布的《基金管理公司章程制定指导意见》中要求基金管理公司设立独立董事，并且在 2004 年发布《证券投资基金管理公司管理办法》中明确规定，独立董事的人数不少于 3 人，不得少于董事会人数的 1/3。但是，由于各基金管理公司董事会的规模不同，独立董事的数量和占比存在差别。二是督察长制度的建立。1998 年证监会发布的《关于加强证券投资基金监管有关问题的通知》中首次提出了基金管理公司要设立督察员，目的是在基金管理公司内部建立起监察稽核机制，避免违法违规行为。2004 年，证监会《证券投资基金管理公司管理办法》中明确规定，基金管理公司要建立健全督察长制度。督察长由董事会聘任，对董事会负责，对公司经营运作的合法合规性进行

① 泓德基金管理有限公司的第一大股东为自然人王德晓，持股 26％。
② 上海自贸区将迎来首家外商独资基金管理公司 [N]. 南方日报，2015 – 9 – 30：SD03.

监察和稽核。之后，各家基金管理公司都建立起了督察长制度，每家基金管理公司都设立一名督察长，并且属于公司高管。三是基金份额持有人大会制度。中国新基金在发展初期中就明确了出席基金持有人大会是基金持有人的权利，2003 年通过的《证券投资基金法》也对此做了明确规定。然而，基金持有人大会由于召集困难，在 2012 年修订《证券投资基金法》的时候，专门做了设立基金持有人大会日常机构和"二次召集"的规定，使得基金份额持有人大会有了专门的常设机构，以便于召集基金份额持有人大会。

总起来看，中国建立的完善基金管理公司股东性质、股权结构和内部治理结构的各种制度，是为了规范基金业的发展，保护和实现基金份额持有人利益，避免基金份额持有人利益受到侵害（董丽娃和李增刚，2016）。这些制规定对基金管理公司特征的形成起了决定性作用。

3.1.1.2 股东性质、股权结构与内部治理结构变化的总体描述

（1）股东性质的变化。

第一，股东性质多元化：从只有证券公司和信托投资公司为股东，到实业公司也可以成为股东。

随着对基金管理公司股东性质规定的变化，实际的股东性质也在逐渐发生变化，越来越多元化。1998～1999 年成立的所有基金管理公司的股东全部为证券公司或信托投资公司。比如，表 3 – 1 给出"老十家"基金管理公司最初成立时的股东情况，可以看出，全部都为证券公司或信托投资公司。

表 3 – 1　　　　　　　　"老十家"基金管理公司的股东

基金管理公司	成立时间	股东
国泰基金	1998 年 3 月	国泰证券有限公司、中国电力信托投资有限公司、上海爱建信托投资公司、浙江省国际信托投资公司
南方基金	1998 年 3 月	南方证券有限责任公司、厦门国际信托投资公司、广西信托投资公司
华夏基金	1998 年 4 月	华夏证券有限公司、北京证券有限责任公司、中国科技国际信托投资有限责任公司

基金管理公司	成立时间	股东
华安基金	1998 年 6 月	上海国际信托投资公司、申银万国证券股份有限公司、天同证券有限责任公司、东方证券有限责任公司、方正证券有限责任公司
博时基金	1998 年 7 月	招商证券有限公司、金信信托投资股份有限公司、长城信托投资公司、光大证券有限责任公司
鹏华基金	1998 年 12 月	国信证券有限公司、浙江证券有限责任公司、鞍山市信托投资股份有限公司、安徽省国际信托投资公司
长盛基金	1999 年 3 月	中信证券股份有限公司、长江证券有限责任公司、国元证券有限责任公司和天津北方国际信托投资股份有限公司
嘉实基金	1999 年 3 月	广发证券有限责任公司、北京证券有限责任公司、吉林省信托投资公司、中煤信托投资有限公司
大成基金	1999 年 4 月	光大证券有限责任公司、大鹏证券有限责任公司、中国经济开发信托投资公司、广东证券股份有限公司
富国基金	1999 年 4 月	海通证券有限公司、申银万国证券股份有限公司、江苏证券有限责任公司、福建国际信托投资公司、山东省国际信托投资公司

资料来源：根据中国基金网基金管理公司简介整理。

在 2001 年"好人举手"制度实行之后，股东的多元化特征开始逐渐显现出来。不仅新成立的基金管理公司的股东不再限于证券公司或信托投资公司，而且原来成立的基金管理公司也通过股权变动等引进了大量实业类公司。比如，2002 年 6 月 14 日，中国银河证券有限责任公司作为主发起人持股 50%，联合中国石油天然气集团公司、上海市城市建设投资开发总公司、首都机场集团公司和湖南广播电视产业中心等四家非证券类、非信托类国有企业联合成立中国第一家"好人举手"制度设立后的基金管理公司——银河基金管理有限公司。再比如，"老十家"中的国泰基金管理公司于 2004 年引入了上海仪电控股集团公司作为公司股东、南方基金管理公司于 2003 年引入了深圳市机场股份有限责任公司作为公司股东、华安基金管理公司于 2004 年引进了上海广电（集团）有限公司和上海电器（集团）总公司作为公司股东、博时基金管理公司于 2004 年引进了广厦建设集团责任有限公司作为公司股东等。

第二，外资股东进入，合资基金管理公司快速发展。

在2001年中国加入WTO之后，从2002开始外资参股的基金管理公司开始成立，并且原来的基金管理公司也开始寻求引进外资。2002年12月27日，首家中外合资基金管理公司——招商基金成立，外资方荷兰国际集团持有30%的股权，中方最大股东招商证券持有40%的股权。接着，华宝兴业、海富通、国联安、景顺长城等合资基金管理公司于2003年上半年先后成立。2003年，加拿大蒙特利尔银行参股富国基金，富国基金成为国内首批成立的十家基金管理公司中第一家变更为合资基金公司的基金管理公司。2006年6月8日，国内首家外资控股的基金管理公司诺德基金管理公司成立，美国诺德·安波特公司持有49%的股权。之后，合资基金管理公司数量迅速增长，有的是通过与境内股东合资发起或设立基金管理公司，有的是通过参股已经成立的基金管理公司。2008年，合资基金管理公司数量（33家）超过中资基金管理公司（28家），占全部基金管理公司的54.10%；2010年，合资基金管理公司数量上升到36家，而中资基金管理公司数量则下降为26家，合资基金管理公司数量占比达到58.06%，合资基金管理公司比例达到最高。之后，中资和合资基金管理公司数量都不断增加，但是合资基金管理公司数量增加不如中资基金管理公司数量增加快，到2014年底，中资基金管理公司数量达到49家，而合资基金管理公司数量为46家，占比48.42%，合资基金管理公司数量在2008年超过50%之后首次下降到50%以下。图3－2给出了中国合资和中资基金管理公司的数量和比例变化情况。

第三，商业银行、保险公司不仅成为股东，而且还成为发起人和主要股东。

2005年4月，中国人民银行、中国银监会和中国证监会共同启动商业银行设立基金管理公司的试点工作，中国工商银行、中国建设银行和交通银行成为首批三家试点银行，分别成立了工银瑞信、交银施罗德和建信基金三家基金管理公司。2007～2008年，第二批银行参股的基金管理公司成立，先后成立了浦银安盛基金、农银汇理基金和民生加银基金。与此同时，招商基金和中银基金进行股权调整，招商银行和中国银行参股，成为

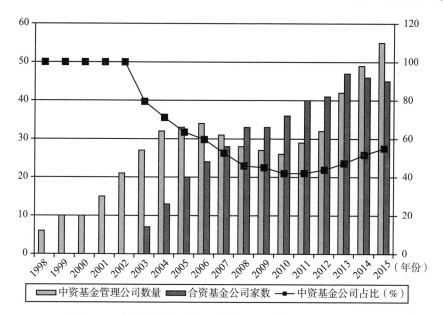

图 3 - 1　中国基金管理公司中中资公司和合资公司数量分布

资料来源：中国证券投资基金年鉴编委会．中国证券投资基金年鉴：2012 ~ 2013 ［M］．中国经济出版社，2014：111；2013 年数据来自：中国证券投资基金业协会．证券投资基金市场数据（2013 年 12 月）［EB/OL］．http：//www．amac．org．cn/tjsj/xysj/jjgssj/385457．shtml；2014 年数据来自：中国证券投资基金业协会．证券投资基金市场数据（2014 年 12 月）［EB/OL］．http：//www．amac．org．cn/tjsj/xysj/jjgssj/387824．shtml；2015 年数据来自：中国证券投资基金业协会．证券投资基金市场数据（2015 年 12 月）［EB/OL］．http：//www．amac．org．cn/tjsj/xysj/jjgssj/390189．shtml。

银行系基金。2013 年，北京银行、兴业银行、上海银行、南京银行和宁波银行分别发起成立了中加基金、兴业基金、上银基金、鑫元基金和永赢基金，中国银行系基金管理公司家数达到 13 家。截至 2015 年 6 月底，中国银行系基金管理公司占全部基金管理公司总数的 12.38%；在基金管理资产规模上，银行系基金总规模达到 4.49 万亿元，占全部基金管理资产规模的 27.84% [1]。这说明，中国的银行系基金已经具有比较大的规模。

在银行系基金成立之初，就有许多研究认为，银行系基金将会由于银行已经拥有的网络和信誉优势、庞大客户资源、丰富的基金托管和销售经验及在货币市场和债券市场上较高的技术操作水平和流动管理能力而具有

---

[1]　银行系基金公司资管规模达 4.5 万亿 ［N］．证券日报，2015 - 8 - 3.

先天优势（马庆泉、刘钊等，2014）；不过也有人认为，基金业的发展主要依靠的是基金绩效或者能够给基金份额持有人带来的收益。

在商业银行作为股东发起或设立的基金管理公司中，商业银行控股或参股的比例存在较大差别，共同特点就是商业银行都是控股股东。商业银行控股的比例存在较大差别，控股比例最大的为上银基金和兴业基金，控股商业银行分别控股90%，控股比例最低的为浦银安盛，控股商业银行控股51%，如表3－2所示。

表3－2　　　　　　　　　商业银行控股或参股基金管理公司的情况

基金名称	参股或控股商业银行	成立时间	参股或控股比例（%）
中银基金	中国银行	2004 年 6 月	83.5
工银瑞信	中国工商银行	2005 年 6 月	80
建信基金	中国建设银行	2005 年 9 月	65
交银施罗德	交通银行	2005 年 7 月	65
浦银安盛	浦发银行	2007 年 7 月	51
民生加银	中国民生银行	2008 年 10 月	63.33
农银汇理	中国农业银行	2008 年 2 月	51.67
中加基金	北京银行	2013 年 3 月	62
兴业基金	兴业银行	2013 年 3 月	90
鑫元基金	南京银行	2013 年 8 月	80
上银基金	上海银行	2013 年 8 月	90
永赢基金	宁波银行	2013 年 10 月	67.5

资料来源：根据各家基金管理公司股东情况整理。

保险公司作为股东发起或设立基金管理公司时间比较晚，直到2013年保险公司才作为股东参与发起或设立基金管理公司。2013年10月29日，经中国证监会批准，由中国人寿资产管理有限公司和澳大利亚安保资本投资有限公司共同出资设立的国寿安保基金管理有限公司注册成立，其中中国人寿控股85.03%，成为中国保险业成立的首家基金管理公司。2015年3月3日，阳光保险参股25%的泓德基金管理公司在北京成立，成为保险公司参股的第二家基金管理公司。

第四，自然人也可以成为股东甚至成为主要股东。

中国公募基金的基金管理公司的发起人和股东一般都是法人，从 2014 年开始基金管理公司的股东有了自然人。2014 年 8 月，永赢基金在增资扩股时公司 28 名员工出资 4500 万元，共持股 22.5%，成为自然人股东。2015 年，泓德基金成立时最大股东就是自然人，持股 26%；金信基金成立时也有两个自然人股东，分别持股 5% 和 1.5%。

第五，基金管理公司第一大股东仍然以证券公司和信托公司为主。

截至 2015 年底，中国共成立了 100 家基金管理公司。由于成立较早的基金管理公司股东及其持股比例多次变更，这里考察了这 100 家基金管理公司 2015 年底第一大股东性质的分布情况，如图 3 – 2 所示。可以看出，在基金管理公司的第一大股东仍然以证券公司为主，占比达到 41%；其次是信托公司，占比达到 22%；再次是商业银行，占比为 14%。有 9 家基金管理公司由于股权平均或前几大股东股权平均而不存在第一大股东；还有 12 家基金管理公司的第一大股东为投资公司、金融服务公司或其他从事资本或股权投资的公司。这说明，中国基金管理公司的股东虽然已经多元化，但是第一大股东的性质仍然以证券公司、信托公司为主，二者占比达 63%。

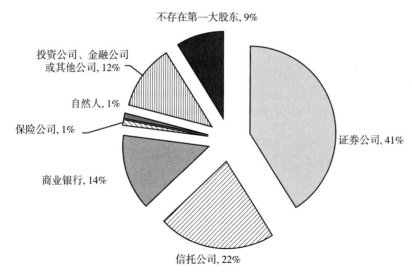

图 3 – 2　2015 年底基金管理公司第一大股东性质的总体情况

资料来源：根据各基金管理公司主页上对本公司的简介逐个整理得出。

（2）股权结构的总体描述。

由于基金管理公司的股权结构没有明确规定，绝对控股、相对控股和分散持股的情况都大量存在，而且在同一个公司中，股权结构也是不断变化的。按照张兵（2008）、祁玲（2009）、吴翔东（2009）等，绝对控股是公司存在控股股东并且其持股比例在50%以上，该大股东按照股权拥有50%以上的投票权，在公司重大事务决策中具有绝对控制力量；相对控股是存在控股股东但是其持股比例没有达到50%，通常在30%到49%，该大股东虽然持有股权最多，也拥有最多的投票权，但是其他股东联合起来的持股比例超过50%，其虽然对公司重大事务具有较大的控制力量，但是不能够绝对控制；分散持股的情况是指不存在控股股东的情况，要么是各个股东平均分散持股，比如各持有25%或20%，要么是前几大股东平均持股，它们持股比例虽然较高，但是由于持股比例相同，可以形成相对制衡。

存在绝对控股股东的基金管理公司中，控股股东所持有股权的比例从51%到100%的情况都曾经存在。比如华夏基金管理有限公司在2007年12月29日到2011年12月16日之间只有中信证券1个股东、中金基金只有中国国际金融公司1个股东、红土创新基金只有深圳市创新投资集团公司1个股东；上银基金管理有限公司、兴业基金管理有限公司成立时控股股东上海银行、兴业银行持股达到90%。

没有绝对控股股东、只存在相对控股股东的基金管理公司中，最大股东持股比例一般为30%~50%。比如，鹏华基金的最大股东国信证券一直持股50%，虽然其他股东情况和持股比例有所变化；国泰基金成立之初，国泰君安证券持股30%，浙江国际信托、上海爱建信托和宏源证券各持股20%、中国电力财务持股10%；南方基金在成立之初，南方证券持股30%，其他七个股东分别持股10%。

不存在控股股东的基金管理公司中，有的是基金管理公司的各股东平均持股，有的是基金管理公司存在两个或两个以上持股比例相同的大股东和若干小股东。各股东平均持股的基金管理公司中，可能为33.3%（3个股东）、25%（4个股东）、20%（5个股东）、16.67%（6个股东）。还有的基金管理公司存在两个持股比例相同的大股东，比如景顺长城基金管理公司在2006年股权改革之后长城证券和景顺资产管理公司各持股49％，另外还有两个各持股1％的小股东，虽然两大股东持股比例接近50％，但是都不是控股股东。

图3-3给出了2015年底中国基金管理公司股权结构的总体情况。结果表明，在100家基金管理公司中，存在绝对控股股东的基金管理公司有54家，存在相对控股股东的基金管理公司有37家，只有9家基金管理公司不存在控股股东。这说明，中国基金管理公司总体上表现为股权较为集中。

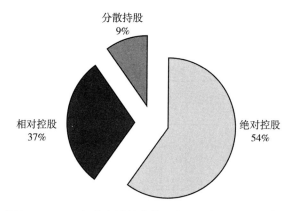

图3-3　2015年底中国基金管理公司股权结构总体情况

资料来源：根据各基金管理公司主页上对本公司的简介逐个整理得出。

各个基金管理公司的股权结构不仅表现出差异，而且同一个公司的股权结构也是不断变化的，各公司的变化频率差别甚大。有的基金管理公司的股权结构很多年都不发生变化，比如鹏华基金管理公司的股权结构自1998年成立之后到2015年仅变动过2次，而华夏基金管理公司的股权结构自1998年成立之后变动达9次，甚至有的基金管理公司的股权结构在一年之内会变化2次及2次以上。

（3）内部治理结构的总体描述。

基金管理公司内部治理结构也差别甚大，可以从董事会规模、独立董事人数及占比、监事会规模、内部监事人数及占比、总经理是否为董事等多个方面进行分析。

　　基金管理公司的董事人数基本上为 6 ~ 13 人，各公司存在差别，同一个公司在不同时期也存在差别。多数情况下在 6 ~ 9 人，只有非常个别情况下有 5 个董事或 13 个董事的情况。图 3 – 4 给出了 2015 年底各家基金管理公司董事人数。总体上看，9 人董事会的基金管理公司最多，达到 42 家，其次为 7 人的董事规模，为 18 家。董事会人数最少的为 5 人，只有 2 家，最多的 13 人，只有 1 家。

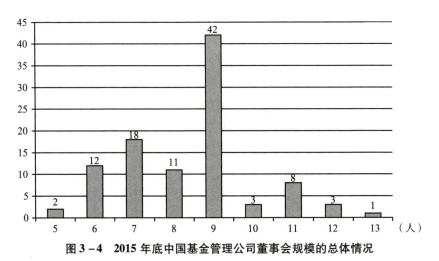

图 3 – 4　2015 年底中国基金管理公司董事会规模的总体情况

资料来源：根据各基金管理公司 2015 年下半年发布的招募说明书或招募说明书更新整理。

　　基金管理公司的独立董事人数基本上在 3 ~ 5 人，绝大多数为 3 人。因为独立董事制度实行以来规定其最少不低于 3 人，3 人就成了最低限度，不过也有少数基金管理公司在某个时间段只有 2 位独立董事①；同时，独立董事人数占董事会总人数的比重不低于 1/3，所以当董事会人数较多时，独立董事人数至少也会相应增加，比如南方基金的董事会人数为 13 人时，其独立董事人数为 5 人。从占比来看，由于董事会规模为 9 人、独立董事

---

　　① 从制度上讲，2 个独立董事显然不符合证监会对基金管理公司独立董事人数的最低要求。然而，在个别时间独立董事离职之后尚未有新的独立董事就职的情况也可能发生。因此，存在个别基金管理公司在某个时间段只有 2 个独立董事的情况。

为 3 人时，恰好能够满足独立董事不少于 3 人、占比不低于 1/3 的制度要求，因此在独立董事实施之后，绝大多数基金管理公司的独立董事为 3 人、董事会规模为 9 人。2015 年底，中国 100 家基金管理公司中，有 75 家基金管理公司的独立董事人数为 3 人，20 家基金管理公司独立董事人数为 4 人，二者占比达到 95%，只有 1 家基金管理公司独立董事为 5 人，有 4 家独立董事为 2 人①。

基金管理公司的监事会规模一般为 3 ~ 4 人，最多为 9 人，也有一些基金管理公司不设监事会，只设立监事 1 名或 2 名。设立监事会的基金管理公司一般都有内部职工监事，少的 1 人，最多的达到 5 人。图 3 - 5 给出了 2015 年底中国 100 家基金管理公司中监事会规模或监事人数的总体情况。可以看出，除了 1 家基金管理公司没有监事②外，其他 99 家基金管理公司都设立有监事，其中监事人数 3 ~ 4 人的基金管理公司最多，二者达 56 家。

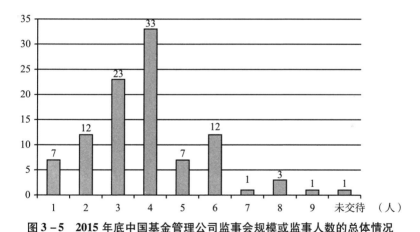

图 3 - 5　2015 年底中国基金管理公司监事会规模或监事人数的总体情况

资料来源：根据各基金管理公司 2015 年下半年发布的招募说明书或招募说明书更新整理。

———————————

①　数据是根据各基金管理公司 2015 年下半年发布的招募说明书或招募说明书更新整理后统计得出。

②　在该公司 2015 年下半年发布的招募说明书或招募说明书更新中没有监事的信息，由于董事会、独立董事、总经理和副总经理、督察长等高管的信息都有介绍，唯独没有监事的信息，可以判断应该是没有监事。不过，在该公司的治理架构图中设立有监事会。

从总经理是否为董事来看，这无非是两种情况，总经理为董事或不为董事，绝大多数公司的多数时期，总经理为公司董事，但是如果总经理为新聘任的时候，可能不是董事，当然如果董事会规模比较小的时候总经理也可能很长时间不是公司董事。在 2015 年底，中国 100 家基金管理公司中，只有 7 家公司的总经理不是董事①。

从董事长与总经理是否为同一人来看，这也无非就两种情况，是或不是。从制度上来看，基金管理公司的董事长和总经理不能够为同一人兼任，但是在公司的总经理辞职还未聘任到合适的总经理之前，董事长可以短期兼任总经理，但是这种情况存在时间限制，一般不超过 3 个月。2015 年底，在 100 家基金管理公司中，有 9 家基金管理公司的董事长和总经理由同一人担任，有的是董事长代理总经理，也有总经理代理董事长②。

3.1.2 基金管理公司的个体特征：以"老十家"为例

截止到 2015 年底，中国已经有 100 家基金管理公司。为了说明基金管理公司个体特征的变化，这里选择成立最早、存续时间最长的"老十家"基金管理公司为例描述基金管理公司股东、股权结构和内部治理结构的变化。

3.1.2.1 股东性质和股权结构的变化

"老十家"基金管理公司在 1998~2015 年股权都发生了变动，变动最多的达到 9 次，最少的 2 次。从股东性质上看，从原来的只有证券公司和信托投资公司，变动为股东性质的多元化，有的引进了实业公司，有的引

---

① 数据是根据各基金管理公司 2015 年下半年发布的招募说明书或招募说明书更新整理后统计得出。

② 数据是根据各基金管理公司 2015 年下半年发布的招募说明书或招募说明书更新整理后统计得出，在招募说明书或招募说明书更新中对董事长暂行代理总经理或总经理代理董事长的情况都有说明。

进了外资，成为合资的基金管理公司。从股权结构上看，有的从平均持股转变为绝对控股或相对控股，也有的从绝对控股或相对控股转变为分散持股。所以，各家公司无论是从股东性质还是股权结构上都发生了重大变化。

（1）国泰基金。

国泰基金从 1998 年 3 月成立之后股东和股权性质变化了 5 次。股东数量从成立之初的 5 个，变化为 6 个，后来又减少为 3 个；股东性质从只有证券公司和信托投资公司，变化为有证券公司、信托投资公司和实业公司再到信托投资公司和证券公司，最后为投资公司和外资公司；第一大股东的性质从证券公司变成为投资公司；股权结构从相对控股，到分散持股，再到绝对控股。

表 3 - 3　　　　　国泰基金管理公司的股东和股权结构的演变　　　　单位：%

1998. 3. 5	2003. 3. 23	2004. 12. 31	2006. 1. 13	2007. 10. 20	2010. 6. 21
国泰君安 30 浙江国际信托 20 上海爱建信托 20 宏源证券 20 中国电力财务 10	浙江国际信托 20 上海爱建信托 20 宏源证券 20 上海市国有资产经营管理公司 19 国泰君安 11 中国电力财务 10	上海市国有资产经营管理公司 24 国泰君安 24 浙江国际信托 20 上海爱建信托 20 中国电力财务 10 上海仪电控股 2	上海市国有资产经营管理公司 24 国泰君安 24 万联证券 20 上海爱建信托 20 中国电力财务 10 上海仪电控股 2	中国建银投资 70 万联证券 20 中国电力财务 10	中国建银投资 60 意大利忠利集团 30 中国电力财务 10

注：公司名称后面的数字为该公司的持股比例。
资料来源：根据各公司公告整理。

（2）南方基金。

南方基金管理有限公司自 1998 年 3 月成立之后，股东和股权结构变更了 5 次。从股东性质上看，从最初的证券公司和信托投资公司，引进了深圳机场这个实业公司，后来又变更为只有证券公司、信托投资公司和投资公司；从股权结构上看，从绝对控股变更为相对控股。

表 3 - 4　　　　　　南方基金管理公司的股东和股权结构的演变　　　　单位：%

1998. 3. 6	2000. 12. 1	2003. 5. 21	2003. 9. 16	2005. 12. 21	2010. 9. 10
南方证券 60 厦门国际信托 20 广西信托 20	南方证券 30 厦门国际信托 10 华泰证券 10 兴业证券 10 陕西国际信托 10 华西证券 10 海通证券 10 长城证券 10	南方证券 30 华泰证券 30 厦门国际信托 10 兴业证券 10 陕西国际信托 10 华西证券 10	华泰证券 45 深圳机场 30 厦门国际信托 15 兴业证券 10	华泰证券 45 深圳机场 30 厦门国际信托 15 兴业证券 10	华泰证券 45 深圳市投资控股 30 厦门国际信托 15 兴业证券 10

注：公司名称后面的数字为该公司的持股比例。
资料来源：根据各公司公告整理。

（3）华夏基金。

华夏基金管理公司从 1998 年 3 月成立之后，股东和股权结构变更达 9 次之多，甚至有的年份变更都不止 1 次。从股东性质看，从最初的只有证券公司和信托投资公司到引进了山东海丰国际航运有限公司这个实业公司，再到引进外资成为合资基金管理公司；从股权结构看，经历了从绝对控股到相对控股再到绝对控股的变化，特别是从 2007 年 12 月到 2011 年 12 月间只有中信证券一个股东持股 100%。

（4）华安基金。

华安基金自从 1998 年 5 月成立之后，股东和股权结构变动了 4 次。股东从最初只有证券公司和信托投资公司到引进了上海广电（集团）有限公司和上海电气集团这两家实业公司；股权结构从绝对控股变更为分散持股再到五个股东平均分散持股。

表 3 - 5　华夏基金管理公司的股东和股权结构的演变

单位：%

1998.4.9	2000.1.19	2002.1.1	2003.4.4	2006.10.28	2007.8.25	2007.12.29	2011.12.16	2013.9.25	2014.2.12
华夏证券55 北京证券38 中国科技国际信托投资有限公司7	华夏证券30 华泰证券15.45 北京证券20 西南证券15.55 兴业证券15.45 中国科技国际信托3.55	华夏证券35 华泰证券20.67 北京证券20 西南证券20.77 中国科技国际信托3.55	北京国有资产经营有限责任公司35.725 北京证券25 西南证券35.725 中国科技证券有限公司3.55	北京证券20 中信证券40.275 西南证券35.725 中国科技证券3.55	中信证券60.725 西南证券35.725 中国科技证券3.55	中信证券100	中信证券49 无锡国联发展10 南方工业资产管理11 山东海丰国际航运10 POWER CORPORATION OF CANADA10 山东省农村经济开发投资公司10	中信证券59 南方工业资产管理11 青岛海鹏科技投资有限公司10 POWER CORPORATION OF CANADA10 山东省农村经济开发投资公司10	中信证券62.2 南方工业资产管理7.8 青岛海鹏科技投资有限公司10 POWER CORPORATION OF CANADA10 山东省农村经济开发投资公司10

注：公司名称后面的数字为该公司的持股比例。

资料来源：根据各公司公告整理。

表 3 – 6 　　　　　　华安基金管理公司的股东和股权结构的演变 　　　　　　单位: %

1998. 6. 4	2001. 9. 4	2004. 12. 20	2007. 11. 20	2009. 11. 4
上海国际信托 60 申银万国证券 20 山东证券 20	上海国际信托 30 天同证券 20 申银万国证券 20 东方证券 20 方正证券 10	上海广电 20 上海工业投资 20 上海沸点投资 20 上海电器集团 20 上海国际信托 20	上海锦江投资 20 上海国际信托 20 上海工业投资 20 上海沸点投资 20 上海电器集团 20	上海锦江国际投资管理公司 20 上海电气集团总公司 20 国泰君安投资管理 20 上海工业投资集团 20 上海国际信托 20

注: 公司名称后面的数字为该公司的持股比例。
资料来源: 根据各公司公告整理。

（5）博时基金。

博时基金自 1998 年 7 月成立之后，经历了 8 次股东和股权结构的变更。从股东性质看，从最初的证券公司和信托投资公司，到引进了广厦建设这一实业公司，后来又引进了天津港这一实业公司；从股权结构看，从最初的四家股东平均分散持股变化为后来由招商证券绝对控股，再到招商证券相对控股。

（6）鹏华基金。

鹏华基金自 1998 年 12 月成立之后，股东性质和股权结构的变化变化只有两次。第一次是增资扩股，股东更改了名称，股东性质和股权结构没有发生变化；第二次是引进了外资并调整了股权结构，但是国信证券一直持股 50%。从总体上看，鹏华基金应该是基金管理公司中股东性质和股权结构最为稳定的了，在从 1998 年到 2015 年的 17 年间实际上仅变动了 1 次。

表 3－7　　博时基金管理公司的股东和股权结构的演变

单位：%

1998. 7. 13	2003. 4. 26	2004. 1. 31	2008. 7. 8	2009. 11. 16	2013. 3. 13	2013. 8. 13	2014. 8. 21	2015. 7. 16
国信证券 25 金信信托 25 长城信托 25 光大证券 25	金信信托 25 中国长城资管 25 国信证券 25 光大证券 25	金信信托 48 中国长城资管 25 招商证券 25 广厦建设 2	招商证券 73 中国长城资管 25 广厦建设 2	招商证券 49 中国长城资管 25 天津港 6 上海盛业资管 6 璟安实业 6 上海盛业 6 广厦建设 2	招商证券 49 长城资产 25 璟安股权投资 6 天津港 6 上海丰益实业发展有限公司 6 上海盛业股权投资 6 投资基金 6 广厦建设集团 2	招商证券 49 长城资产 25 璟安股权投资 6 天津港 6 上海丰益股权投资基金 6 上海盛业股权投资基金 6 广厦建设集团 2	招商证券 49 长城资产 25 璟安股权投资 12 天津港 6 上海盛业股权投资基金 6 广厦建设集团 2	招商证券 49 长城资产 25 上海汇华实业 12 天津港 6 上海盛业股权投资基金 6 广厦建设集团 2

注：公司名称后面的数字为该公司的持股比例。

资料来源：根据各公司公告整理。

表3-8　　　　　鹏华基金管理公司的股东和股权结构的演变　　　　单位：%

1998. 12. 22	2001. 10. 26	2007. 7. 27
国信证券 50 鞍山信托 16. 68 浙江证券 16. 66 安徽国际信托 16. 66	国信证券 50 安信信托 16. 68 方正证券 16. 66 安徽国元信托 16. 66	国信证券 50 意大利欧利盛资本资产 49 深圳市北融信投资发展 1

注：公司名称后面的数字为该公司的持股比例。

资料来源：根据各公司公告整理。

（7）长盛基金。

长盛基金自 1999 年 3 月成立之后股东性质和股权结构变动了 5 次。从股东性质看，基本上都是证券公司、信托公司或投资公司，没有大变化，最重要的是 2007 年引进外资，成为合资基金管理公司。从股权结构看，从最初的四家股东平均分散持股，变化为相对控股。

表3-9　　　　　长盛基金管理公司的股东和股权结构的演变　　　　单位：%

1999. 3. 26	2002. 6. 24	2004. 10. 12	2007. 4. 19	2008. 11. 15	2012. 8. 29
中信证券 25 天津北方国际信托 25 湖北证券 25 安徽省信托 25	中信证券 25 长江证券 25 天津北方国际信托 25 国元证券 25	国元证券 49 安徽省创新投资公司 26 安徽省投资集团有限公司 25	国元证券 41 新加坡星展资产管理 33 安徽省创新投资公司 13 安徽省投资集团有限公司 13	国元证券 41 新加坡星展资管 33 安徽省投资集团控股 13 安徽省信用担保集团 13	国元证券 41 新加坡星展银行 33 安徽省投资集团控股 13 安徽省信用担保集团 13

注：公司名称后面的数字为该公司的持股比例。

资料来源：根据各公司公告整理。

（8）嘉实基金。

嘉实基金自 1999 年 3 月成立之后股东性质和股权结构变化了 5 次。从股东性质看，没有太大变化，基本上都是证券公司、信托公司或资产管理公司，最重要的变化是 2005 年就引进了外资，成了合资基金管理公司。从股权结构看，从最初的四家股东平均分散持股变化到一家大股东相对控股。

表3-10   嘉实基金管理公司的股东和股权结构的演变   单位：%

1999.3.25	2003.10.10	2004.9.8	2005.4.25	2008.3.20	2010.1.26
广发证券25 北京证券25 吉林信托25 中煤信托25	中诚信托47.73 吉林信托25 北京证券25 立信投资2.27	中诚信托48.41 北京证券19.22 吉林信托16.50 立信投资15.87	中诚信托48 立信投资32.5 德意志资产管理19.5	中诚信托40 立信投资30 德意志资产管理30	中诚信托40 立信投资30 德意志资产管理（亚洲）30

注：公司名称后面的数字为该公司的持股比例。
资料来源：根据各公司公告整理。

（9）大成基金。

大成基金自1999年4月成立之后，一共有5次股东性质和股权结构的调整。从股东性质看，基本上没有发生变化，都是证券公司和信托投资公司；从股权结构上看，从最初的4家股东平均分散持股变化为相对控股，股权结构基本上稳定。2007年7月，股东和股权结构没有变化，进行了增资扩股。

表3-11   大成基金管理公司的股东和股权结构的演变   单位：%

1999.4.12	2003.4010	2003.12.23	2005.6.17	2007.7.18	2007.12.31
广东证券25 光大证券25 大鹏证券25 中国经济开发投资25	广东证券25 光大证券25 大鹏证券25 银河证券25	广东证券25 光大证券25 中泰信托25 银河证券25	中泰信托48 光大证券25 中国银河证券25 广东证券2	中泰信托48 光大证券25 中国银河证券25 广东证券2	中泰信托48 光大证券25 中国银河投资管理25 广东证券2

注：公司名称后面的数字为该公司的持股比例。
资料来源：根据各公司公告整理。

（10）富国基金。

富国基金从1999年4月成立之后，股东和股权结构的变更共有4次。其中有1次是股东变更名称，1次是增资扩股，所以实际上的股东变化和股权结构变化只有2次。从股东性质来看，基本上没有太大变化，都是证券公司和信托公司，主要的变化是 2003 年引入了一家外资银行作为股东，成为合资基金管理公司。从股权结构看，从最初的 4 家平均分散持股到 5 家平均分散持股再到 4 家股东虽然不是平均持股但是前三大股东平均持股，而且都不超过 30%。应该说，富国基金的股东和股权性质也是比较稳定的。

表 3 - 12　　　　富国基金管理公司的股东和股权结构的演变　　　单位：%

1999. 4. 13	2002. 6. 26	2003. 5. 28	2004. 12. 17	2006. 11. 1
海通证券 20 申银万国证券 20 江苏证券 20 福建国际信托 20 山东国际信托 20	申银万国证券 20 山东国际信托 20 华泰证券 20 海通证券 20 福建国际信托 20	申银万国证券 16.67 山东国际信托 16.67 华泰证券 16.67 海通证券 16.67 福建国际信托 16.67 加拿大蒙特利尔银行 16.67	申银万国证券 27.77 加拿大蒙特利尔银行 27.77 海通证券 27.77 山东省国际信托 16.67	申银万国证券 27.77 加拿大蒙特利尔银行 27.77 海通证券 27.77 山东省国际信托 16.67

注：公司名称后面的数字为该公司的持股比例。
资料来源：根据各公司公告整理。

总起来看，"老十家"基金管理公司经过 16～17 年的发展，股东性质和股权结构都发生了变化，但是各家基金管理公司变动的频率和幅度存在较大差别。有的变动频繁达到 9 次，有的仅变动过 2 次；有的股东性质有较大变化，第一大股东发生变化，有的第一大股东基本上没有变化；有 6 家引进外资成了中外合资基金管理公司，只有 4 家还是中资基金管理公司；从股权结构上看，各种情况都存在，有的从平均持股到相对控股或绝对控股，也有的是从绝对控股或相对控股到平均持股或分散持股。

图 3 - 6 给出了 2015 年底"老十家"的股权结构。可以看出，无论是股东数量和股权分布都存在较大差别。股东数量最多的有 6 个，最少的为 3 个；从股权结构看，有 2 家绝对控股，有 6 家相对控股，有 1 家平均持股，还有 1 家相对分散持股（有 3 个股东持股比例，1 个股东持

股比例略低）。

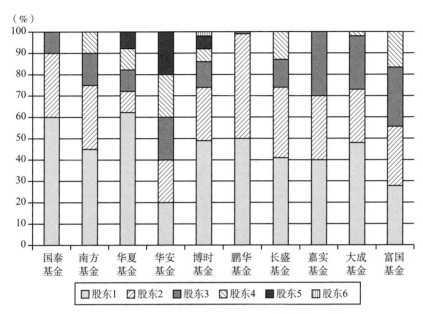

图 3 - 6　2015 年底"老十家"股权结构的横向比较

资料来源：根据各家基金管理公司简介整理。

3.1.2.2　内部治理结构的比较

作为中国最早的基金管理公司，"老十家"在中国基金业中具有一定的代表性。表 3 - 13 和图 3 - 7 给出了"老十家"内部治理结构的情况。从董事会人数看，最低为 8 人，最多为 13 人；从独立董事人数看，最低就是满足证监会的要求为 3 人，当董事会规模扩大时，独立董事必须相应扩大，比如南方基金的董事会总规模为 13 人，独立董事至少为 5 人。从监事会规模看，最低的为 3 人，最多的为 8 人，内部监事最少为 2 人，最多为 4 人，内部监事占比最低为 50%，最多为 2/3。这反映出各基金管理公司在满足证监会规定的前提下设置本公司的董事会和监事会等。这十家公司的总经理全部都为公司的董事，没有差别；也都按照证监会的要求设置了督查长。

表 3 – 13　　　　　　　　　"老十家"的内部治理结构情况

基金管理公司	董事会人数	独立董事人数	独立董事占比	监事会人数	内部监事人数	内部监事占比	总经理是否为董事
国泰基金	11	4	36.4	6	3	50	是
南方基金	13	5	38.5	8	4	50	是
华夏基金	9	3	33.3	6	3	50	是
华安基金	9	3	33.3	7	3	42.9	是
博时基金	9	3	33.3	6	3	50	是
鹏华基金	9	3	33.3	6	3	50	是
长盛基金	11	4	36.4	3	2	66.7	是
嘉实基金	9	3	33.3	4	2	50	是
大成基金	8	3	37.5	3	2	66.7	是
富国基金	12	4	33.3	8	4	50	是

资料来源:根据各家公司的情况整理。

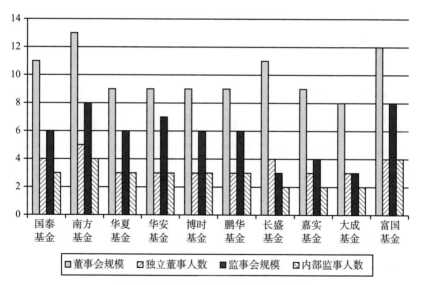

图 3 – 7　"老十家"内部治理结构情况

资料来源:根据各家公司的情况整理。

3.2　中国基金经理特征的总体描述

中国自从 1998 年新基金开始发展以来，所有基金在发起设立时都必须有专门的基金经理负责资金的运作和管理。由于基金经理掌握着基金份额持有人投资的巨额资金，因此监管部门对基金经理的任职有相对比较严格的要求，比如要有一定的证券等从业经验，必须要通过基金经理资格考试等。从 1998 年开始，中国公募基金共有 2000 多人担任基金经理。本节首先根据能够查找到的数据从基金经理的性别、年龄、学历、毕业院校以及从业经验等方面进行总体描述，然后以老十家的基金经理为例进行特征描述和概括。

3.2.1　中国基金经理总体特征的描述

3.2.1.1　总体上男性基金经理远多于女性基金经理，同时女性基金经理的占比也在提高

杜书明和杨里亚于 2004 年完成的《中国基金经理报告》[1] 统计了 1998 年至 2004 年 4 月间中国基金经理的信息，男性基金经理占比达 93.8%，女性基金经理仅为 6.2%；网易财经于 2012 年发布的《中国基金经理现状调查：基金经理报告》显示，在统计的 699 位基金经理中，女性基金经理为 109 位，占比 15%[2]；《第一财经日报》2012 年的一份统计也表明，女性基金经理约为男性基金经理数量的 1/5[3]。另外，根据"好买

---

　①　杜书明，杨里亚. 中国基金经理报告 ［J］. 数字财富，2004（6）：22 - 29.

　②　网易财经. 中国基金经理现状调查：基金经理报告 ［EB/OL］. http：//money. 163. com/special/jjjlbg/.

　③　高谈. 女性基金经理业绩、平稳性并无优势 ［N］. 第一财经日报，2012 - 3 - 10：B04.

基金网"基金经理情况①,有 2600 名基金经理的信息,其中除了大约有 200 名基金经理的性别没有显示之外,女性基金经理大约占比 15%。因此,从基金经理性别可以看出,基金经理以男性为主,不过女性基金经理的占比也是在逐渐提高的,已经从最初的全部为男性基金经理提高到 2004 年的 6% 多一点,再到 2010 年之后的 15% 以上。

3.2.1.2 基金经理都相对比较年轻

基金业是中国金融业中最年轻的,基金经理在从事金融的人员中基本上也是最年轻的。据杜书明和杨亚男(2004),中国基金经理年龄平均为 34.6 岁,最年轻的基金经理不到 30 岁。凤凰财经 2014 年发布的一份研究报告显示,在披露出生年月的 235 位基金经理中,平均年龄为 38.2 岁,"70 后"占比 63.03%,"80 后"占比 33.56%,还指出整体上判断基金经理的平均年龄应该在 33 岁左右②。

3.2.1.3 基金经理的学历都相对较高,名校出身占比绝大多数

基金经理不仅年轻,而且学历高,大部分出身名校。在杜书明和杨亚男(2004)中,在 145 位基金经理中,119 位是硕士,如果加上 1 位高级管理人员工商管理硕士(EMBA)和 2 位双硕士,那么硕士学位的将达到 122 位,博士有 8 位;硕士和博士共有 130 位,占比达到 90%。《21 世纪经济报道》2012 年的调查显示,在 735 位基金经理中,硕士占比 80.27%,博士占比 13.47%,本科占比 5.99%,只有 2 位为大专学历③。凤凰财经的报告更是表明了这一点,81.15% 的基金经理具有硕士学位,13.66% 的基金经理具有博士学位,仅有 4.92% 的基金经理为本科学历④;

---

① 根据好买基金网(http://www.howbuy.com/fund/manager)数据库检索得到,检索时间:2016 - 12 - 8.

② 凤凰财经. 解密中国基金经理职业现状 [N]. http://finance.ifeng.com/a/20140106/11410272_0.shtml.

③ 安丽芬. 基金经理教育背景调查:12 所高校"量产"87% 基金经理 [N]. 21 世纪经济报道,2012 - 6 - 25:21.

④ 凤凰财经. 解密中国基金经理职业现状 [EB/OL]. http://finance.ifeng.com/a/20140106/11410272_0.shtml.

硕士和博士占比接近95%。

从基金经理毕业院校来看，绝大多数基金经理毕业于像北京大学、清华大学、复旦大学这样的名校，也有不少的基金经理毕业于哥伦比亚大学等海外名校。《21 世纪经济报道》的调查显示①，复旦大学、北京大学、清华大学等 12 所名校②"量产"了中国 87% 的基金经理。凤凰财经的调查也证实③，50% 以上的基金经理来自北京大学、复旦大学、清华大学、上海财经大学等知名院校。网易财经 2016 年的调查显示④，在涉及 167 所院校的 790 位基金经理中，拥有 5 位及以上基金经理的院校有 27 所，共有 580 位基金经理，占比 73.4%。其中，超过 50 位基金经理的大学有三所，分别是北京大学 93 位、复旦大学 81 位、清华大学 76 位，共占比 31.6%；另外，还有 12 所大学⑤分别拥有 10 位及以上基金经理，连同拥有 50 位以上基金经理的三所院校，共 15 所院校合计拥有 503 位基金经理，占比达到 63.7%。

绝大多数基金经理还必须具有职业资格证书，比如 CFA 证书或 CPA 证书等。凤凰财经的调查表明⑥，72% 的基金经理拥有美国金融分析师证书（CFA）、15% 的基金经理拥有美国金融风险管理师资质（FRM）、13% 的基金经理拥有中国注册会计师资格证书（CPA）。

3.2.1.4　基金经理的从业经验总体上不长，特别是在职的基金经理

由于中国基金业发展时间较短，中国基金经理从业时间普遍较短，也

---

①　安丽芬. 基金经理教育背景调查：12 所高校"量产"87% 基金经理［N］. 21 世纪经济报道，2012 – 6 – 25：21.

②　这 12 所名校是复旦大学、北京大学、清华大学、上海财经大学、上海交通大学、南京大学、原中国人民银行研究生部、中国人民大学、南京大学、武汉大学、中央财经大学和中国科技大学。

③⑥　凤凰财经. 解密中国基金经理职业现状［EB/OL］. http：//finance. ifeng. com/a/20140106/11410272_0. shtml.

④　网易财经. 揭秘中国基金经理"出身之谜"，赶快找找你的同门师兄弟！［EB/OL］. http：//money. 163. com/16/0802/10/BTF4QB0400253B0H. html。其中有些数字是根据该报告的数据计算得出的。

⑤　这 12 所大学及其拥有的基金经理数量分别为：上海财经大学（44 位）、上海交通大学（38 位）、中国人民大学（30 位）、中央财经大学（22 位）、南开大学（21 位）、厦门大学（19 位）、武汉大学（19 位）、中国科技大学（14 位）、南京大学（13 位）、中山大学（12 位）、香港大学（11 位）、中国科学院（10 位）。可以看出，这些全部为国内外著名院校。

有许多基金经理在公募基金中积累经验之后跳槽到私募基金，还有的离开基金经理职位在基金管理公司中担任高管等。杜书明和杨里亚（2004）的研究主要是统计了基金经理从事证券业的时间，平均为7.7年。网易财经在2012年的研究表明①，在698名基金经理中，从业超过4年的有178名，在3~4年的有79名，2~3年的108名，1~2年的有149名，1年以内的有185名；有的基金管理公司甚至超过一半以上的基金经理任职不满一年。

表 3 - 14 　　　　　　　　　　基金经理从业经验结构分布

从业时间	4 年以上	3 ~ 4 年	2 ~ 3 年	1 ~ 2 年	1 年以内	合计
人数	178	79	108	149	185	698
占比	25.5	11.3	15.5	21.3	26.5	100

资料来源：人数数据来自网易财经. 基金经理报告：天弘长信等3家公司过半是新手［EB/OL］. http：//money. 163. com/12/0210/17/7PTV3JBO00251LDV. html. 比例数据为计算得出。

根据对"好买基金网"基金经理数据库查询到的数据可以看出，在职基金经理中，担任基金经理10年以上的占比仅为2.7%；担任基金经理5年以上的仅占比17.5%；担任基金经理不足1年占比达到23.5%，这说明，中国有近1/4的基金经理的经验不足1年。这与网易财经2012年调查的基金经理的从业经验结构基本相同。

表 3 - 15 　　　　　　　　　　基金经理从业经验结构分布

从业时间	全部		当前在职		离职	
	人数	占比	人数	占比	人数	占比
不足 1 年	331	12.7	330	23.1	1	0.1
1 ~ 2 年	433	16.7	388	27.1	45	3.8
2 ~ 3 年	252	9.7	176	12.3	76	6.3

① 网易财经. 基金经理报告：天弘长信等3家公司过半是新手［EB/OL］. http：//money. 163. com/12/0210/17/7PTV3JBO00251LDV. html.

从业时间	全部		当前在职		离职	
	人数	占比	人数	占比	人数	占比
3～5 年	413	15.9	221	15.5	192	16.0
5～10 年	741	28.5	250	17.5	491	41.0
10 年以上	430	16.5	38	2.7	392	32.7
总计	2600	100	1403	100	1197	100

资料来源：人数根据好买基金网（http：//www.howbuy.com/fund/manager）数据库检索（检索时间：2016 年 12 月 8 日）得到，比例为计算得出。

3.2.2　中国基金经理的特征：以"老十家"为例

作为中国证券投资基金业规范发展之后最早成立的一批基金管理公司，"老十家"在中国证券投资基金业中具有一定的代表性。这里根据"好买基金网"公布的公募基金的基金经理信息①，统计并分析这十家基金管理公司基金经理的特征。"老十家"中每家基金管理公司的基金经理数量差别较大，基金经理数量最多的是嘉实基金，共有 49 位基金经理，数量最少的是国泰基金，共有 17 位基金经理。由于对基金经理的信息公告没有严格的标准要求，每个基金经理简介公布的信息不同，其中，能够获得最全的信息包括三个方面：性别、学历和担任基金经理的时间。因此，这里主要分析这三个方面。当然，有的基金管理公司对基金经理的毕业院校也公布得相对比较齐全，如南方基金和华夏基金，在分析基金经理的学历结构时一并简要分析。

3.2.2.1　性别结构

在"老十家"中，女性基金经理的占比存在较大差别。图 3 - 8 给出了"老十家"女性基金经理占比情况。女性基金经理占比最高的是嘉实基

---

① 由于好买基金网的数据随时更新，基金经理的人数等都在随时变化，本书先按照基金管理公司检索所有基金经理名单（检索时间为：2016 年 12 月 9 日），然后逐个统计基金经理的特征。

金，在 49 位基金经理中有 16 位女性基金经理，占比接近 1/3；占比最低的是长盛基金，在 18 位基金经理中，只有 1 位女性基金经理，仅为 5.6%。

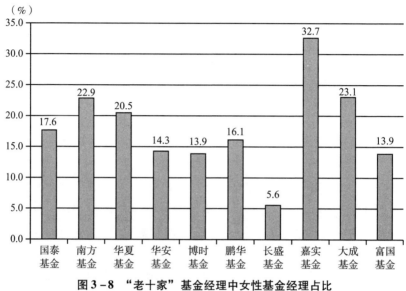

（%）

图 3 - 8　"老十家"基金经理中女性基金经理占比

资料来源：根据好买基金网整理。

从"老十家"整体来看，一共有 315 位基金经理，女性基金经理有 61 位，占比 19.4%。与中国基金经理女性总体占比相差不大。

3.2.2.2　学历结构

从学历结构看，基金经理的学历都相对比较高。图 3 - 9 给出了"老十家"基金经理中博士和硕士的占比情况。可以看出，总体上，"老十家"的基金经理中，硕士和博士占全部基金经理的比重高达 96.5%。其中，有 5 家基金管理公司的基金经理全部具有硕士或博士学位。有 1 家基金管理公司基金经理博士占比超过 20%，长盛基金的 18 位基金经理中有 4 位拥有博士学位，占比达到 22.2%。富国基金的基金经理中博士最多，有 7 位，占比 19.4%。

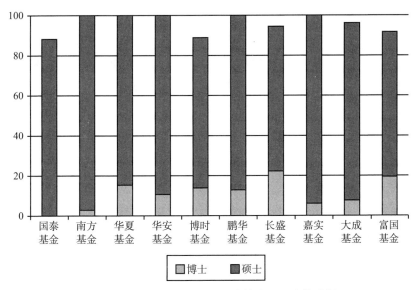

图 3 - 9　"老十家"基金经理中博士和硕士的比例

资料来源：根据好买基金网整理。

从基金经理的毕业院校来看，从已经公布了毕业院校的基金经理的情况来看，绝大多数毕业于国内外知名院校，甚至有毕业于斯坦福大学（富国基金的李笑薇）和英国剑桥大学（鹏华基金的朱庆恒）的博士。从国内毕业的基金经理，大多数毕业于像北京大学、复旦大学、清华大学等知名高校。以基金经理毕业院校公布信息最全的南方基金为例，其共有 35 位基金经理，除了 2 位没有公布毕业院校信息外，其他 33 位中有 9 位毕业于清华大学、8 位毕业于北京大学、6 位海归，其他的也毕业于南开大学、武汉大学、上海财经大学、上海交通大学、中央财经大学、东北大学、中国科学院、中国人民银行研究生部等国内著名高校。两位没有公布毕业院校的基金经理也都拥有 CFA 证书或 CPA 证书。

3.2.2.3　从业经验

总体上看，基金经理从业时间都不长，有很大一部分基金经理从首次担任基金经理的时间算起不超过 1 年。图 3 - 10 给出了"老十家"中基金经理任职时间的分布情况。从总体上看，担任基金经理超过 10 年以上的基金经理非常少,"老十家"中共有14位,占比为4.4%。虽然这十家基金管理公司成立时间都在10年以上,但是有5家基金管理公司中没有任职超过10年的基金经理。任职在5年以上的基金经理占不到30%,只有华夏基金、华安基金和富国基金任职5年以上的基金经理超过了30%,并且也仅仅是稍微超过。换句话说,绝大多数基金经理任期在5年以下,占到70%以上。其中,任期不超过1年的新任基金经理也占了很大比重,"老十家"中共有52位,占比达到16.5%。其中,南方基金和嘉实基金的基金经理中任职不超过1年的都超过了1/4,分别占比25.7%和28.6%。

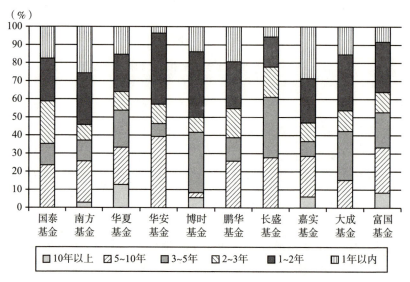

图3-10 "老十家"中基金经理的任职时间分布情况

资料来源:根据好买基金网整理。

3.3 本 章 小 结

本章主要从股东性质、股权结构和内部治理结构等方面描述了中国基金管理公司的特征,从性别、年龄、学历和从业经验等方面描述基金经理的主要特征。

对于基金管理公司的特征，从股东性质来看，基金管理公司的股东最初就是证券公司和信托投资公司，但是随着制度的放松，股东开始多元化，外资、商业银行、实业公司、保险公司等逐渐成为基金管理公司的股东。就第一大股东的性质来看，主要有证券公司、信托投资公司、商业银行、保险公司和外资。从股权结构看，有的基金管理公司属于绝对控股型，甚至有的股东持有基金管理公司 100% 的股权；有的基金管理公司为相对控股型，虽然没有持股比例超过 50% 的绝对控股股东，但是存在持股比例超过其他股东的大股东；有的是分散持股，其中有的是平均持股，有的是不存在持股比例超过其他股东的大股东。从内部治理结构看，所有的基金管理公司都存在董事会、独立董事、监事会、内部监事和督察长等，但是董事会的规模存在差别、独立董事的人数及其在董事会的占比存在差别，监事会的规模也存在较大差别，内部职工监事人数及其占比各公司存在很大差别。基金管理公司的股东性质、股权结构和内部治理结构等特征会将决定基金管理公司投资决策委员会的成员及其作用，甚至会影响对基金经理的选择，从而会影响基金绩效。

对于基金经理的特征，从性别来看，基金经理多数为男性，女性基金经理虽然占比在逐渐提高，但是仍然只占到全部基金经理的不足 1/5；从学历来看，绝大多数基金经理学历较高，拥有博士或硕士学位，大学本科及以下的基金经理占比非常低，从公布的毕业院校情况来看，绝大多数基金经理毕业于国内外著名高校；从担任基金经理的时间来看，担任时间超过 10 年的非常少，有近 20% 的基金经理担任时间不足 1 年。性别、学历和从业经验等个人特征会决定基金经理的投资风格、对风险的偏好以及择时择股能力等，从而可能影响到基金绩效。"老十家"基金经理的个人特征，如表 3 - 16 所示。

表 3-16　"老十家"基金经理的个人特征情况

基金管理公司	总人数	性别结构				学历结构				经验结构												
		男		女		博士		硕士		10年以上		5~10年		3~5年		2~3年		1~2年		1年以内	
		人数	占比	人数	占比	人数	占比	人数	占比	人数	占比	人数	占比	人数	占比	人数	占比	人数	占比	人数	占比
国泰基金	17	14	82.4	3	17.6	0	0	15	88.2	0	0	4	23.5	2	11.8	4	23.5	4	23.5	3	17.6
南方基金	35	27	77.1	8	22.9	1	2.9	34	97.1	1	2.9	8	22.9	4	11.4	3	8.6	10	28.6	9	25.7
华夏基金	39	31	79.5	8	20.5	6	15.4	33	84.6	5	12.8	8	20.5	8	20.5	4	10.3	8	20.5	6	15.4
华安基金	28	24	85.7	4	14.3	3	10.7	25	89.3	0	0	11	39.3	2	7.1	3	10.7	11	39.3	1	3.6
博时基金	36	31	86.1	5	13.9	5	13.9	27	75.0	2	5.6	1	2.8	12	33.3	3	8.3	13	36.1	5	13.9
鹏华基金	31	26	83.9	5	16.1	4	12.9	27	87.1	0	0	8	25.8	4	12.9	5	16.1	8	25.8	6	19.4
长盛基金	18	17	94.4	1	5.6	4	22.2	13	72.2	0	0	5	27.8	6	33.3	3	16.7	3	16.7	1	5.6
嘉实基金	49	33	67.3	16	32.7	3	6.1	46	93.9	3	6.1	11	22.4	4	8.2	5	10.2	12	24.5	14	28.6
大成基金	26	20	76.9	6	23.1	2	7.7	23	88.5	0	0	4	15.4	7	26.9	3	11.5	8	30.8	4	15.4
富国基金	36	31	86.1	5	13.9	7	19.4	26	72.2	3	8.3	9	25.0	7	19.4	4	11.1	10	27.8	3	8.3

注：学历结构中，只汇报了拥有博士或硕士学位的基金经理人数，还有少数的基金经理是本科学历，由于人数非常少，没有汇报。

资料来源：根据好买基金网基金经理数据库（http://www.howbuy.com/fund/manager/）整理得到。由于好买基金网随时更新，基金经理的人数等都在随时变化，本书先按照基金管理公司检索所有基金经理名单（检索时间为：2016年12月9日），然后逐个统计基金经理的特征。

第4章▌

中国证券投资基金的绩效评价：
指标选择、样本选择与实证结果

虽然有些数据库，如 Wind 数据库公布了证券投资基金的收益率指标和绩效指标，收益率指标相对简单，而经过风险调整的绩效指标主要是最为简单的夏普指数、特雷诺指数和詹森指数等经典指标，这些指标是根据单因素模型计算出来的。为了研究目的，参考已有文献，本书采用的衡量基金绩效的指标是 Sharpe 指数、Treynor 指数、信息比率、基于单因素模型的 Jensen – α、基于三因素模型的 FF – α，选择了 140 只开放式偏股型证券投资基金，计算各基金 2004 年 7 月 1 日至 2015 年 12 月 31 日的基金绩效。

4.1 基金绩效衡量的指标与模型选择

在马科维茨（Markowitz，1959）开创现代投资理论之前，基金投资绩效的衡量主要是使用基金单位净资产和收益率这两个指标，对不同的基金按照一定的程序进行排序，没有一个绝对的基金绩效的衡量标准（Jensen，1968）。马科维茨（1952）提出了证券组合的概念，认为把不同的证券组合在一起可以分散风险。他用均值衡量收益，用方差衡量风险，根据风险既定实现收益的最大化、收益既定实现风险的最小化的原则进行投资组合的选择，最终得到有效的投资组合。托宾（Tobin，1958）证明了确定性条件下马科维茨的有效的投资组合可以实现。后来的文献把这个模型称为 Markowitz – Tobin 的均值 – 方差模型。夏普（Sharpe，1964）、林特纳（Lintner，1965a；1965b）、莫森（Mossin，1966）在 Markowitz – Tobin 均值 – 方差模型的基础之上，提出了资产的风险定价问题，给出了无风险资产和风险资产组合的资本资产定价模型（CAPM）。在 Markowitz – Tobin 均值 – 方差模型和 CAPM 模型的基础之上，特雷诺（Treynor，1965）提出了特雷诺指数、夏普（1966）提出了 Sharpe 指数、詹森（1968；1969）发展出了 Jensen 指数（Jensen – α），开创了基金绩效评价的新时代，成为基金绩效评价的经典指标。本节在简要概述基金绩效评价指标和模型的基础上，给出本文拟采用的指标和方法。

4.1.1 基金绩效评价的指标

4.1.1.1 基金绩效评价的经典指标

（1）Sharpe 指数。又称为 Sharpe 比率，计算公式为：

$$Sharpe = \frac{R_p - R_f}{\delta_p} \tag{4.1}$$

其中：Sharpe 代表 Sharpe 指数，R_p 是投资组合的平均收益率，R_f 是无风险利率，$R_p - R_f$ 是投资组合的超额收益率，δ_p 是投资组合的标准差，衡量投资组合承担的总风险。

Sharpe 指数的含义是投资组合单位风险获得的超额收益率。风险是投资组合的整体风险，既包括系统性风险，又包括非系统性风险。

（2）Treynor 指数。计算公式为：

$$Treynor = \frac{R_p - R_f}{\beta_p} \tag{4.2}$$

其中：Treynor 代表 Treynor 指数，R_p 是投资组合的平均收益率，R_f 是无风险利率，β_p 是投资组合的系统性风险。

Treynor 指数表示的是投资组合单位系统性风险带来的超额收益。如果一个投资组合是充分分散化的组合，那么它的非系统性风险就为零，所有的风险均为系统性风险，这时 Sharpe 指数和 Treynor 指数就是相等的。

（3）Jensen 指数（Jensen－α）。计算公式为：

$$r_{Pt} - r_{ft} = \alpha_P + \beta_1(r_{mt} - r_{ft}) + u_{it} \qquad (4.3)$$

其中：r_{Pt} 代表投资组合的收益率，r_{ft} 代表无风险利率，r_{mt} 是市场组合的收益率，u_{it} 是扰动项，$E(u_{it}) = 0$ ，而且应该是序列不相关的。α_P 是回归的截距，即单因素模型的绩效衡量指标——Jensen 指数（Jensen－α），β_1 是式（4.3）回归的系数，代表投资组合的系统性风险。

Jensen 指数（Jensen－α）对基金的收益率进行了系统性风险的调整，是以 CAPM 模型为基准对基金绩效进行的评价。如果 Jensen 指数（Jensen－α）大于 0，则基金的收益率高于市场的收益率，说明这个投资组合的绩效好；否则就相反。

4.1.1.2　基金绩效评价的常用指标

（1）信息比率（IR）。又称为评估比率，最初是在马科维茨的均值—方差模型基础之上发展起来的。劳顿和扬科夫斯基（2013）计算公式为：

$$IR = \frac{\overline{ER}}{\hat{\sigma}_{ER}} \qquad (4.4)$$

其中，$ER_t = R_{pt} - R_{bt}$

$$\overline{ER} = \frac{1}{T}\sum_{t=1}^{T}(R_{pt} - R_{bt}) = \frac{1}{T}\sum_{t=1}^{T}ER_t$$

$$\hat{\sigma}_{ER} = \sqrt{\frac{1}{T-1}\sum_{t=1}^{T}(ER_t - \overline{ER})^2};$$

R_{pt} 表示一个投资组合在时期 t 的收益率；R_{bt} 表示一个基准投资组合在时期 t 的收益率。$\overline{ER}$ 表示投资组合的平均超额收益率，$\hat{\sigma}_{ER}$ 表示投资组合的风险。这个公式不依赖于任何模型，是一个比较通用的信息比率公式。

后来一些人倾向于使用 Jensen 指数式（4.3）中的一些估计值计算信息比率，即：

$$IR = \frac{\alpha_P}{\delta_p} \qquad (4.5)$$

其中，α_p 为 Jensen 指数；δ_p 为 Jensen 计量回归的残差的标准差，它表示非系统性风险的大小。所以，信息比率表示单位非系统性风险能得到的超额报酬。因为基金经理只有获得相对优势信息时，才会放弃市场组合，选择承担多余的风险（非系统性风险），所以信息比率衡量基金经理获得优势信息的能力。这也是该比率被称为信息比率的原因。

（2）M^2。是由利亚·莫迪利安尼和弗兰科·莫迪利安尼（Leah Modigliani and Franco Modigliani）在 1997 年提出来的。该指标与 Sharpe 指数类似，都是以证券组合的全部风险为基础进行度量，但是相对 Sharpe 指数，M^2 指标有更为明确的含义。M^2 指标的计算方法是（博迪，2012）：

假如有一个投资组合 p，它的风险为 δ_p；市场组合 M 的风险为 δ_m。引入无风险资产，由无风险资产和投资组合 p 按照一定的比例构造出新的组合 p^*，使得 $\delta_{p^*} = \delta_m$。那么，

$$M^2 = r_{p^*} - r_m \tag{4.6}$$

M^2 表示待评价的特定投资组合的收益率与市场组合的收益率之差。

（3）RAROC 指标。它是基于 VaR 风险调整的绩效评价指标，是 Sharpe 指数的一个演变。计算公式为：

$$RAROC = \frac{ROC}{VaR} \tag{4.7}$$

其中，ROC 是平均的资本收益率；VaR 是在险价值，即一定置信水平下最大的损失值。这一指标的使用可以避免大额亏损的发生。但是，对于风险比较小、稳健型的基金来说，使用这个绩效评价指标是不利的。这一指标最大的争论在于 VaR 的计算，相比于前面的一些指标，这一指标考虑到了基金的收益率可能不服从正态分布，仅使用收益率的标准差不能够全面反应投资组合的风险。实际的收益率数据呈现出尖峰厚尾的特征，最近的不少文献研究使用 GARCH 族模型来衡量基金的风险，发展出扩展的RAROC 指标进行基金绩效的评价，如唐振鹏、彭伟（2010）使用基于 CVaR 的 RAROC；庞丽艳、李文凯、黄娜（2014）使用广义自回归条件异方差模型（GARCH）计算基金的下行风险价值（VaR），然后使用 RAROC 指标衡量基金的绩效。

4.1.1.3　基金绩效评价的其他指标

除了上面一些常用的基金绩效的评价指标外，司徒泽（Stutzer，2000）提出使用衰减度（decay rate）指标衡量基金的绩效。针对中国市场的情况，杨爱军、孟德峰（2012）根据基金收益率数据的明显尖峰厚尾、有偏特征，提出了一个考虑高阶矩的广义 Sharpe 指数；尹向飞（2012）根据马科维茨的均值－方差理论模型，构建了马科维茨效率（简称 M 效率）。

国内文献在对基金的绩效进行单个指标评价的基础之上，还寻求构建基金评价体系。这方面的研究主要集中于两个方面：

一是研究各指标评价结果的一致性问题，主要使用 Kendall 和谐系数（或者称为 Kendall 一致系数）、Spearman 等级相关系数、Pearson 直接相关系数等来衡量不同指标评价结果的一致性问题（李姝，2002；郭建军和刘浩，2003；卢学法和严谷军，2004）。

二是使用一定的方法对各个指标的评价结果进行综合，形成一个统一的基金绩效的排序。倪苏云等（2003）使用风险调整业绩指标、资产流动性指标、基金经理能力指标分别对基金的绩效进行评价，在此基础之上使用遗传算法求解基金综合目标规划模型，对样本基金进行综合评分和排序。龙子泉和赵红艳（2005）使用因子分析、聚类分析的方法对中国 40只封闭式基金进行了绩效研究。王敬和王颖（2005）首先使用多个指标评价样本基金的绩效，然后基于主成分分析法分析出主要的指标，最后根据分析出的主要指标得出基金综合绩效评价的结果，对基金进行综合评价。赵中秋等（2005）同样使用主成分分析法从众多的基金绩效评价指标中分辨出影响基金绩效的最主要因素，然后对基金绩效进行综合的评价。

4.1.2　基金绩效的评价模型

4.1.2.1　静态模型

评价基金绩效的静态模型主要有：单因素模型、多因素模型、三因素模型和四因素模型，这几个模型的基础是 CAPM 模型和 APT 模型。

（1）单因素模型。

詹森（1968，1969）在 CAPM 模型的基础之上发展出了进行基金绩效评价的单因素模型。CAPM 是一个一期模型，把它转换成多期模型，可以表示为：

$$E(r_{it}) = r_{ft} + \beta_i [E(r_{mt}) - r_{ft}] \qquad (4.8)$$

其中，r_{it} 表示单个证券某一期的收益率，r_{ft} 代表同期的无风险利率，r_{mt} 表示同一期的市场组合的收益率。$E(r_{it})$ 表示证券收益率的期望值，$E(r_{mt})$ 表示市场组合收益率的期望值。$\beta_i = \dfrac{cov(r_i, r_m)}{\delta_m^2}$，是证券的系统性风险。

詹森（1969）证明，只要式（4.8）中的证券收益率指标、市场收益率指标和无风险利率都采用了连续复利的计算方式，不管持有期是多长时间（一日、一周、一月、一年），式中的关系都成立。

CAPM 模型中反映的证券（或者证券组合）预期收益率与系统性风险之间的关系是基于未来值的，要把它变成基于实现值的模型。这需要借助于"市场模型"进行转换。市场模型如下：

$$r_{it} = E(r_{it}) + \beta_i \pi_t + e_{it}, \; i = 1, 2, 3, \cdots, N \qquad (4.9)$$

其中，π_t 代表市场因素，$E(\pi_t) = 0$；$E(e_{it}) = 0$；$cov(e_{it}, \pi_t) = 0$

$$cov(e_{it}, e_{jt}) = \begin{cases} 0, \; i \neq j \\ \delta^2(e_i), \; i = j \end{cases}$$

借助于市场模型，可以把反映未来值的 CAPM 转换成实现值形式的表达：

$$r_{it} = r_{ft} + \beta_i(r_{mt} - r_{ft}) + e_{it} \qquad (4.10)$$

式（4.10）中的关系对于单个证券是成立的，对于证券组合也是成立，所以可以用该式进行基金绩效的评价。如果基金经理有预测能力，则式（4.10）可以加入一个常数项，构成基金绩效评价的计量回归方程式：

$$r_{it} - r_{ft} = \alpha_i + (r_{mt} - r_{ft})\beta_i + u_{it} \qquad (4.11)$$

其中，$E(u_{it}) = 0$，而且应该是序列不相关的。式（4.11）中的 α_i 即为衡量基金绩效的经典指标 Jensen $-\alpha$ 指数。

传统的 CAPM 模型假定收益率服从正态分布，所以它衡量风险时只考虑了收益率的二阶距，但是实际上资产的收益率并不服从正态分布，衡量资产的风险时，除了考虑二阶距外，还需要考虑高阶矩。克劳斯和利曾伯格（Kraus and Litzenberger，1976）在传统 CAPM 模型的基础之上发展出了三阶、四阶 CAPM 模型。郑振龙、黄文斌（2009）在传统 CAPM 模型的基础上，利用克劳斯和利曾伯格（1976）的三阶、四阶 CAPM 模型，再结合哈维和斯蒂克（Harvey and Siddique，2000）和科斯塔基斯（Kostakis，2009）的思想，加入零成本的负协偏度投资组合和零成本的正协峰度投资组合作为风险因子，构造了包含着高阶矩的模型。使用 124 只基金的月度收益率的数据进行实证研究，结果显示，124 只基金样本期的收益率都拒绝正态分布的假设，大部分基金都采取了显著的负协偏度的投资策略，但是无法断定是否采取了正峰度投资策略。

（2）多因素模型。

罗斯（Ross，1976）提出了资本资产的套利定价模型（APT 模型），这一模型为基金绩效评价的多因素模型奠定了基础。莱曼和莫德斯特（Lehmann and Modest，1987）以 APT 模型为基础，选择多个因素作为基金评价的基准，他们选择的因素主要有市场因素、股票的规模、账面市值比、市盈率、公司前期的销售情况等指标。研究发现使用 CAPM 模型和 APT 模型得到的基金绩效评价不一样，基金绩效的结果对构建 APT 模型的方法很敏感，但是对于代表系统性风险的共同因素的准确数量不是很敏感。

（3）三因素模型。

法玛和弗伦奇（Fama and French，1993）在众多影响资本资产收益的因素中识别出影响股票市场的三个因素：市场因素、上市公司的规模因素和股东权益的账面 - 市值比因素，构建了三因素模型。三因素模型回归的计量方程式为：

$$r_{it} - r_{ft} = \alpha_i + \beta_1(r_{mt} - r_{ft}) + \beta_2 SMB_t + \beta_3 HML_t + u_{it} \qquad (4.12)$$

其中，SMB_t 代表上市公司的规模效应，HML_t 代表的是账面市值比效应。法玛和弗伦奇（1993）结果显示，规模和收益率成反向变动关系，账面—市值比与收益率成同向变动关系。基金绩效评价的三因素模型就是在此基础之上发展起来的，回归的截距 α_i 就是基金绩效衡量的 FF - α。

（4）四因素模型。

卡哈特（Carhart，1997）在三因素模型的基础之上加入了影响证券收益率的动量效应，建立了四因素模型。四因素模型回归的计量方程式为：

$$r_{it} - r_{ft} = \alpha_i + \beta_1 (r_{mt} - r_{ft}) + \beta_2 SMB_t + \beta_3 HML_t + \beta_4 PR1YR_t + u_{it}$$

（4.13）

其中，SMB_t、HML_t 代表的含义与三因素模型相同。$PR1YR_t$ 是动量效应，使用一年内高收益率股票和低收益率股票的收益率之差来代表。式（4.13）回归的截距 α_i 就是基金绩效衡量的 $Carhart - \alpha$，即四因素模型基金绩效评价的结果。

4.1.2.2 动态模型

主要包括条件绩效模型和随机贴现因子模型。

（1）条件绩效模型。

静态模型都是无条件的基金绩效评价模型，这些模型基本都假定系统性风险在绩效评价期间是不变的。费尔森和舒德特（Ferson and Schadt，1996）指出在投资组合的实际管理过程中，基金管理人经常根据一些信息调整投资组合的值，即投资组合的值是随着市场信息的变化而变化的。基于此，费尔森和舒德特（1996）提出了评价基金绩效的条件模型——条件 CAPM 模型。

谭政勋、王聪（2004）在费尔森和舒德特（1996）、贾甘纳森和王（Jagannathan and Wang，1996）的条件 CAPM 模型和条件 T – M、条件 H – M 模型的基础之上，提出了条件 TM – FF3 模型、条件 HM – FF3 模型。

（2）随机贴现因子（SDF）模型。

汉森和贾甘纳森（Hansen and Jagannathan，1991）提出了随机贴现因子模型；陈和科尼兹（Chen and Knez，1996）对汉森和贾甘纳森（1991）提出的模型进行了拓展，应用到了资本资产定价模型中，形成了对基金绩效进行评价的新的模型。随机折扣因子方法通过条件变量和参考基准动态反应投资人策略，是评价动态过程的投资组合绩效的很好的方法。

杨宽和陈收（2005）使用非参数随机因子方法对中国的 20 只封闭式基金的绩效进行了评价，结果表明，使用随机折扣因子的方法估计出来的

Jensen 指数和非条件单因素模型及非条件的多因素模型估计出来的结果十分接近。

（3）组合变动模型。

格林布拉特和迪特曼（Grinblatt and Titman，1993）提出了组合变动模型。这种方法的优点是不需要基准组合，缺点是必须知道投资组合的详细构成，数据难得，国内使用的很少。

4.1.2.3　基金绩效评价的其他模型

（1）数据包络分析方法。

数据包络分析方法（DEA）是研究多投入、多产出的相对有效性的方法。一般认为数据包络分析方法可以弥补传统的基金绩效评价方法三方面的不足：一是传统的经典方法以市场有效为前提；二是需要真实的市场组合；三是需要无风险利率。基于 DEA 方法的这些优势，在基金绩效评价领域这一方法得到了比较广泛的使用，如李琪和李光泉（2004）、洪君和钱建豪（2005）、杨湘豫和罗志军（2009）、邓超和袁倩（2009）、张屹山和王赫一（2010）等都使用 DEA 方法对中国证券投资基金的绩效进行了评价。

（2）随机前沿分析方法。

朱波、宋振平（2009）在 Carhart 四因素模型的基础之上，使用了随机前沿分析方法对中国的开放式基金进行了评价，结果显示，中国的开放式基金存在着显著的技术非效率。

4.1.3　对基金绩效评价指标和模型的选择

进行基金绩效评价时，最常用的指标是 Sharpe 指数、Treynor 指数和 Jensen 指数。Sharpe 指数对基金的全部风险进行了绩效调整；Treynor 指数对基金的系统性风险进行了绩效调整。当一只基金进行充分的分散化投资时，这只基金只有系统性风险而没有非系统风险，这时 Sharpe 指数和 Treynor 指数就是相等的，这两个指标都是相对绩效评价指标。

Jensen 指数是在单因素模型的基础之上，以市场组合为评价基准，形成的绝对绩效评价；相应地，使用三因素模型和四因素模型进行绩效评价时，是分别以三个因素和四个因素为评价基准形成的绝对绩效评价指标。Treynor 指数、Jensen 指数、三因素模型、四因素模型指标是基于投资组合的被动管理形成的基金绩效评价指标。信息比率衡量的是单位非系统性风险带来的超额回报，是评价积极管理投资组合的一个常用指标。

基金绩效评价的动态模型中，条件绩效模型和随机贴现因子模型，虽然考虑到了基金经理会根据当期的信息改变基金的风险，这一点比静态模型进步了不少，但是动态模型中的当期信息不好选择，也没有一个权威的、经典的标准，选择不同的信息会得到不同的绩效评价结果。使用随机贴现因子模型进行基金绩效评价时，评价结果对随机贴现因子的选择很敏感，这些都会导致评价结果的不稳定。组合变动模型不需要评价基准，这是它很大的优势，但是这种方法需要投资组合的详细构成，而这个数据十分难得，国内的基金季报中会公布基金投资组合的前十大重仓股，但是在这期间的投资组合变化数据就不可得，只能假定它是不变的，这会导致绩效评价结果的不准确。数据包络分析和随机前沿分析方法都是一种研究多投入、多产出生产效率的方法，在技术水平和现有的投入一定的条件下，产生一个最大的产出，这个最大的产出构成生产前沿。当这个生产前沿有具体的生产函数来表示时，就是随机前沿的分析方法；当这个生产前沿没有具体的生产函数时，就是数据包络的分析方法。这两种分析方法被广泛地应用于基金绩效评价，但是这种分析方法对于投入指标、产出指标的选择敏感，已有文献选择的投入指标和产出指标也多数都不相同。

基于以上基金绩效评价指标和基金绩效评价方法的比较，本书选择使用 Sharpe 指数、Treynor 指数、信息比率，单因素模型、三因素模型对基金的绩效进行评价。单因素模型、三因素模型是当今基金业进行绩效评价时最流行的模型，Sharpe 指数衡量了基金单位总风险带来的超额收益，Treynor 指数衡量了单位系统性风险带来的超额收益，信息比率衡量了单位非系统性风险带来的超额收益。这几个指标一起使用能够对中国的基金绩效进行相对比较全面、系统、准确的评价。

4.2　中国证券投资基金绩效衡量的 样本选择和区间选择

对中国证券投资基金进行绩效评价的已有文献中，都是选择部分基金进行绩效评价；而且，在绩效评价时，样本区间和样本频率的选择各有不同的。有的采用年度数据、有的采用半年度数据或月度数据。如肖继辉、彭文平（2010）在计算基金绩效指标时使用的是月度频率的数据；江萍等（2011）选取的是 2004 年 6 月到 2010 年 6 月成立的 157 只开放式基金半年频率的数据；祖国鹏等（2010）选取了 163 只股票型和混合型的开放式基金，基金的频率是以半年为频率，样本区间是 2004 年下半年到 2007年；何杰（2010）选择的是 1999～2007 年成立的基金管理公司基金的年度数据样本。因此，有必要交代清楚所选择的样本和样本区间及频率。

4.2.1　样本的选取

基金样本数据来自国泰安数据库，根据国泰安数据库中关于"基金概况"的数据，截至 2015 年 12 月 15 日，中国共有基金 2723 只。由于基金的治理结构至少要有一个年度、两个半年度的数据，本书选取 2014 年 12月 31 日之前成立的基金。

（1）根据基金的运作方式，选取契约型开放式基金，剔除封闭式基金以及由封闭式基金转化而来的开放式基金，有契约型基金 2650 只；

（2）根据基金的类型，选择"股票型基金"，得到 688 只开放式股票型基金；

（3）选择 2014 年 12 月 31 日之前成立的基金，共有 448 只基金；

（4）剔除掉 ETF 基金、LOF 基金、QDII 基金和指数型基金，剩余146 只基金。做这样的剔除是因为 ETF 和 LOF 是上市的基金，上市基金的价格由基金的供求来决定，和非上市基金绩效的决定因素不完全一样；QDII 是投资于海外资本市场的基金；而指数型基金使用被动的投资策略，实际运作过程中是复制的指数，与研究目的不一致，所以把它们从样本中剔除。

（5）再详细的考察这 146 只基金的投资目标、业绩比较基准等指标，发现有 5 只基金投资于股票市场的比例不足 60%，全部剔除；诺安研究精选是后来改名字的基金，改名字之前的招募说明书未能找到，信息缺失，从样本基金中剔除。最终样本基金剩余 140 只（见附录 1），分属于 47 个基金管理公司（见附录 2）。经过这样一层层的仔细筛选，保证选择的样本基金投资于股票市场的比例不低于 60%，属于同一类型的基金，可以使用相同的基准、同样的方法对它们进行绩效评价，结果具有可比性。

4.2.2 样本区间的设定

样本基金选取 2004 年 7 月 1 日到 2015 年 12 月 31 日的周频率数据进行研究。中国的基金业在 2004 年 6 月颁布第一部《证券投资基金法》，之后基金业走向规范高速的发展道路，同时中国的股票市场在这一期间，经历了一个完整的熊市牛市周期。所以本文的样本区间选取 2004 年 7 月 1 日到 2015 年 12 月 31 日。基金绩效衡量使用周频率的数据，计算出每只基金半年度的基金绩效指标。

如果数据齐全，一只基金可以计算出 23 个半年度的基金绩效数据。但是不同基金的数据长度不一样，最终计算出来的基金绩效数据，不同基金也不一样，最长的 23 个半年度数据，最短的 2 个。最终基金绩效指标得到的观测值共有：基金的对数收益率 1576 个，Jensen $-\alpha$ 指数 1576 个，FF $-\alpha$ 1576 个，Sharpe 指数 1568 个，Treynor 指数 1568 个，信息比率 1567 个。

4.3 基金绩效的计算：以景顺长城优选基金为例

样本基金的周频率单位净值指标、所有上市 A 股的收盘价和流通市值指标、上市 A 股的市净率指标和总股本指标来源于 Wind 数据库，人民币一年期定期存款的基准利率来源于中国人民银行官网（www. pbc. gov. cn）。本节选取一只时间长度最长的基金——景顺长城优选基金，来展现它的绩效的计算过程。该基金是景顺长城基金管理有限公司发起设立的一只基金，基金的主代码为：260101。本书展示该只基金一个半年度的绩效评价，第一个半年度应该是：2004 年 7 月 1 日至 2004 年 12 月 31 日；并展示所有样本基金一期的绩效指标。

4.3.1　变量的选取与计算

（1）基金单位净值增长率指标（lnr_{it}）：这个指标选取的是 Wind 数据库中单位基金的复权单位净值。增长率的算法使用的是对数收益率的计算方法，对数收益率是以连续复利计算的周收益率。假如基金上一周的基金净值为 P_{t-1}，本周的基金净值为 P_t，那么这一周的持有期收益率为：$r_t = \dfrac{P_t}{P_{t-1}} - 1$。对数收益率为：$lnr_t = \ln \dfrac{P_t}{P_{t-1}} = \ln P_t - \ln P_{t-1}$。

（2）市值规模效应指标（SMB_t）。按照 t 年 6 月底的市值规模（记为变量 g_mv）对所有的上市公司进行排序，把公司等分为两组：S 和 B（若为 S 变量 g_mv 赋值 1，若为 B 变量 g_mv 赋值为 2）。S 代表小规模的公司，B 代表大规模的公司，相当于构造了两个虚拟的投资组合。市值规模是个股的收盘价×总股本，一年重构一次。计算 2004 年 7 月 1 日至 2004 年 12 月 31 日这期间 27 周的市值规模效应（SMB）指标：一是按照 2004 年 6 月底的股票市值规模，把所有的股票分成两组：S 和 B；二是这一次的分组可以使用一年（2004 年 7 月 1 日至 2005 年 6 月 30 日），也就是两个半年度。除了 2004 年 7 月 1 日至 2004 年 12 月 31 日这个半年度之外，还可以用于 2005 年 1 月 1 日至 2005 年 6 月 30 日。分组构成的虚拟的投资组合一年重构一次。

（3）账面价值比指标（HML_t）。本书选取的是上市公司的市净率指标（记为变量 g_bm），市净率 = 每股价格/每股的净资产，每股的净资产就是每股的账面股东权益，是总资产减去总的负债的余额。市净率指标是负的股票不在范围之内。这一指标是按照上市公司在（t-1）年年底的市净率进行分组的，按照市净率把公司分为三组：H、M、L。市净率最高的 30% 分为 H 组（变量 g_bm 赋值为 8、9、10），市净率最低的 30% 分到 L 组（变量 g_bm 赋值为 1、2、3），中间的 40% 分到 M 组（变量 g_bm 赋值为 4、5、6、7），这个分组一年重构一次。计算 2004 年 7 月 1 日到 2004 年 12 月 31 日这期间 27 周的 HML 指标：一是按照 2003 年底的市净率，把所有的公司分成三组：H、M、L；二是这一次的分组可以使用一年（2004 年 7 月 1 日至 2005 年 6 月 30 日），也就是两个半年度。除了 2004 年 7 月 1 日至 2004 年 12 月 31 日这个半年度之外，还可以用于 2005 年 1 月 1 日至 2005 年 6 月 30 日，分组构成的虚拟的投资组合一年重构一次。需要注意的是这里使用的市净率指标和 Fama 的账面价值比指标正好是倒数关系法玛和弗伦奇（Fama and French，1993）用的账面市值比指标是每股的净资产/每股的价格，和这里使用的市净率指标正好是倒数的关系）。在数据处理的过程中会把它给纠正过来，最终让 HML 指标代表的含义和法玛和弗伦奇（1993）中用的账面市值比指标含义一样。

经过上面的分组，根据市值规模和账面价值比的指标把公司分为了 6 类：SH（g_mv 是 1，g_bm 是 1、2、3）；SM（g_mv 是 1，g_bm 是 4、5、6、7）；SL（g_mv 是 1，g_bm 是 8、9、10）；BH（g_mv 是 2，g_bm 是 1、2、3）；BM（g_mv 是 2，g_bm 是 4、5、6、7）；BL（g_mv 是 2，g_bm 是 8、9、10）。这时所有最终得到的 6 组公司（SH、SM、SL、BH、BM、BL）的定义和法玛和弗伦奇（1993）的定义是一样的。

然后计算每一组公司的市值加权周收益率，这个周收益率也是使用的对数收益率。按照分组，计算每一组公司股票在 2004 年 7 月 1 日至 2004 年 12 月 31 日的市值加权的周收益率，分别记为 R_SH、R_SM、R_SL、R_SH、R_BM、R_BL。

接着计算三组小规模公司股票周收益率的算术平均值，记为：SMALL = (R_SH + R_SL + R_SM)/3，三组大规模公司股票周收益率的算术平均值，记为：BIG = (R_BH + R_BM + R_BL)/3。两组高账面市值比的公司股票周收益率的算术平均值，记为：HIGH = (R_SH + R_BH)/2，两组低账面市值比的公司股票周收益率的算术平均值，记为：LOW = (R_SL + R_BL)/2。

最后，HML = HIGH − LOW，SMB = SMALL − BIG。这就得到了三因素

模型中需要的 SMB 指标和 HML 指标。

（4）作为市场基准的收益率指标（r_{mt}）。使用的是 A 股市场所有股票的周市值加权收益率指标。这里计算时包括所有的股票，市净率为负值的股票也包括在内。使用每只股票的周对数收益率，然后进行市值加权计算得到。

这几个指标中市值规模效应指标用的市值是总市值（既包括流通市值，也包括非流通市值），而在计算市场基准的时候使用的是流通市值的市值加权。

（5）无风险利率（r_{ft}）。无风险利率是根据人民币一年期定期存款的利率折算而成。按连续复利的形式来计算，无风险周利率 = ln（1 + 人民币一年期定期存款利率）/52。遇到利率调整，按照一周 7 天的时间进行加权平均折算，比如 2007 年 3 月 18 日起利率调整为 2.79%，在这之前的利率为 2.52%，先把它们分别的折算成周利率：ln（1 + 2.52%）/52 = 0.0248872/52 = 0.00047861, ln（1 + 2.79%）/52 = 0.02751789/52 = 0.00052919，那么 2007 年 3 月 17 日到 2007 年 3 月 23 日这一周的周利率就是：ln（1 + 2.52%）/52 × 1/7 + ln（1 + 2.79%）/52 × 6/7 = 0.00052196。

在计算不同基金同一区间的单因素模型、三因素模型绩效时，无风险利率指标、市场组合加权收益率的指标、SMB、HML 指标都是相同的，只是不同基金的收益率指标不同。而同一基金在不同区间内所有的指标都是不同的，在计算 t 年 7 月到 t + 1 年 6 月底这两个半年度的 SMB、HML 指标时，它们构建的 6 个虚拟投资组合是一样的，但是这 6 个投资组合的市值加权收益率指标都是不相同的，分类虽然相同，但是不同时间所有股票的价格和流通市值不相同。

4.3.2　指标的计算：一个半年度的计算过程

4.3.2.1　使用的回归模型

（1）单因素模型的 Jensen – α 的计算：

$$R_{it} = \alpha_i + \beta_i \times R_{mt} + u_{it} \tag{4.14}$$

其中，R_{it}代表基金的超额收益率，是基金的对数收益率与当期无风险利率的差，即 $R_{it} = \ln r_{it} - r_{ft}$，$R_{mt}$是市场组合的超额收益率，是市场组合的对数收益率和同期无风险利率的差额，即 $R_{mt} = r_{mt} - r_{ft}$。

（2）三因素模型的 FF – α 的计算。

$$R_{it} = \alpha_i + \beta_1 R_{mt} + \beta_2 SMB_t + \beta_3 HML_t + u_{it} \tag{4.15}$$

其中，R_{it}代表基金的超额收益率，是基金的对数收益率与当期无风险利率的差，即 $R_{it} = \ln r_{it} - r_{ft}$，$R_{mt}$是市场组合的超额收益率，是市场组合的对数收益率和同期无风险利率的差额，即 $R_{mt} = r_{mt} - r_{ft}$，SMB_t是这一期的市场规模效应，HML_t是这一期的账面市值比效应。

4.3.2.2　数据的统计描述

从表 4 – 1 的统计性结果可以看出，2004 年 7 月 1 日至 2004 年 12 月 31 日，景顺长城基金的周超额收益率达到了 0.24%，年化后的超额收益率就是 12.48%，这是很高的收益率，远高于市场基准的超额收益率。相比于市场基准来说，本只基金有更高的收益率，而且它的收益率的最大值和最小值均低于市场基准，标准差比市场组合的标准差小，说明本只基金在这期间获得更高的收益率，而且表现出更小的风险，绩效超越市场。

表 4 – 1　　　　　　　　　　描述性统计

变量名称	观测值个数	均值	标准差	最小值	最大值
Ri	27	0.00240	0.0219	– 0.0342	0.0608
Rm	27	– 0.00550	0.0303	– 0.0726	0.0960
SMB	27	– 0.00230	0.0152	– 0.0315	0.0252
HML	27	0.000400	0.00660	– 0.0154	0.0120

4.3.2.3　数据的平稳性检验

对时间序列的数据进行 ADF 的平稳性检验，结果如表 4 – 2 所示。

表 4 - 2　　　　　　　　　　　　平稳性检验

变量名称	Ri	Rm	SMB	HML
ADF 检验的 p 值	0.0000	0.0000	0.0000	0.0002

　　对变量数据检验的结果显示，P 值都十分的小，显著的拒绝数据存在单位根的原假设，数据都是平稳的。

4.3.2.4　Jensen - α 和 FF - α 回归的结果

Jensen - α 和 FF - α 回归的结果如表 4 - 3 所示。

表 4 - 3　　　　　　　　　Jensen - α 和 FF - α 回归的结果

变量名称	单因素模型 OLS	三因素模型 OLS
Rm	0.524 *** (- 5.25)	0.662 *** (- 14.91)
SMB		- 0.947 *** (- 8.78)
HML		- 0.022 (- 0.09)
_cons	0.005 * (- 1.75)	0.004 *** (- 3.06)
N	27	27
未调整的可决系数 R^2	0.524	0.924
调整后的可决系数 R^2	0.505	0.915
F	27.572	93.792

注：括号中各 t 统计量的显著程度：* 、** 、*** 分别表示 10% 、5% 、1% 的显著性水平。

4.3.2.5　其他指标的计算：

（1）Sharpe 指数。

$$\text{Sharpe} = \frac{\text{基金超额收益率的样本均值}}{\text{基金对数收益率的标准差}} = \frac{0.0023603}{0.0218798} = 0.1078758$$

$$(4.16)$$

（2）Treynor 指数。

$$\text{Treynor} = \frac{R_p - R_f}{\beta_p} = \frac{\text{基金超额收益率的均值}}{\text{基金的系统性风险}} = \frac{0.0023603}{0.5237342} = 0.00450668$$

$$(4.17)$$

（3）信息比率。

$$\text{IR} = \frac{\text{基金的Jensen} - \alpha}{\text{Jensen} - \alpha \text{回归的残差的标准差}} = \frac{0.0052646}{0.0150925} = 0.3488223$$

$$(4.18)$$

以上是基金景顺长城一个半年度基金绩效指标的计算过程，这只基金其他 22 个半年度的绩效的计算方法也是如此。

4.3.3　全部区间绩效计算结果的汇报：以景顺长城优选基金为例

将景顺长城优选基金从 2004 年 7 月 1 日至 2015 年 12 月 31 日之间每半年度的基金绩效计算出来，全部结果汇报如表 4 - 4 所示。

其他 139 只基金所有半年度绩效指标的计算方法和这只基金的计算方法一样，不一一汇报。

4.3.4　全部样本基金一期绩效的计算结果：以 2015 年下半年为例

为了相对清楚地展示不同基金的绩效，又不致所占篇幅太大，这里以 2015 年下半年为例汇报全部样本基金一期绩效的计算结果，如表 4 - 5 所示。

表 4 - 4　　　全部样本区间景顺长城优选基金绩效的计算结果

时间	观测值个数	Lnr	Jensen-a	FF-a	Sharpe	Treynor	Ir
20040701～20041231	27	0.0027561	0.0052646	0.0038926	0.1078758	0.00450668	0.3488223
20050101～20050630	23	0.0009544	0.0047308	0.002023	0.0192077	0.00073785	0.3225912
20050701～20051231	26	0.0004104	0.0007484	0.0017843	-0.001227	-0.00004613	0.0823966
20060101～20060630	24	0.019558	0.0103554	0.0111163	0.6154106	0.02817286	0.5250578
20060701～20061231	25	0.0146441	0.0059252	0.0012904	0.4646477	0.01679803	0.4373648
20070101～20070630	25	0.0138405	-0.0031019	-0.0039184	0.3350489	0.02084091	-0.1425178
20070701～20071231	25	0.0123459	0.0003217	0.0024121	0.3134757	0.01471252	0.0161076
20080101～20080630	26	-0.01805	-0.0007092	0.001848	-0.414897	-0.02728062	-0.0607374
20080701～20081231	25	-0.010145	0.0001712	0.0031371	-0.214047	-0.01490846	0.0167421
20090101～20090630	25	0.011723	0.0003249	0.0017121	0.4087836	0.02035581	0.0303458
20090701～20091231	26	0.0040651	-0.0001388	0.0008726	0.1167648	0.00484394	-0.0158806
20100101～20100630	25	-0.002775	0.0036179	-0.0001956	-0.119391	-0.00437063	0.2134857
20100701～20101231	27	0.0028596	-0.0008486	-0.0045946	0.0816546	0.00333672	-0.0456797
20110101～20110630	25	-0.000946	0.0016475	0.0032374	-0.076409	-0.00189161	0.2204013
20110701～20111231	26	-0.007586	-0.0007684	-0.0008297	-0.396724	-0.01081528	-0.1379583
20120101～20120630	25	0.0042486	0.004243	0.0043178	0.1717181	0.00507429	0.3459296
20120701～20121231	25	0.0008416	0.0010774	0.0019676	0.0087383	0.00027118	0.0710133

续表

时间	观测值个数	Lnr	Jensen-a	FF-a	Sharpe	Treynor	Ir
20130101~20130630	25	0.0105803	0.013384	0.0128081	0.3760329	0.0160796	0.6677676
20130701~20131231	26	0.002597	0.0002381	0.0003786	0.0763769	0.00338508	0.0099663
20140101~20140630	26	-0.000115	0.0010568	0.0024901	-0.026409	-0.00078411	0.0542971
20140701~20141231	26	0.0049211	-0.0047793	-0.0033581	0.1902793	0.00724598	-0.2708586
20150101~20150630	26	0.0157468	0.0047291	-0.0037809	0.3077748	0.01815051	0.1687783
20150701~20151231	26	0.0019848	0.0058604	0.0004745	0.0237764	0.00152157	0.1743975

注：这里列出的评价基金绩效的六个指标——基金的对数收益率（Lnr）、Jensen-α、FF-α、Sharpe 指数、Treynor 指数、信息比率（Ir），使用的都是相应指标的实际值，并不是百分比的值。

表4-5 全部样本基金2015年下半年绩效的计算结果

基金名称	Inr	Jensen-a	FF-a	Sharpe	Treynor	Ir
嘉实研究阿尔法	-0.001982	0.001526	0.0002071	-0.04086763	-0.00233673	0.13377281
大摩品质生活精选	-0.0040726	0.0015575	-0.0070514	-0.04388424	-0.00286444	0.03021204
鹏华环保产业	-0.0044569	-0.0003293	-0.0060857	-0.06548762	-0.00416334	-0.00951621
景顺长城优质成长	-0.0018074	0.0020587	-0.0029093	-0.03116745	-0.00197624	0.06393856
景顺长城成长之星	-0.004814	-0.0003088	-0.0045134	-0.06836714	-0.00412452	-0.01103622
上投摩根核心成长	-0.0030836	0.0002895	-0.0037048	-0.05580518	-0.00357426	0.0097471
富国城镇发展	0.0016579	0.0065715	-0.0006185	0.01519067	0.00097898	0.15234269
富国高端制造行业	-0.0007695	0.0044088	-0.0040346	-0.0118703	-0.00077558	0.09217684
上投摩根民生需求	0.0046028	0.0084163	0.007623	0.06578536	0.0039922	0.33695931
华安大国新经济	-0.0004051	0.0045646	-0.0032666	-0.00830009	-0.00053966	0.10106387
安信价值精选	0.0006867	0.0032336	0.0029884	0.00791686	0.00047601	0.19896751
建信改革红利	0.002262	0.0062111	0.0016868	0.02845813	0.00174655	0.22407455
大摩进取优选	-0.0055977	-0.0008565	-0.0066845	-0.07239021	-0.00453154	-0.02340791
景顺长城研究精选	-0.0003694	0.0041874	-0.0010416	-0.00900574	-0.00055693	0.12664836
汇添富环保行业	-0.0039929	0.0011319	-0.0080121	-0.04604278	-0.00307306	0.02215298
汇添富移动互联	-0.0078188	-0.0016785	-0.0099321	-0.07650336	-0.00488238	-0.03286395
嘉实医疗保健	-0.0036304	0.0010049	-0.0041422	-0.0501977	-0.0030929	0.03054398

续表

基金名称	lnr	Jensen-a	FF-a	Sharpe	Treynor	lr
建信中小盘	−0.0008415	0.0029978	−0.001039	−0.01815636	−0.00109145	0.12758279
招商行业精选	−0.0002082	0.0040727	−0.0008304	−0.00728879	−0.00045485	0.12436257
嘉实新兴产业	−0.0026631	−0.0002927	−0.000543	−0.07442155	−0.00429682	−0.0299113
建信潜力新蓝筹	−0.0002147	0.0036214	−0.0022801	−0.00765228	−0.00050942	0.09359606
国富健康优质生活	−0.0035572	0.0007679	−0.0040818	−0.05151282	−0.00323798	0.02239396
鹏华先进制造	−0.0018801	0.0027077	−0.002943	−0.02811185	−0.00174368	0.08005073
鹏华医疗保健	−0.0054505	−0.0007	−0.0091703	−0.06607352	−0.00441098	−0.0146948
工银瑞信高端制造行业	−0.006457	−0.0009964	−0.0084999	−0.07168527	−0.00454383	−0.02246917
工银瑞信研究精选	−0.0029512	0.0020918	−0.0030764	−0.03892759	−0.00236849	0.06347925
泰达宏利转型机遇	−0.0071803	−0.0030915	−0.0058191	−0.11207289	−0.00658774	−0.15197098
工银瑞信医疗保健行业	−0.0067097	−0.0027709	−0.0082023	−0.1009214	−0.006392	−0.08502588
鹏华养老产业	−0.0052048	−0.0021977	−0.0019728	−0.10366309	−0.00642802	−0.09579165
华宝兴业高端制造	−0.0034037	0.001476	−0.0070797	−0.04207943	−0.00277927	0.03135895
民生加银优选	−0.0041371	0.0003377	−0.0053515	−0.05770134	−0.00360476	0.00983951
工银瑞信创新动力	−0.0061474	−0.0005363	−0.0084443	−0.06681224	−0.00422688	−0.01189133
汇添富外延增长主题	−0.0058626	−0.0004036	−0.0089894	−0.06203653	−0.00414728	−0.00740162
南方新兴消费增长	−0.0032677	0.0002283	−0.0030858	−0.06024891	−0.00364598	0.01008152

续表

基金名称	lnr	Jensen-a	FF-a	Sharpe	Treynor	lr
泰达宏利首选企业	-0.0078266	-0.0028653	-0.0091775	-0.09642505	-0.00597538	-0.07914188
鹏华价值精选	-0.0005673	0.003423	0.0015758	-0.01396418	-0.00080737	0.21377717
兴全全球视野	0.0011619	0.0042593	0.000959	0.01481617	0.00093669	0.16413804
光大核心	-0.0008603	0.0030789	-0.0003705	-0.01836637	-0.00108293	0.1515602
上投摩根大盘蓝筹	-0.001616	0.0015581	0.0012587	-0.03721149	-0.00215458	0.11724029
国富中小盘	0.0010947	0.0053446	0.0001084	0.010416	0.00064429	0.17223089
国泰金鑫	-0.0046705	-0.0007962	-0.0033694	-0.07713927	-0.00461085	-0.03514673
银河康乐	-0.0051605	-0.0006806	-0.0085875	-0.06652208	-0.00442529	-0.01527238
汇丰晋信大盘 A	0.0047756	0.0072514	0.0104985	0.09637287	0.00613196	0.33143651
汇丰晋信中小盘	-0.0081986	-0.0037729	-0.0089057	-0.11314982	-0.00695095	-0.12177441
汇丰晋信低碳先锋	-0.0002035	0.0040158	-0.00126	-0.00714877	-0.00045701	0.11098122
汇丰晋信消费红利	-0.0073118	-0.0035575	-0.0082102	-0.11371449	-0.00725164	-0.11064286
汇丰晋信科技先锋	-0.0000202	0.004962	-0.0018574	-0.00396356	-0.00025764	0.10972414
中银消费主题	-0.0005193	0.0035382	-0.0009123	-0.01204836	-0.00075271	0.11288465
中银美丽中国	-0.0041797	-0.0000923	-0.0052732	-0.06145943	-0.00395801	-0.00254627
富国医疗保健行业	-0.0037994	-0.000104	-0.0043469	-0.06035529	-0.00397711	-0.00288236
华安沪深 300 量化 A	-0.0018163	0.0011485	0.0030518	-0.04336912	-0.00252679	0.08404745

续表

基金名称	lnr	Jensen-a	FF-a	Sharpe	Treynor	Ir
中银优秀企业	-0.0023066	0.001759	-0.0052509	-0.03504451	-0.00232669	0.04348363
上银新兴价值成长	0.0030651	0.0077358	0.0018117	0.03210281	0.00211691	0.1722435
华润元大信息传媒科技	-0.0064332	-0.0032006	-0.0073948	-0.11716922	-0.00735725	-0.12257716
景顺长城优势企业	-0.007078	-0.0022666	-0.0080377	-0.090188	-0.00558524	-0.06464401
中银健康生活	-0.004768	-0.0014417	-0.0057479	-0.08216581	-0.00540466	-0.04427173
华润元大医疗保健量化	-0.0067698	-0.0032907	-0.0073105	-0.11145948	-0.00722392	-0.10257409
国泰金马稳健回报	-0.0057137	-0.0022592	-0.0029728	-0.10665434	-0.00618975	-0.15206402
华安创新	-0.0006755	0.0023211	-0.0015513	-0.01866585	-0.00117443	0.09426131
博时新兴成长	-0.0039174	0.0005818	-0.0050413	-0.05465616	-0.00341031	0.01697482
博时创业成长	0.0006273	0.0054673	-0.0006163	0.00357737	0.0002205	0.15927391
博时医疗保健行业	-0.0036021	0.0006228	-0.0047369	-0.05252382	-0.00334733	0.01742507
博时价值增长2号	-0.0022655	-0.0001413	0.0035848	-0.06344165	-0.0041	-0.00691133
嘉实研究精选A	-0.0024219	0.0010297	-0.0043864	-0.04208253	-0.00282226	0.02859634
嘉实量化阿尔法	-0.0008631	0.0035746	-0.0025135	-0.01548902	-0.0009721	0.10256778
嘉实价值优势	-0.004128	-0.0004255	-0.0037742	-0.07247375	-0.00428589	-0.02153493
嘉实主题新动力	-0.0013119	0.00413	-0.0039604	-0.01741019	-0.00110439	0.09312646
嘉实领先成长	-0.0043923	-0.0002748	-0.0103079	-0.05471062	-0.0041165	-0.00476445

续表

基金名称	lnr	Jensen-a	FF-a	Sharpe	Treynor	Ir
嘉实周期优选	-0.0031142	0.0009089	-0.0003137	-0.05349088	-0.00306813	0.06543698
嘉实优化红利	0.0018459	0.0047418	0.0021132	0.03003787	0.00181645	0.24961309
嘉实优质企业	0.0008493	0.0044154	0.0001687	0.00799738	0.00051327	0.14007893
大成价值增长	0.0011771	0.0044409	0.001255	0.01521412	0.00090974	0.2285554
大成行业轮动	-0.0037465	0.0011272	-0.0058186	-0.04758012	-0.00303775	0.02738901
富国通胀通缩主题	-0.0007961	0.0032155	-0.0028646	-0.01562085	-0.00100758	0.08968116
富国高新技术产业	0.0120502	0.0154652	0.0169005	0.17060823	0.01212027	0.36610523
国投瑞银景气行业	-0.0016015	0.0008401	-0.0010493	-0.04526915	-0.00270317	0.05665174
国投瑞银核心企业	-0.0068416	-0.002965	-0.0071334	-0.10788824	-0.00660773	-0.11019642
国投瑞银创新动力	-0.0035523	0.00019	-0.0031474	-0.06141786	-0.00369629	0.00820663
国投瑞银成长优选	-0.0018077	0.0015243	-0.001239	-0.03785181	-0.00226461	0.07663997
融通新蓝筹	-0.0013753	0.0017427	-0.0010267	-0.03175217	-0.00191928	0.08612391
融通蓝筹成长	0.000694	0.003521	0.0003959	0.00724772	0.00044278	0.17699871
融通行业景气	0.0039321	0.0077085	0.0030544	0.0516967	0.00339544	0.21195715
金鹰中小盘精选	-0.0008748	0.0025465	-0.0016624	-0.02009031	-0.00124738	0.0981314
泰达宏利行业精选	-0.0090047	-0.0054904	-0.0084294	-0.15572733	-0.00940999	-0.24389854
中银中小盘成长	-0.0035329	0.0007024	-0.0061828	-0.04950735	-0.00328091	0.0168252

续表

基金名称	lnr	Jensen-a	FF-a	Sharpe	Treynor	Ir
中银主题策略	−0.0023644	0.0031144	−0.0040337	−0.02792493	−0.00179944	0.06519832
建信双利策略主题	−0.0011218	0.0023482	0.0054167	−0.02494522	−0.0014832	0.11988441
银华优势企业	−0.0014032	0.001979	−0.0023778	−0.02899514	−0.00181185	0.07451082
长城久恒	0.0006781	0.0004207	0.0003254	0.17074981	0.01767029	0.24517746
南方稳健成长	−0.0006198	0.0030135	0.000014	−0.01577084	−0.00093136	0.15727258
南方稳健成长2号	−0.000744	0.0028336	−0.000126	−0.01809489	−0.00106785	0.15104719
金鹰成份股优选	−0.0001797	0.0003949	−0.0002628	−0.03545697	−0.00219052	0.06458524
招商安泰	0.0012993	0.0045524	0.0013277	0.01739159	0.00104458	0.2268069
招商大盘蓝筹	−0.001091	0.0015944	0.0020485	−0.03020514	−0.0018292	0.08884728
招商行业领先A	−0.0029806	0.0006855	−0.0053579	−0.04612838	−0.0032125	0.01605401
招商中小盘精选	0.0008784	0.0055802	0.0012474	0.00697287	0.00041999	0.19395764
大摩基础行业混合	0.0002781	0.0037789	0.0013464	−0.00091743	−0.00005552	0.16665564
华宝兴业宝康消费品	0.0000468	0.0032619	−0.0020557	−0.00471949	−0.00031273	0.10064331
华宝兴业多策略	−0.0064668	−0.0022183	−0.0075784	−0.09211286	−0.00575433	−0.06784622
国联安小盘精选	0.0004516	0.0038228	0.0011196	0.00207195	0.00012403	0.18942007
景顺长城优选	0.0019848	0.0058604	0.0004745	0.02377642	0.00152157	0.17439746
泰信优质生活	−0.0041258	−0.0003075	−0.0050169	−0.06721163	−0.0041642	−0.01083945

续表

基金名称	lnr	Jensen-a	FF-a	Sharpe	Treynor	lr
泰信蓝筹精选	-0.0048393	0.0003551	-0.0071713	-0.05764743	-0.00362797	0.00868005
泰信发展主题	-0.0046544	0.0003143	-0.0080717	-0.05599101	-0.00364729	0.00691059
泰信中小盘精选	-0.0037699	0.0012704	-0.0051704	-0.04770914	-0.00296044	0.03431659
泰信现代服务业	-0.0068581	-0.0029201	-0.0086992	-0.10089599	-0.00652772	-0.08183724
申万菱信盈利精选	-0.0045101	-0.0019075	-0.0054493	-0.10188703	-0.00639625	-0.08877378
申万菱信新动力	-0.0027995	0.0009862	-0.0036226	-0.04759879	-0.00294877	0.03506651
申万菱信消费增长	-0.0062993	-0.0029807	-0.0076915	-0.10892429	-0.00704168	-0.09798456
诺安成长	-0.0040532	0.0016352	-0.0052508	-0.04560512	-0.00282421	0.03985746
诺安中小盘精选	0.0035233	0.006399	0.0068951	0.06487126	0.00385465	0.38963886
诺安多策略	-0.0021666	0.0018394	-0.0014012	-0.03747863	-0.00223348	0.08072784
东方核心动力	0.0017348	0.0051352	0.0030608	0.02416837	0.0014556	0.24079189
天弘永定成长	-0.0053957	-0.0019394	-0.005348	-0.09326921	-0.00586138	-0.06960935
天弘周期策略	0.0044474	0.0089358	0.0037479	0.05245122	0.00330837	0.24773496
长盛动态精选	-0.0012527	0.0031372	-0.0018076	-0.02113552	-0.00130179	0.10051295
长盛同德	-0.0012102	0.00062	0.0009048	-0.04581308	-0.00276582	0.04925052
新华优选成长	0.0004889	0.0054677	0.0001549	0.00186825	0.00011372	0.16745016
新华钻石品质企业	0.0005883	0.0035475	0.0031395	0.00526888	0.00030053	0.3867834

续表

基金名称	lnr	Jensen-a	FF-a	Sharpe	Treynor	Ir
新华行业周期轮换	-0.0080748	-0.0039281	-0.0099832	-0.11328992	-0.0072767	-0.10812604
新华中小市值优选	0.0009096	0.0044691	0.000923	0.00953827	0.00057431	0.20138883
新华灵活主题	-0.0016815	0.0024645	-0.0008067	-0.02756267	-0.00174381	0.07252134
新华优选消费	-0.0020694	0.0019032	-0.0038478	-0.03381693	-0.00216336	0.05543581
新华趋势领航	-0.0007866	0.002962	-0.0023737	-0.01667665	-0.00106349	0.09226437
万家精选	0.0021428	0.0060569	0.0020285	0.02711649	0.001652	0.23069686
汇丰晋信龙腾	-0.0005154	0.0030449	-0.0015339	-0.01343707	-0.00084495	0.10607449
中邮核心优选	-0.0016596	0.003264	-0.0031162	-0.02345247	-0.00146973	0.0856403
中邮核心成长	-0.0022473	0.0027947	-0.0041853	-0.02912553	-0.00186125	0.06551255
中邮核心主题	0.0019525	0.0065067	0.0007181	0.02009251	0.00128468	0.1673478
中邮战略新兴产业	0.0038819	0.0085607	0.0012975	0.04156078	0.00274537	0.18909105
信达澳银红利回报	-0.0026919	0.0010658	0.0025453	-0.04793613	-0.00286697	0.04812694
信达澳银产业升级	-0.001951	0.0029633	-0.0041645	-0.02635676	-0.00168758	0.07056837
西部利得策略优选	-0.0146917	-0.011994	-0.0133386	-0.29228683	-0.01922018	-0.44540998
浙商聚潮产业成长	0.0055477	0.0083118	0.0056224	0.10380081	0.0052767	0.36388392
民生加银精选	-0.0028994	0.0018013	-0.0048595	-0.03934478	-0.00248972	0.04711055
民生加银稳健成长	-0.0025577	0.0020985	-0.0045266	-0.03546119	-0.00224636	0.05510058

续表

基金名称	lnr	Jensen-a	FF-a	Sharpe	Treynor	Ir
民生加银内需增长	−0.0022482	0.0024872	−0.0039752	−0.03137805	−0.00197455	0.06632569
民生加银景气行业	0.0019235	0.005702	0.001277	0.0231374	0.00149969	0.16481865
长安宏观策略	−0.001874	0.0017797	−0.0036246	−0.03235638	−0.00214637	0.04868821
德邦优化	−0.0026532	0.0006495	−0.0017087	−0.0538003	−0.00318451	0.0673996

注：这里列出的评价基金绩效的六个指标——基金的对数收益率（Lnr）、Jensen−α、FF−α、Sharpe 指数、Treynor 指数、信息比率（Ir），使用的都是相应指标的实际值，并不是百分比的值。

4.4 本章小结

本章在回顾基金绩效评价指标、评价方法的基础上选择拟采用的评价指标和评价方法，选择了对数收益率、Sharpe 指数、Treynor 指数、Jensen-α 指数、FF-α 和信息比率六个指标。按照研究的目的，经过层层筛选，本书选取了 140 只基金 2004 年 7 月 1 日至 2015 年 12 月 31 日半年度数据进行绩效评价，然后展示了景顺长城优选基金一个区间的基金绩效的计算过程，并给出了该基金全部 23 个区间段的绩效计算结果和全部样本 140 只基金一个半年度的绩效指标；其他 139 只基金绩效的计算方法和过程相同，没有逐一汇报每只基金计算出来的结果。这为第 6 章和第 7 章以基金绩效作为被解释变量研究基金管理公司特征和基金经理特征对基金绩效的影响奠定了基础。

第5章 ///

基金管理公司和基金经理特征对
基金绩效的影响：机理和假说

    各基金管理公司的特征存在差别、各基金的基金经理的特征也存在差别，它们是否影响基金绩效、如何影响基金绩效？本章就基金管理公司特征和基金经理特征影响基金绩效的机理进行分析，总结或提出基金管理公司特征和基金经理特征影响基金绩效的假说，在第 6 章和第 7 章验证这些假说。

    从基金投资者的投资实践来看，许多基金投资者在投资基金或选择所投资基金的品种时会考虑是哪家基金管理公司设立发行的、基金管理公司是什么性质的、基金管理公司管理了多少只基金、所管理基金的规模等因素①，这实际上已经暗含着一个基本的假定，基金管理公司的特征会影响基金绩效。同时，许多基金投资者还会考察基金经理的特征，包括基金经理的年龄、学历、经验等，许多投资基金投资平台（如爱基金网站、好买基金网等）、基金信息平台（如新浪财经栏目的基金板块）等都会提供基金经理的详细个人信息及其所管理基金的收益率等历史业绩信息，这也暗含着基金经理的个人特征会影响基金绩效的假定。

    从基金管理公司投资决策流程上看，基金管理公司通常采取"投资决

---

    ① 许多研究表明，基金管理公司和基金经理是投资者选择投资基金时考虑的两个最重要因素。见中国证券业协会发布的《基金投资者情况调查分析报告（2010）》和中国证券投资基金业协会发布的《基金投资者情况调查分析报告（2012）》等都得出，投资者在选择基金品种时将基金管理公司、基金经理等作为重要因素。

策委员会领导下的基金经理负责制"（宋国良，2005）或者"投资决策委员会领导下、团队协作基础上的基金经理负责制"（李曜、游搁嘉，2014），而投资决策委员会通常是由基金管理公司首席执行官（总经理）、投资总监、市场总监、销售总监、基金经理、研究部经理等组成的，是一个包含着基金管理公司高管的专业团队。这说明，基金的绩效既受到基金管理公司投资决策委员会的影响，也会受到基金经理的影响，虽然基金管理公司尽可能地追求"不是过分依赖于基金经理个人经验"（宋国良，2005）。

在李学峰和张舰（2008）中提出了一个股权结构影响或决定基金绩效的机制框架图，如图 5 - 1 所示，之后该机制框架图被许多研究所引用，如吴翔东（2009）、祁玲（2009）。

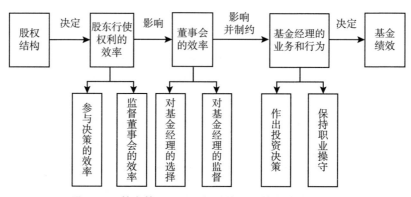

图 5 - 1　基金管理公司股权结构影响基金绩效的机制

资料来源：李学峰和张舰（2008）。

考虑到基金管理公司实际的组织架构①和各部门之间的关系，结合李学峰和张舰（2008），这里可以将基金管理公司和基金经理特征影响基金绩效的机制用图 5 - 2 表示。

图 5 - 2 表明，基金管理公司的股东性质和股权结构决定董事会的规模和结构，而董事会聘任总经理，从而董事会将影响到总经理的人选等，

①　许多基金管理公司的网站上会公布公司的组织架构图，如国联安基金管理有限公司的组织架构图，见 http：//www.gtja-allianz.com/aboutUs/organization.shtml。

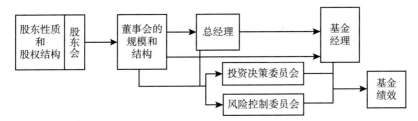

图5-2 基金管理公司特征和基金经理特征影响基金绩效的机制

影响总经理的行为，虽然基金经理是由总经理聘任的，但是由于总经理的行为会受到董事会的影响且总经理要对董事会负责，因此董事会实际上间接影响着基金经理的选择。由于基金经理的投资行为是在投资决策委员会的领导下进行的，同时受到风险控制委员会的影响，基金经理的个人特征加上投资决策委员会和风险决策委员会共同影响基金的投资活动，进而影响到基金绩效。因此，从总体上看，基金管理公司的股东性质和股权结构、董事会、总经理、投资决策委员会和风险控制委员会以及基金经理的个人特征都会通过一定的环节影响基金绩效。

5.1 基金管理公司特征对基金绩效的影响：机理和假说

本书主要用基金管理公司第一大股东的性质、股权结构、内部治理结构三方面表示基金管理公司的特征。

5.1.1 基金管理公司的第一大股东性质对基金绩效的影响

正如在第三章中所指出的，中国基金管理公司的发起人和主要股东身份是一个不断放松、范围不断扩大的过程，从最初只有证券公司和信托投资公司可以作为基金管理公司的发起人和主要股东，到后来商业银行和保险公司也可以作为发起人和主要股东，并成为基金管理公司的控股股东，中国基金管理公司的第一大股东也就有证券公司、信托投资公司、商业银行和保险公司等。那么，第一大股东的性质是否影响基金绩效、如何影响基金绩效，证券系、信托系、银行系和保险系的基金管理公司所管理的基金在绩效上是否存在差别？

对股东性质影响基金绩效的研究主要考虑了券商是否为基金管理公司第一大股东以及券商在基金管理公司的持股比例，还没有相关研究考虑信托公司、商业银行或其他类的投资公司等作为基金管理公司第一大股东对基金绩效的影响。

一是从制度方面看，中国基金管理公司的股东性质和股东身份是一个不断放松限制、范围不断扩大的过程，然而不论什么公司作为基金管理公司的股东都不应以侵害基金份额持有人的利益为前提。因此，不同性质公司作为第一大股东的基金管理公司所管理的基金绩效应该没有明显差别。

二是由于各类公司主营的业务等存在差别，它们作为基金管理公司的第一大股东各具优势，也各有不足。首先，通常认为，证券公司在证券经营等方面具有优势。也正是由于这个原因，中国 1997 年在正式确定发展证券投资基金时，选定了证券公司作为基金发起人、作为基金管理公司的发起人和主要股东。这主要是因为证券公司对资本市场的变动最为敏感，对于证券价格的波动、证券成交量具有信息优势，拥有证券交易席位和平台，拥有专门的证券交易员，同时由于证券公司还有自营业务，拥有相对比较强大的研发团队。这样，证券公司无论是在信息、平台还是研发方面都相对具有优势。然而，证券公司所具有的这些优势也可能会对基金绩效产生负面影响，因为券商也是理性经济人，如果其能够从所参股基金管理公司的基金通过券商进行的频繁关联交易中获得的佣金大于从基金管理公司获得的股东收益，那么它很可能就会通过频繁交易来获利而不是通过提高基金绩效来间接获益①。国内学者在研究证券公司是否为基金管理公司的第一大股东或证券公司的持股比例对基金绩效的影响时，并没有得出完

---

① 2000 年 10 月《财经》杂志发表的《基金黑幕——关于基金行为的研究报告解析》在揭露出的五大"基金黑幕"中，其中一种情况是，由于券商也有自营业务，很可能形成基金为券商服务的情况，券商把某股票拉到高位，然后卖给基金，基金来接手。这无疑提高了基金的风险，降低了基金的绩效。

全一致的结果：第一种结果是证券公司为基金管理公司的第一大股东或控制程度对基金绩效的影响不大或没有显著影响，如何杰（2005a）、高远（2012）、彭耿和殷强（2014）；第二种结果是证券公司为第一大股东或控制程度会对基金绩效产生正向影响，如祁玲（2010）、杜小艳等（2016）。其次，信托公司作为专门的代理人、代客理财的金融机构，专门从事实业投资、证券投资等活动。作为代客理财的最早的专门金融机构，虽然其在证券投资的信息、平台、研究等方面不如券商，但是其在投资和代客理财等方面还是具有一定的优势，特别是相对于不能够从事信托投资业务和证券经营业务的商业银行来讲。然而，信托公司作为基金管理公司的股东无法利用类似证券公司的平台等进行关联交易，其作为第一大股东的基金管理公司所管理基金的绩效未必就一定比券商作为第一大股东的基金管理公司所管理基金的绩效差。再次，商业银行虽然作为第一大股东或主要股东参股基金管理公司时间比较晚，但是银行系基金管理公司在成立之初就有许多研究指出银行系基金会由于银行已经拥有的网络和信息优势、庞大客户资源、丰富的基金托管和销售经验等而具有先天优势（马庆泉、刘钊，2014），然而由于商业银行不能够从事信托投资业务和证券经营业务特别是股票交易，所以银行系基金管理公司成立之初也有一些研究指出，银行系基金能否得到迅速发展主要还得依靠基金绩效，这实际上就表明，银行系基金相对于券商系和信托系虽然在客户资源和销售渠道上具有一定优势，但是其能否发展得更快更好还得看绩效，而银行系基金在绩效上并没有优势。最后，还有一类基金管理公司是由各种投资公司作为第一大股东或主要股东的基金管理公司，投资公司虽然也经营证券业务等，但是其在资金等各方面远不如券商、信托公司和商业银行具有优势，不过成为基金管理公司第一大股东或主要股东的投资公司都是长期经营并且业绩还不错的公司，因此第一大股东为投资公司的基金管理公司所管理的基金也具有一定的优势。

综上，虽然从制度上看基金管理公司的股东性质不应该对基金绩效产生影响，然而由于不同性质的股东在主营业务、所掌握资源等方面具有差异，其很可能会对基金绩效产生影响。所以，可以得出：

假说1：基金管理公司第一大股东的性质会影响其所管理基金的绩效。

至于基金管理公司的股东性质会对基金绩效产生什么样的影响，需要通过实证进行研究。

5.1.2 基金管理公司是否合资对基金绩效的影响

中国在加入 WTO 之后对外资开放资本市场，是从外资参股基金管理公司开始的。外资参股基金管理公司发展非常迅速，尤其是 2008～2013年，合资基金管理公司的数量超过了中资基金管理公司。根据中国证券业协会中外合资基金运作评估课题小组（2005）的研究，合资基金管理公司具有治理结构、运作效率和资源三大方面的优势，"对基金业务的特点和对信托关系认识与理解更为真实透彻"，"内部操作流程明晰，制度具体，更具有可操作性，且在具体操作过程中可以较好地贯彻下去"，"在风险控制上，外方通常比较注重基金合同的约定以及风险与收益的配比关系……一般将风险控制放在比业绩更重要的位置上"。江萍等（2011）也指出，合资基金管理公司相对于中资基金管理公司对基金绩效的正面影响一是外资方往往具有较多的投资经验和较好的选股能力，二是外资在选择合资时往往会选择较好的中资合作伙伴。可以看出，合资基金管理公司比中资基金管理公司应该会取得更高的绩效，并且在控制风险方面更具有优势。因此，可以得出：

假说 2：相对于中资基金管理公司所管理的基金，合资基金管理公司所管理的基金具有更高的绩效，并且具有更低的风险。

国内许多研究也都将基金管理公司的合资和中资作为影响基金绩效的重要因素，如王健超（2006）、李学峰和张舰（2008）、张兵（2008）、吴翔东（2009）、祁玲（2010）、介勇虎和任颋（2011）、高远（2012）、李超（2014）、刘春奇（2015）等。这些研究所给出的假说都是合资基金管理公司所管理基金的绩效高于中资基金管理公司所管理的基金，然而实证结果却得出了三种不同的结果：一是明确证实了假说，即合资基金管理公司所管理基金的绩效高于中资基金管理公司所管理的基金；二是明确证伪了假说，即合资基金管理公司所管理基金的绩效并不高于中资基金管理公司所管理的基金；三是既没有证实也没有证伪，即合资和中资性质对基金绩效的影响不显著。

5.1.3 基金管理公司的股权结构对基金绩效的影响

股权结构对公司绩效的影响一直是公司金融关注的热点问题。大多数研究（McConnell and Servaes，1990；陈小悦、徐晓东，2001；吴淑琨，2002；等等）认为，股权结构和公司绩效之间呈现"U"形关系，公司绩效先随着股权集中度的提高逐渐下降，然后再逐渐上升。这是因为在股权集中度比较低的时候，随着股权集中度的提高，大股东对公司的控制力逐渐提高，其会通过牺牲其他小股东的利益来实现自身利益，造成公司绩效下降；而在股权集中度越来越高之后，大股东自身的利益与公司绩效更加密切，其从公司绩效提高中能够获得的收益将越来越大于通过牺牲其他股东利益能够获得的利益。

虽然可以借鉴上市公司股权结构与公司绩效之间关系的研究来探讨基金管理公司的股权结构与基金绩效之间的关系（如张兵，2008等），然而基金管理公司的股权结构和上市公司股权结构存在很大差别。因为中国的基金管理公司都不是上市公司，股权结构相对比较简单，大多数基金管理公司的股东不超过5个，甚至有的基金管理公司只有一个股东。各股东持股比例虽然存在较大差别，但是机构股东最少也持有1%的股份[1]。在存在绝对控股和相对控股股东的基金管理公司中，第一大股东持股比例最低也在30%[2]，其收益与基金管理公司的利润存在较高的相关度，通过提高基金绩效，提高基金管理公司的管理费收入将成为其主要目标。所以，可以得出：

假说3：基金管理公司第一大股东所持有的股权比例越高，其对基金管理公司的控制程度越高，基金绩效越高。

对于第一大股东对基金管理公司的控制程度与基金绩效关系的已有研究得出结果存在差别。有的支持该判断，如李学峰和张舰（2008）、吴翔

---

[1]　只有永赢基金管理公司的部分自然人股东的持股比例低于1%。

[2]　否则就是平均分散持股的情况了，比如5个股东平均持股或者是前几个股东平均持股。

东（2009）、祁玲（2010）、李超（2014）；有的不支持该判断，如王健超（2006）、肖继辉和彭文平（2010）、高远（2012）、彭耿和殷强（2014）；还有的认为二者之间的相关关系不显著，如张兵（2008）。

5.1.4 基金管理公司的内部治理结构对基金绩效的影响

中国基金管理公司的内部治理结构包括：董事会、独立董事、监事会、督察长等制度。董事会和监事会制度是基金管理公司按照《公司法》要求设立的，独立董事制度和督察长制度是后来引入的，目的是保护、优先实现基金份额持有人的利益。各基金管理公司在董事会规模、独立董事数量和比例、监事会规模、内部监事比例等方面存在差别，在督察长设置上基本没有差别，在督察长之前各公司存在 1 位督察员，2004 年之后每家基金管理公司都是 1 位督察长。因此，这里主要考察董事会规模、独立董事数量及比例、监事会规模、内部监事比例对基金绩效的影响。

5.1.4.1 董事会规模与独立董事的数量和比例

（1）董事会规模与基金绩效之间的关系。

董事会是为了解决公司所有者与经营者之间的利益不一致问题，通过董事会形成对经营者的监督和约束。通常认为，董事会规模过大或过小都会导致低效率和低绩效。一方面，董事会规模过小，就不能够形成对公司经营者的有效监督或约束，甚至会形成经营者对董事会的控制；另一方面，董事会规模越大，代理成本越高、代理问题越严重，因为董事会内部的协调和沟通将会更加困难，董事会成员的搭便车问题会更加突出，甚至会出现董事会规模越大经营者对董事会控制能力越强的"悖论"（于东智，2003；郝臣，2009）。利普顿和洛尔施（Lipton and Lorsch，1992）认为，董事会规模最好为 8 ~ 9 人，最大不应该超过 10 人，否则董事会内部的协调和沟通成本将超过董事权力分散能够带来的收益；詹森（1993）认为，如果董事会规模超过 7 ~ 8 人，董事会就不可能很好地发挥作用，反而还有可能被首席执行官（CEO）控制；耶麦克（Yermack，1996）认为，董事会规模与公司价值之间呈倒 "U" 形关系；科尔斯等人（Coles et al.，2008）则得出，没有适合所有公司的单一董事会规模，不同类型公司的董事会规模是不同的。图法诺和塞维克（Tufano and Sevick，1997）、德尔格西奥等人（Del Guercio et al.，2003）对基金公司董事会规模和基金绩效关系的研究也得出了董事会规模越小越有效率的结论。

由于基金管理公司的收益主要取决于管理费，而管理费是根据基金资产净值提取的，基金资产净值很大程度上受到基金绩效的影响，特别是开放式基金，基金绩效是影响基金份额持有人投资基金主要因素。作为维护和实现股东利益的董事会十分关注基金绩效。同时，由于基金管理公司的董事会成员大多长期从事证券投资等业务，具有相对较多的专业知识，人数较多时可以实现专业互补（彭耿和殷强，2014）。因此，可以得出：

假说 4：基金管理公司的董事会规模与基金绩效之间存在正相关关系。

（2）独立董事的数量及所占比例与基金绩效之间的关系。

独立董事制度的建立是为了保护中小股东的利益，防止大股东和公司的经营者即 CEO 等合谋侵犯中小股东的利益，并且保持董事会的独立性。一是独立董事不会直接受制于公司的控股股东和经理层，能够相对独立于控股股东和经理层而就公司事务发表意见；二是独立董事通常都是某个方面的专业型人才，如学者、注册会计师等，能够就公司事务发表相对专业的意见。所以，有许多研究得出，公司独立董事的人数和比例与公司绩效正相关，会对公司绩效产生正向影响（于东智，2003）。

在中国，基金业是除上市公司之外最早必须建立独立董事制度的行业。从 2001 年 8 月证监会《基金管理公司章程制定指导意见》首次提出建立独立董事制度开始，就明确在基金管理公司中设立独立董事是为了谋求基金份额持有人的最大利益。2004 年 9 月《证券投资基金管理公司管理办法》开始明确基金管理公司中独立董事的人数和在董事会中所占比例，即独立董事的人数不少于 3 人，比例不低于 1/3。从法律法规上讲，基金管理公司设立独立董事的目的是为了保护基金份额持有人的利益，尽可能实现基金份额持有人的利益最大化。因此，可以得出：

假说 5：基金管理公司独立董事人数及其占比与基金绩效之间存在正相关关系。

5.1.4.2　总经理地位与基金绩效之间的关系

在公司中，总经理或副总经理等是否进入董事会通常反映出内部人控制的程度，内部人控制的程度越高，股东的利益就越可能受到侵害。因为董事会是所有者代表，其就公司重大事务进行决策的目标应该是实现股东的利益，同时其拥有就公司重大事务进行决策的权利也是为了限制或制衡总经理的行为。总经理进入成为董事显然会弱化董事会的作用。总经理或副总经理等经营者在董事会中的地位越高、占比越大，对董事会的影响也就越大，因此许多研究认为总经理的地位与公司业绩之间负相关。在基金管理公司中，总经理进入董事会及其地位可能不利于股东利益的实现，然而可能有利于基金绩效的提升，因为其有更大的能力影响投资决策委员会和基金经理的行为，而且总经理通常更具有证券经营或基金运作等方面的管理经验。因此，可以得出：

假说 6：总经理为董事相对于总经理不为董事的基金管理公司所管理的基金具有更高的绩效，即总经理的地位与基金绩效正相关。

关于总经理地位与基金绩效之间关系的实证研究没有一致的结果。何杰（2005a）得出二者正相关，总经理在董事会中的地位越高，基金绩效也越高；但是田静和陆蕾（2007）、彭耿和殷强（2014）发现总经理的地位与基金绩效没有显著相关关系，即总经理的地位对基金绩效没有明显影响。

5.1.4.3　监事会与基金绩效之间的关系

监事会制度起源于德国，其目标或功能虽然存在着不同论述，甚至认为是与独立董事制度冲突的制度（王世权、李维安，2009）；然而，中国自从1993年《公司法》中引入监事会制度之后一直保留了下来，并且明确规定了监事会人数不低于3人，职工代表监事不低于1/3。监事会从理论上是为了完善公司治理机制，对公司的财务状况进行检查，对董事、高管的行为进行监督甚至罢免等，从根本上讲是为了监督董事会成员和公司高管的行为，对其进行约束。所以，监事会从根本上讲是为股东利益服务的。有研究认为，监事会规模对公司绩效具有显著影响（孙敬水、孙金秀，2005）。在中国的基金管理公司中，监事会人数少的为 3 人，多的达到 8 人。监事会对公司财务状况、对董事、公司高管行为进行监督要优先实现基金份额持有人的利益。所以，监事会规模越大，监督、检查的能力越强，越有助于提高基金绩效。可以得出：

假说 7：基金管理公司监事会规模与基金绩效呈正相关关系。

研究基金管理公司监事会特征与基金绩效关系的成果很少，只有肖继辉和彭文平（2010）涉及监事会规模和内部监事比例对基金绩效的影响，其判断和实证结果都表明，监事会规模及内部监事比例都与基金绩效正相关。

5.2　基金经理特征对基金绩效的影响：机理和假说

由于基金管理公司采取基金经理负责制，基金经理在投资决策委员会的领导下进行投资，虽然其行为会受到投资决策委员会、风险控制委员会及其他部门的约束（李曜、游搁嘉，2014），但是其仍然是基金运作和管理的最重要主体，基金绩效最直接地取决于基金经理的投资。如果将基金管理公司投资决策委员会等就基金的投资方向、资产配置等提出的指导性意见作为外生变量，因为对同一家基金管理公司来讲，就基金投资各方面问题的研究报告是相同的，不同基金的绩效差异主要就取决于基金经理的投资决策、投资方向等。在其他条件相同的情况下，基金经理的性别、学历、毕业院校和经验等个人特征会影响其投资风格、投资决策和投资行为，进而影响基金绩效。如图 5 - 3 给出了基金经理个人特征影响基金绩效的机理关系。本节分析基金经理个人特征影响基金绩效的机理，并总结出相应的假说。

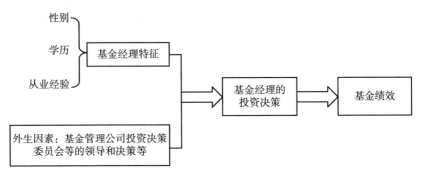

图 5 - 3　基金经理个人特征影响基金绩效的机理

5.2.1　基金经理性别与基金绩效

在基金业中，女性基金经理虽然远不如男性基金经理数量多、占比大，但是女性基金经理也占有一定比例。在证券投资中，女性相对于男性更加厌恶风险、不会过度自信（Bliss and Potter，2002），直接的表现就是男性基金经理的交易更加频繁、投资更为积极（Barber and Odean，2001）。这样，在其他条件相同的情况下，相对于男性基金经理来讲，女性基金经理所管理的基金应该风险更低，收益率也更低。如果考察经过风险调整后的基金绩效，女性基金经理所管理的基金与男性基金经理所管理的基金的差别是不确定的。比利斯和波特（Bliss and Potter，2002）表明，经过风险调整之后，男性基金经理所管理的基金收益率与女性基金经理所管理的基金没有差别，即性别对基金绩效没有明显影响。因此，可以得出：

假说 8：相对于男性基金经理，女性基金经理所管理的基金具有更低的风险，更低的收益。

国内外关于基金经理性别与基金绩效关系的研究，也没有得出完全一致的结论。胡俊英（2009）认为男性基金经理与基金绩效负相关；许友传和唐松莲（2010）、李晓梅和刘志新（2010）、关山晓（2016）认为男性基金经理的绩效好于女性基金经理；赵存存（2013）、何杰和杨丹（2010）认为基金管理公司女性基金经理的比例与基金绩效正相关；王品和李紫沁（2010）、于静（2013）则认为性别与基金绩效没有显著关系。在对性别与基金风险关系的研究上，所得出的结论基本上是一致的，即相对于男性基金经理，女性基金经理所管理基金的风险更低，如于静（2013）、陈程程（2013）、杨帆（2013）、晏艳阳和邓开（2015）、史金艳（2016）等。

5.2.2　基金经理学历与基金绩效

学历通常被看作衡量一个人能力的重要指标。虽然就个体来讲，学历不能够与个人能力画等号，但是从总体上看，学历基本上能够反映了能力。学历越高，能力越高，至少是学习能力越高。

中国基金经理的学历最高为博士，甚至还有海归博士，最低为大学专科，大部分为硕士和本科，而且硕士所占比例最高，还有的硕士是 MBA 或 EMBA，也有的基金经理是海归等。在证券基金的投资活动中，基金经理的能力最直接的体现就是基金绩效。如果基金经理的能力从总体上与学历正相关的话，那么基金经理的学历越高，其择时择股能力、其控制风险的能力应该越高，基金绩效越高，二者呈正相关关系。所以，可以得出：

假说 9：基金绩效与基金经理的学历呈正相关关系，基金经理的学历越高，基金绩效越好，风险越低。

国内学者对这个问题的研究没有得出一致的结论。赵秀娟和汪寿阳（2010）、吴劲华（2012）得出学位与绩效负相关；王品和李紫沁（2010）、刘可和田存志（2012）得出博士和硕士学位都与基金绩效正相关，即拥有博士和硕士学位能够提高基金绩效；肖继辉等（2012）、肖继辉和彭文平（2012）、于静（2013）、陈程程（2013）则得出学历与基金绩效不相关，不能够从基金经理的学历来判断其所管理基金的绩效。就风险控制来讲，比较一致的结论是，基金经理的学历越高，控制风险的能力越强，如赵秀娟和汪寿阳（2010）、史金艳等（2016）。

5.2.3　基金经理的从业经验与基金绩效

一个人从事某个行业的经验越丰富，对该行业越熟悉，就应该越能够胜任该行业。基金经理的投资活动也在一定程度上依赖经验，包括对市场行情的判断、对研究报告和投资委员会投资指导的接受等都受到个人经验的影响。这样，经验越多，基金投资绩效应该越高。同时，一个人之所以能够长期担任基金经理，就是因为其管理的基金具有相对较高的绩效。从风险控制的角度看，一个人担任基金经理的时间越长，对风险越能够做出更好地把握和判断，越能够控制风险。所以，可以得出：

假说 10：基金绩效与基金经理的经验呈正相关关系，基金经理担任基金经理的时间越长，其所管理基金的绩效越好，风险越低。

李豫湘等（2006）、陈立梅（2010）、史历（2012）、吴劲华（2012）、于静（2013）证实了基金经理的经验越丰富，其所管理基金的绩效就越好；胡俊英（2009）则得出基金经理的经验对基金绩效的影响不显著；赵秀娟和汪寿阳（2010）则得出 2003 年前基金经理的经验与基金绩效正相关，而 2003 年后则没有显著相关性；陈圆圆（2012）则得出了基金经理的从业时间与基金绩效负相关的结论。

5.3　本章小结

本章主要是基于中国基金业发展的相关制度、理论和已有文献等阐释了基金管理公司特征和基金经理特征影响基金绩效的机理，总结了 10 个假说。从基金管理公司的特征看，主要是分析了第一大股东性质、股权结构和内部治理结构对基金绩效的影响；从基金经理的个人特征看，主要是分析了性别、学历和从业经验对基金绩效的影响。从对相关问题已经有的实证研究可以看出，由于所选择的样本不同、样本区间不同、研究方法不同等，所得出的结果存在较大差别，并没有完全一致的结论。

第 6 章

基金管理公司特征对基金
绩效影响的实证检验

本章验证第 5 章总结和归纳的基金管理公司特征影响基金绩效的假说。在已有的文献中，研究基金管理公司第一大股东性质对基金绩效影响的文献较少，而且有的也主要是考虑第一大股东是券商的情况，未考虑第一大股东为信托公司、商业银行或其他类型公司的情况，本书突出基金管理公司第一大股东性质对基金绩效的影响。本章首先研究基金管理公司第一大股东性质对基金绩效的影响，分为四个模型分别实证第一大股东性质为证券公司、信托公司、商业银行和其他类型公司的基金管理公司对基金绩效的影响；然后以此作为基准模型，增加中资与合资性质、股权结构和内部治理机构变量，一是研究第一大股东性质影响基金绩效结果的稳健性，二是研究基金管理公司是否合资、股权结构和内部治理结构等特征对基金绩效的影响。

6.1 数据来源、变量选择与描述性统计

由于本章所采用的数据来源相同，被解释变量和控制变量相同，本节首先交代数据来源及处理、被解释变量和控制变量的选择及处理，并对数据进行描述性统计。

6.1.1 数据来源

本章样本是 2014 年 12 月之前成立的开放式股票型基金 140 只[1]，样本区间是 2004 年 7 月至 2015 年 12 月，样本的频率是半年度，一只基金一年有 2 个观测值。不同基金由于成立时间不同，观测值个数也不尽相同，2004 年 7 月以前成立的基金有 23 个观测值，2014 年底成立的基金只有 2 个观测值。

开放式股票型基金的选取来自国泰安 CSMAR 数据库，基金管理公司管理的基金数量和基金资产、单只基金净值的数据来自 WIND 数据库；"基金年龄"（Fund_age）根据新浪财经基金专栏（http：//finance. sina. com. cn/fund/）每只基金的"基金概况"中的基金成立时间整理计算。

基金管理公司特征的数据来源：一是基金管理公司股本、股东、股东持股比例、股本总额等及其变化来自国泰安数据库；二是基金管理公司成立时间根据爱基金网（http：//fund. 10jqka. com. cn/company/）对基金管理公司的情况介绍逐个整理。

6.1.2 被解释变量选取及处理

本书初始的设计是以第 4 章计算出的基金绩效评价的 6 个指标（基金的对数收益率、Sharpe 指数、Treynor 指数、信息比率、Jensen – α、FF – α）为被解释变量，但是在具体的实证研究过程中发现，当使用衡量基金绩效的特雷诺指数作为被解释变量时，模型的拟合优度十分的小，变量的系数近乎为 0。考虑到 Sharpe 指数衡量的是基金承担单位总风险带来的超额收益率，Treynor 指数是基金的超额收益率（基金的对数收益率减去无风险利率)/基金的系统性风险，信息比率是 Jensen 指数/基金的非系统性风险，这三个指标都是由基金的超额收益与风险相除得到的，是一个合成指标。基金的收益和风险是刻画基金投资业绩的两个维度，投资者除了关心投资

---

① 样本选择的过程见第 4 章，这里不再赘述。

的收益外，也很关心投资的风险。为了能够更好地呈现基金管理公司特征和基金经理特征对基金绩效的全面影响，本章和第 7 章把这三个合成指标进行拆分，把基金的总风险、系统性风险、非系统性风险也作为研究的被解释变量。最终被解释变量选取的是衡量基金业绩或绩效的三个指标：基金的对数收益率（lnr_{it}）、Jensen $-\alpha$ 指数、三因素模型的 FF $-\alpha$；衡量基金风险的三个指标：基金的总风险（sd_{it}）、基金的系统性风险（beta_{it}）、基金的非系统性风险（res_{it}）。其中基金的对数收益率（lnr_{it}）、Jensen $-\alpha$ 指数、三因素模型的 FF $-\alpha$ 这三个指标的定义和前文相同，不再赘述。这里简要说明刻画基金风险的三个指标的含义和计算方法：

（1）基金的总风险（sd_i）：总风险使用基金对数收益率的标准差来衡量。

$$\text{总风险} \qquad (\text{sd}_i) = \sqrt{\left(\text{lnr}_{it} - \overline{\text{lnr}_1}\right)^2} \tag{6.1}$$

其中：

$$\overline{\text{lnr}_1} = \frac{1}{T}\sum_{t=1}^{T}\text{lnr}_{it},$$

这是一只基金一个半年度的基金总风险的计算方法，使用这一半年度的周频率的基金对数收益率进行计算。

（2）基金的系统性风险（β_i）：系统性风险是使用詹森回归的贝塔系数来表示。

$$r_{Pt} - r_{ft} = \alpha_P + \beta_1(r_{mt} - r_{ft}) + u_{it} \tag{6.2}$$

系统性风险 β_i 就是式（6.2）回归的 β_1，这个系统性风险是一只基金一个半年度的系统性风险，使用这只基金这个半年度周频率的基金对数收益率进行计算。

（3）基金的非系统性风险（Res_i）：非系统性风险是通过詹森回归得到回归的残差，然后再计算残差的标准差得到的。

$$\text{Res}_i = \sqrt{\text{Var}(u_{it})} \tag{6.3}$$

非系统性风险就是式（6.2）回归的残差的标准差。

6.1.3 控制变量的选取及处理

根据已有研究（如曾德明等，2005；江萍等，2011；祖国鹏等，2010；

何杰和杨丹，2010；等等），影响基金绩效的因素可以分为四大类：基金管理公司特征、基金经理特征、基金特征和基金家族特征。由于本书要重点检验基金管理公司特征和基金经理特征对基金绩效的影响，因此选择基金特征和基金家族特征作为控制变量，主要有：基金家族规模（Famsize$_{i,t}$，即基金管理公司管理的基金规模）、基金规模（Fundsize$_{i,t}$）、基金的净资金流入（Flow$_{i,t}$）、基金年龄（Fundage$_{i,t}$）。

（1）基金家族规模（Famsize$_{i,t}$）：Famsize$_{i,t}$ = ln（1 + Famsize1$_{i,t}$），其中 Famsize1$_{i,t}$ 是基金隶属的基金管理公司管理的除去样本基金以外的基金总资产（单位是亿元）。

（2）基金的规模（Fundsize$_{i,t}$）：Fundsize$_{i,t}$ = ln（1 + Tna$_{i,t}$），其中 Tna$_{i,t}$ 是每一期期末的基金净资产（单位为亿元）。

（3）基金的净资金流入（Flow$_{i,t}$）：Flow$_{i,t}$ = Tna$_{i,t}$ - Tna$_{i,t-1}$ $\times \dfrac{Nav_{i,t}}{Nav_{i,t-1}}$

其中，Tna$_{i,t}$ 代表基金 i 第 t 时刻的净资产，Nav$_{i,t}$ 代表基金 i 第 t 时刻的单位净值。

（4）基金的年龄（Fundage$_{i,t}$）：原始数据中，基金成立时间都已经公布到日，为使"基金年龄"的数据都是半年度频率的整数倍，基金成立所在的半年度赋值为 0，之后每隔半年度加 0.5，以此类推。

6.1.4 被解释变量和控制变量的描述性统计

从表 6 - 1 的描述性统计可以看出，样本基金的规模、所属样本基金管理公司的规模以及资金的净流入这三个变量的最大值与最小值差距很大；基金年龄最长的有 14 年。

表 6 - 1　　　　　　　　被解释变量和控制变量的描述性统计

变量名称	观测值个数	均值	标准差	最小值	最大值
lnr	1566	0.307	0.872	- 2.827	5.009
Jensen - α	1566	0.170	1.054	- 4.103	30.42
FF - α	1566	0.0291	0.432	- 5.486	3.021

变量名称	观测值个数	均值	标准差	最小值	最大值
sd	1559	0.0328	0.0170	0	0.107
beta	1566	0.818	0.531	− 0.0753	15.20
res	1566	0.0155	0.00890	0	0.0577
Famsize	1369	5.428	1.465	0.0613	8.787
Famsize1	1369	514.2	688.3	0.0632	6551
Fundsize	1518	2.563	1.260	0.0998	6.180
Tna	1518	26.59	39.78	0.105	481.7
Flow	1399	− 1.074	18.54	− 122.1	250.8
fund age	1573	4.020	3.219	0	14

注：（1）表中基金的对数收益率（lnr_{it}）、Jensen – α 指数、三因素模型的 FF – α 使用的都是百分比收益率，第 6 章与第 7 章的实证检验中使用的这三个指标都是百分比的收益率；（2）Famsize 和 Famsize1 的含义和单位不同，Famsize 是经过对数处理的，而 Famsize1 是未经处理的，因此均值、标准差、最大值和最小值四个指标差别很大。

6.2　基金管理公司第一大股东性质对
基金绩效的影响

本节研究基金管理公司第一大股东性质对基金绩效的影响。按照样本基金所属管理公司第一股东的性质，把第一大股东的性质细分为四类：第一大股东为证券公司、第一大股东为信托公司、第一大股东为商业银行以及其他类（第一大股东既不是证券公司、信托公司，也不是商业银行）。

6.2.1　解释变量的选取、处理与描述性统计

6.2.1.1　解释变量的选取及处理

由于在样本区间内基金管理公司的股东多次发生变更。根据变更时间离考察期初 1 月 1 日和 7 月 1 日的远近进行处理。如果变更发生在当期 1

月 1 日至 3 月 31 日或 7 月 1 日至 9 月 30 日，那么当期考察期就采用变更后的数据；如果变更发生在当期 4 月 1 日至 6 月 30 日或 10 月 1 日至 12 月 31 日，那么当期考察期就采用变更前的数据，下一期采用变更后的数据。

（1）第一大股东为证券公司（security）：如果样本基金所属的基金管理公司的第一大股东是证券公司，虚拟变量 security 取值为 1，否则为 0。

（2）第一大股东为信托公司（trust）：如果样本基金所属的基金管理公司的第一大股东是信托公司，虚拟变量 trust 取值为 1，否则为 0。

（3）第一大股东为商业银行（bank）：如果样本基金所属的基金管理公司的第一大股东是商业银行，虚拟变量 bank 取值为 1，否则为 0。

（4）第一股东为其他类型的公司（NSTB）[1]：如果样本基金所属的基金管理公司的第一大股东既不是证券公司、信托公司，也不是商业银行，虚拟变量 NSTB 取值为 1，否则为 0。

6.2.1.2 解释变量的描述性统计

表 6-2 表明，样本基金由第一大股东为证券公司的基金管理公司管理的占比为 46.4%，样本基金由第一大股东为信托公司的基金管理公司管理的占比为 38.8%，样本基金由第一大股东为商业银行的基金管理公司管理的占比为 11.3%，第一大股东为其他类型的基金管理公司管理的样本基金占比 3.5%。

表 6-2　不同性质第一大股东的基金管理公司管理的样本基金的描述性统计

变量名称	观测值	均值	标准差	最小值	最大值
security	1572	0.464	0.499	0	1
trust	1572	0.388	0.487	0	1
bank	1572	0.113	0.317	0	1
NSTB	1572	0.0350	0.184	0	1

① 保险公司可以发起设立基金管理公司，这是基金管理公司第一大股东性质的一次重要变化。保险类基金管理公司虽然也可以看作一个重要类型的基金管理公司，但是由于保险类基金管理公司成立较晚，本文研究的样本区间内并没有这一类型的基金管理公司。

6.2.2　实证模型与估计方法

6.2.2.1　实证模型

本节选取的实证模型如下：

$$R_{i,t} = \alpha_i + \beta_1 security_{it} + \sum_{k=1}^{4} \gamma_k \varphi_{kit} + Time_t + \varepsilon_{it} \qquad (6.4)$$

$$R_{i,t} = \alpha_i + \beta_1 trust_{it} + \sum_{k=1}^{4} \gamma_k \varphi_{kit} + Time_t + \varepsilon_{it} \qquad (6.5)$$

$$R_{i,t} = \alpha_i + \beta_1 bank_{it} + \sum_{k=1}^{4} \gamma_k \varphi_{kit} + Time_t + \varepsilon_{it} \qquad (6.6)$$

$$R_{i,t} = \alpha_i + \beta_1 NSTB_{it} + \sum_{k=1}^{4} \gamma_k \varphi_{kit} + Time_t + \varepsilon_{it} \qquad (6.7)$$

其中：$R_{i,t}$ 是被解释变量，从收益和风险两个角度刻画，共有六个指标：基金的对数收益率（lnr_{it}）、Jensen $-\alpha$ 指数、三因素模型的 FF $-\alpha$，总风险（sd_{it}）、系统性风险（$beta_{it}$）、非系统性风险（res_{it}）；$security_{it}$、$trust_{it}$、$bank_{it}$、$NSTB_{it}$ 都是虚拟变量；φ_{kit} 为控制变量。

6.2.2.2　估计方法

分别对式（6.4）至式（6.7）中选择的变量进行多重共线性检验，结果如表6-3所示。结果表明，每个模型中的所有变量之间不存在多重共线性。

表 6-3　　式（6.4）至式（6.7）的多重共线性检验的结果

式（6.4）的检验结果		式（6.5）的检验结果		式（6.6）的检验结果		式（6.7）的检验结果	
变量名称	VIF	变量名称	VIF	变量名称	VIF	变量名称	VIF
Security	1.16	Trust	1.06	Bank	1.13	NSTB	1.02
Fundsize	1.75	Fundsize	1.76	Fundsize	1.82	Fundsize	1.75
Fundage	1.48	Fundage	1.45	Fundage	1.41	Fundage	1.40

式（6.4）的检验结果		式（6.5）的检验结果		式（6.6）的检验结果		式（6.7）的检验结果	
变量名称	VIF	变量名称	VIF	变量名称	VIF	变量名称	VIF
Famsize	1.45	Famsize	1.44	Famsize	1.48	Famsize	1.45
Flow	1.18	Flow	1.18	Flow	1.18	Flow	1.18

注：时间虚拟变量的 VIF 值没有汇报，因为时间虚拟变量如果存在多重共线性，Stata 软件会自动删除。下文各共线性检验的结果报告都是如此。

控制变量基金规模、基金年龄、基金当期资金净流入、基金家族规模和被解释变量基金绩效之间存在着相互影响。基金规模、基金年龄、基金家族规模和基金的当期资金净流入都会影响基金绩效，反过来，基金绩效也会影响基金规模、基金年龄、基金家族规模和基金的当期资金净流入。考虑到控制变量存在的内生性，选择使用控制变量的滞后一期作为工具变量，使用多元线性回归的工具变量法进行实证估计。

6.2.3　实证结果及其分析

表 6-4 到表 6-7 给出了实证结果。

表 6-4　　　证券公司为第一大股东对基金绩效和风险的影响：

式（6.4）的实证结果

解释变量和控制变量		被解释变量					
		对数收益率	Jensen - α	FF - α	总风险	系统性风险	非系统性风险
解释变量	security	-0.0338 * (-1.77)	-0.0215 (-1.18)	-0.0131 (-0.70)	-0.0007 * (-1.89)	-0.0274 *** (-2.70)	-0.0002 (-0.58)
控制变量	fund_age	-0.0102 *** (-2.59)	-0.0103 *** (-2.85)	-0.0051 (-1.35)	-0.0007 *** (-8.64)	-0.0169 *** (-7.62)	-0.0003 *** (-4.46)
	Famsize	0.0012 (0.15)	0.0013 (0.16)	0.0149 * (1.70)	-0.0008 *** (-4.58)	-0.0227 *** (-5.05)	-0.0002 (-1.40)
	Flow	0.0008 (0.29)	-0.0006 (-0.20)	-0.0024 (-0.71)	-0.0001 (-0.89)	-0.0012 (-0.83)	-0.0000 (-0.77)
	Fundsize	-0.0152 (-0.96)	-0.0186 (-1.20)	-0.0060 (-0.36)	0.0003 (0.59)	0.0184 ** (2.12)	-0.0007 *** (-2.69)

续表

解释变量和控制变量		被解释变量					
		对数收益率	Jensen $-\alpha$	FF $-\alpha$	总风险	系统性风险	非系统性风险
截距	_cons	1.7138 *** (25.11)	0.4976 *** (7.42)	−0.1671 ** (−2.23)	0.0594 *** (46.12)	1.1314 *** (38.41)	0.0279 *** (22.54)
是否控制时间变量		是	是	是	是	是	是
N		1120	1120	1120	1120	1120	1120
未调整的可决系数 R^2		0.8988	0.4179	0.3726	0.7623	0.3922	0.4351
调整后的可决系数 R^2		0.8965	0.4046	0.3583	0.7569	0.3783	0.4222

注：回归结果报告中 t 值是考虑了异方差的稳健标准差，括号中各 t 统计量的显著程度：＊、＊＊、＊＊＊ 分别表示 10%、5%、1% 的显著性水平。

表 6 − 5   信托公司为第一大股东对基金绩效和风险的影响：
式（6.5）的实证结果

解释变量和控制变量		被解释变量					
		对数收益率	Jensen $-\alpha$	FF $-\alpha$	总风险	系统性风险	非系统性风险
解释变量	trust	0.0568 *** (3.19)	0.0481 *** (2.78)	0.0393 ** (2.09)	0.0004 (1.08)	0.0058 (0.57)	0.0006 ** (1.96)
控制变量	fund_age	−0.0094 ** (−2.44)	−0.0093 *** (−2.65)	−0.0041 (−1.11)	−0.0007 *** (−8.72)	−0.0180 *** (−8.05)	−0.0003 *** (−4.29)
	Famsize	0.0020 (0.24)	0.0017 (0.21)	0.0150 * (1.73)	−0.0008 *** (−4.41)	−0.0216 *** (−4.82)	−0.0002 (−1.40)
	Flow	0.0008 (0.28)	−0.0006 (−0.20)	−0.0024 (−0.71)	−0.0001 (−0.91)	−0.0013 (−0.89)	−0.0000 (−0.75)
	Fundsize	−0.0189 (−1.19)	−0.0215 (−1.36)	−0.0081 (−0.47)	0.0002 (0.48)	0.0170 * (1.90)	−0.0007 *** (−2.77)
截距	_cons	1.6746 *** (23.97)	0.4668 *** (6.76)	−0.1908 ** (−2.52)	0.0590 *** (43.88)	1.1195 *** (37.30)	0.0275 *** (22.09)
是否控制时间变量		是	是	是	是	是	是

续表

解释变量和控制变量	被解释变量					
	对数收益率	Jensen $-\alpha$	FF $-\alpha$	总风险	系统性风险	非系统性风险
N	1120	1120	1120	1120	1120	1120
未调整的可决系数 R^2	0.8991	0.4195	0.3740	0.7608	0.3869	0.4366
调整后的可决系数 R^2	0.8968	0.4063	0.3597	0.7553	0.3729	0.4238

注：回归结果报告中 t 值考虑了异方差的稳健标准差，括号中各 t 统计量的显著程度：＊、＊＊、＊＊＊分别表示 10%、5%、1% 的显著性水平。

表 6 - 6   商业银行为第一大股东对基金绩效和风险的影响：
式（6.6）的实证结果

解释变量和控制变量		被解释变量					
		对数收益率	Jensen $-\alpha$	FF $-\alpha$	总风险	系统性风险	非系统性风险
解释变量	bank	-0.0697 **	-0.0890 ***	-0.1053 ***	0.0010 *	0.0630 ***	-0.0008
		(-2.26)	(-3.00)	(-3.46)	(1.65)	(3.94)	(-1.36)
控制变量	fund_age	-0.0124 ***	-0.0120 ***	-0.0066 *	-0.0007 ***	-0.0178 ***	-0.0003 ***
		(-3.35)	(-3.60)	(-1.84)	(-9.45)	(-8.52)	(-4.99)
控制变量	Famsize	0.0052	0.0056	0.0194 **	-0.0008 ***	-0.0240 ***	-0.0002
		(0.62)	(0.66)	(2.17)	(-4.40)	(-5.19)	(-1.13)
	Flow	0.0006	-0.0007	-0.0025	-0.0001	-0.0013	-0.0000
		(0.22)	(-0.24)	(-0.73)	(-0.90)	(-0.87)	(-0.80)
	Fundsize	-0.0212	-0.0254	-0.0134	0.0003	0.0214 **	-0.0007 ***
		(-1.28)	(-1.53)	(-0.75)	(0.64)	(2.34)	(-2.82)
截距	_cons	1.7070 ***	0.4962 ***	-0.1647 **	0.0591 ***	1.1183 ***	0.0279 ***
		(24.72)	(7.29)	(-2.19)	(45.55)	(38.09)	(22.45)
是否控制时间变量		是	是	是	是	是	是
N		1120	1120	1120	1120	1120	1120
未调整的可决系数 R^2		0.8984	0.4160	0.3719	0.7614	0.3948	0.4337
调整后的可决系数 R^2		0.8960	0.4026	0.3576	0.7560	0.3809	0.4208

注：回归结果报告中 t 值考虑了异方差的稳健标准差，括号中各 t 统计量的显著程度：＊、＊＊、＊＊＊分别表示 10%、5%、1% 的显著性水平。

表 6 - 7　　　　　NSTB 为第一大股东对基金绩效和风险的影响：
式（6.7）的实证结果

解释变量和控制变量		被解释变量					
		对数收益率	Jensen - α	FF - α	总风险	系统性风险	非系统性风险
解释变量	NSTB	-0.0195 （-0.44）	0.0021 （0.05）	0.0441 （1.15）	-0.0005 （-0.52）	0.0041 （0.15）	-0.0016 ** （-2.26）
控制变量	fund_age	-0.0118 *** （-3.21）	-0.0113 *** （-3.43）	-0.0058 （-1.64）	-0.0007 *** （-9.41）	-0.0183 *** （-8.61）	-0.0003 *** （-4.90）
	Famsize	0.0024 （0.29）	0.0022 （0.27）	0.0158 * （1.81）	-0.0008 *** （-4.34）	-0.0215 *** （-4.76）	-0.0002 （-1.44）
	Flow	0.0006 （0.22）	-0.0006 （-0.22）	-0.0024 （-0.70）	-0.0001 （-0.92）	-0.0013 （-0.88）	-0.0000 （-0.86）
	Fundsize	-0.0170 （-1.06）	-0.0195 （-1.23）	-0.0058 （-0.34）	0.0002 （0.50）	0.0173 * （1.95）	-0.0007 *** （-2.83）
截距	_cons	1.7047 *** （24.65）	0.4902 *** （7.17）	-0.1764 ** （-2.33）	0.0592 *** （44.76）	1.1219 *** （37.48）	0.0280 *** （22.38）
是否控制时间变量		是	是	是	是	是	是
N		1120	1120	1120	1120	1120	1120
未调整的可决系数 R^2		0.8983	0.4155	0.3736	0.7599	0.3867	0.4332
调整后的可决系数 R^2		0.8959	0.4022	0.3593	0.7545	0.3727	0.4202

注：回归结果报告中 t 值考虑了异方差的稳健标准差，括号中各 t 统计量的显著程度：＊、＊＊、＊＊＊分别表示 10%、5%、1% 的显著性水平。

结果表明，基金管理公司第一大股东性质会影响基金的收益和绩效，这验证了假说 1。相对于第一大股东不是证券公司的基金管理公司所管理的基金，第一大股东为证券公司的基金管理公司所管理基金的收益、绩效和风险都低，其中收益、总风险和系统性风险都是显著地低，而对 Jensen - α 指数、FF - α 和非系统性风险的影响未能够通过显著性检验；相对于第一大股东不是信托公司的基金管理公司所管理的基金，第一大股东是信托公司的基金管理公司所管理基金的收益、绩效和风险都高，其中对收益、绩效 Jensen - α 指数、FF - α 和非系统性风险的影响都通过了显著性检验，而对总风险和系统性风险的影响未能够通过显著性检验；

相对于第一大股东不是商业银行的基金管理公司所管理的基金，第一大股东是商业银行的基金管理公司所管理基金的收益、绩效低而风险高，并且对收益和绩效 Jensen – α 指数、FF – α 的影响都通过了显著性检验，对总风险和系统性风险的影响也通过了显著性检验，只有对非系统性风险的影响未通过显著性检验；相对于第一大股东是证券公司、信托公司和商业银行的基金管理公司所管理的基金，由其他类型的投资公司作为第一大股东的基金管理公司所管理基金的收益低、绩效高、总风险低、系统性风险高，但是都没有能够通过显著性检验，只有对非系统性风险的影响为负，且通过了显著性检验。基本上可以看出，由信托公司作为第一大股东的基金管理公司所管理的基金，风险高、绩效高；由证券公司作为第一大股东的基金管理公司所管理的基金，虽然收益和绩效低，但是风险也都低；而商业银行作为第一大股东的基金管理公司所管理的基金，收益和绩效都低，同时风险也高。

对此，可以从两个方面进行解释：第一，由于作为基金管理公司第一大股东的证券公司、信托公司、商业银行和其他类型的投资公司所经营的业务等存在差别，在投资决策和风险控制等方面中各有优势和不足。第二，不同性质公司对收益、绩效和风险的态度存在差别。

由此，对于基金投资者来讲，从绩效和风险的角度看，可以根据个人对收益、绩效和风险的偏好选择不同性质公司作为第一大股东的基金管理公司所管理的基金。

总结基金管理公司第一大股东性质影响基金绩效的实证结果，如表6–8所示。

表6–8　基金管理公司第一大股东性质影响基金绩效的实证结果总结

第一大股东性质	对数收益率	Jensen – α	FF – α	总风险	系统性风险	非系统性风险
第一大股东是证券公司相对于第一大股东不是证券公司	低 10%显著	低 不显著	低 不显著	低 10%显著	低 1%显著	低 不显著
第一大股东是信托公司相对于第一大股东不是信托公司	高 1%显著	高 1%显著	高 5%显著	高 不显著	高 不显著	高 5%显著

续表

第一大股东性质	对数收益率	Jensen－α	FF－α	总风险	系统性风险	非系统性风险
第一大股东是商业银行相对于第一大股东不是商业银行	低 5% 显著	低 1% 显著	低 1% 显著	高 10% 显著	高 1% 显著	低 不显著
第一大股东不是证券公司、信托公司和商业银行相对于第一大股东为证券公司、信托公司和商业银行	低 不显著	高 不显著	高 不显著	低 不显著	高 不显著	低 5% 显著

6.2.4　基金管理公司是否合资对基金绩效的影响

在基金管理公司中，合资基金管理公司的数量一度超过中资基金管理公司。对于基金管理公司是否合资对基金绩效的影响，已经有大量的研究，但是没有得出完全一致的结果或结论。这里在式（6.4）至式（6.7）的基础上，加入基金管理公司是否合资变量以考察其对基金绩效的影响。

6.2.4.1　变量选取及描述性统计

所采用的被解释变量、控制变量和基金管理公司第一大股东性质的变量与上 6.2.1 相同，不再赘述。这里只说明基金管理公司是否合资变量。

基金管理公司是否合资（fund_company_nature）：如果样本基金所属的基金管理公司的股东有外资的公司，虚拟变量 fund_company_nature 定义为"1"，如果样本基金所属的基金管理公司的股东没有外资的公司，虚拟变量 fund_company_nature 取值为 0。表 6 - 9 给出了该变量的统计性描述，表明在所研究的样本基金中 56.74% 由合资基金管理公司管理。

表 6 - 9　　　　　　　　　变量的描述性统计

变量名称	观测值	均值	标准差	最小值	最大值
fund_company_nature	1572	0.5674	0.496	0	1

6.2.4.2　模型和估计方法

加入是否合资变量之后，在实证模型 6.4 至 6.7 的基础上进行扩展，得出如下实证模型：

$$R_{i,t} = \alpha_i + \beta_1 security_{it} + \beta_2 fund\_company\_nature_{it}$$
$$+ \sum_{k=1}^{4} \gamma_k \varphi_{kit} + Time_t + \varepsilon_{it} \tag{6.8}$$

$$R_{i,t} = \alpha_i + \beta_1 trust_{it} + \beta_2 fund\_company\_nature_{it}$$
$$+ \sum_{k=1}^{4} \gamma_k \varphi_{kit} + Time_t + \varepsilon_{it} \tag{6.9}$$

$$R_{i,t} = \alpha_i + \beta_1 bank_{it} + \beta_2 fund\_company\_nature_{it}$$
$$+ \sum_{k=1}^{4} \gamma_k \varphi_{kit} + Time_t + \varepsilon_{it} \tag{6.10}$$

$$R_{i,t} = \alpha_i + \beta_1 NSTB_{it} + \beta_2 fund\_company\_nature_{it}$$
$$+ \sum_{k=1}^{4} \gamma_k \varphi_{kit} + Time_t + \varepsilon_{it} \tag{6.11}$$

其中，$fund\_company\_nature_{it}$ 为基金管理公司是否合资的变量，为虚拟变量，取 1 代表基金管理公司是合资的，取 0 代表基金管理公司是完全中资的。

表 6 – 10 给出了分别对式（6.8）至式（6.11）中变量所做的多重共线性检验。结果表明，在式（6.8）至式（6.11）中，各模型所采用变量之间不存在多重共线性。

表 6 – 10　　　　式（6.8）至式（6.11）多重共线性检验的结果

式（6.8）		式（6.9）		式（6.10）		式（6.11）	
变量名称	VIF	变量名称	VIF	变量名称	VIF	变量名称	VIF
Security	1.19	Trust	1.06	Bank	1.17	NSTB	1.02
fund_company _nature	1.08	fund_company _nature	1.05	fund_company _nature	1.09	fund_company _nature	1.05
Fundsize	1.78	Fundsize	1.78	Fundsize	1.87	Fundsize	1.78
Fundage	1.48	Fundage	1.45	Fundage	1.42	Fundage	1.41

续表

式（6.8）		式（6.9）		式（6.10）		式（6.11）	
变量名称	VIF	变量名称	VIF	变量名称	VIF	变量名称	VIF
Famsize	1.45	Famsize	1.44	Famsize	1.48	Famsize	1.45
Flow	1.18	Flow	1.18	Flow	1.18	Flow	1.18

考虑到被解释变量和控制变量之间的内生性，选择使用控制变量的滞后一期作为工具变量，使用多元线性回归的工具变量法进行实证估计。

6.2.4.3 实证结果及其分析

表6-11至表6-14给出了式（6.8）至式（6.11）的回归结果。结果表明：

表6-11　　　　　基金管理公司是否合资对基金绩效的影响：
式（6.8）的实证结果

解释变量和控制变量		被解释变量					
		对数收益率	Jensen-α	FF-α	总风险	系统性风险	非系统性风险
解释变量	security	-0.0351* (-1.79)	-0.0254 (-1.35)	-0.0137 (-0.70)	-0.0006 (-1.57)	-0.0279*** (-2.73)	-0.0001 (-0.18)
	fund_company_nature	-0.0079 (-0.45)	-0.0237 (-1.44)	-0.0035 (-0.20)	0.0006* (1.79)	-0.0032 (-0.35)	0.0008** (2.57)
控制变量	fund_age	-0.0103*** (-2.62)	-0.0105*** (-2.95)	-0.0052 (-1.37)	-0.0007*** (-8.59)	-0.0170*** (-7.63)	-0.0003*** (-4.40)
	Famsize	0.0010 (0.12)	0.0007 (0.09)	0.0148* (1.67)	-0.0008*** (-4.47)	-0.0228*** (-5.07)	-0.0002 (-1.23)
	Flow	0.0008 (0.30)	-0.0005 (-0.16)	-0.0024 (-0.71)	-0.0001 (-0.92)	-0.0012 (-0.82)	-0.0000 (-0.86)
	Fundsize	-0.0144 (-0.90)	-0.0162 (-1.02)	-0.0056 (-0.33)	0.0002 (0.44)	0.0187** (2.15)	-0.0007*** (-3.04)

续表

解释变量和 控制变量		被解释变量					
		对数 收益率	Jensen $-\alpha$	FF $-\alpha$	总风险	系统性 风险	非系统性 风险
截距	_cons	1.7191 *** (25.00)	0.5136 *** (7.62)	-0.1647 ** (-2.12)	0.0590 *** (44.71)	1.1336 *** (37.44)	0.0273 *** (21.38)
是否控制 时间变量		是	是	是	是	是	是
N		1120	1120	1120	1120	1120	1120
未调整的 可决系数 R^2		0.8989	0.4219	0.3731	0.7617	0.3925	0.4342
调整后的 可决系数 R^2		0.8965	0.4082	0.3582	0.7560	0.3780	0.4207

注：回归结果报告中 t 值是考虑了异方差的稳健标准差，括号中各 t 统计量的显著程度：＊、
＊＊、＊＊＊分别表示 10%、5%、1% 的显著性水平。

第一，在增加基金管理公司是否合资变量之后，基金管理公司第一大股东性质对基金绩效影响的实证结果稳健。

表 6-12　　　　　　基金管理公司是否合资对基金绩效的影响：
式（6.9）的实证结果

解释变量和 控制变量		被解释变量					
		对数 收益率	Jensen $-\alpha$	FF $-\alpha$	总风险	系统性 风险	非系统性 风险
解释变量	trust	0.0569 *** (3.20)	0.0487 *** (2.81)	0.0394 ** (2.09)	0.0004 (1.02)	0.0058 (0.57)	0.0006 * (1.88)
	fund_ company_ nature	-0.0047 (-0.28)	-0.0218 (-1.38)	-0.0030 (-0.17)	0.0007 ** (2.04)	0.0009 (0.09)	0.0008 *** (2.62)

续表

解释变量和控制变量		被解释变量					
		对数收益率	Jensen $-\alpha$	FF $-\alpha$	总风险	系统性风险	非系统性风险
控制变量	fund_age	-0.0095 ** (-2.47)	-0.0097 *** (-2.78)	-0.0042 (-1.13)	-0.0007 *** (-8.59)	-0.0180 *** (-8.04)	-0.0003 *** (-4.12)
	Famsize	0.0019 (0.23)	0.0013 (0.15)	0.0149 * (1.71)	-0.0008 *** (-4.33)	-0.0216 *** (-4.82)	-0.0002 (-1.28)
	Flow	0.0008 (0.28)	-0.0005 (-0.17)	-0.0024 (-0.71)	-0.0001 (-0.93)	-0.0013 (-0.89)	-0.0000 (-0.82)
	Fundsize	-0.0184 (-1.15)	-0.0193 (-1.21)	-0.0078 (-0.45)	0.0002 (0.33)	0.0169 * (1.88)	-0.0008 *** (-3.08)
截距	_cons	1.6775 *** (23.89)	0.4800 *** (6.93)	-0.1890 ** (-2.43)	0.0586 *** (42.85)	1.1190 *** (36.58)	0.0270 *** (21.25)
是否控制时间变量		是	是	是	是	是	是
N		1120	1120	1120	1120	1120	1120
未调整的可决系数 R^2		0.8991	0.4229	0.3744	0.7603	0.3868	0.4363
调整后的可决系数 R^2		0.8967	0.4091	0.3595	0.7546	0.3722	0.4229

注：回归结果报告中 t 值是考虑了异方差的稳健标准差，括号中各 t 统计量的显著程度：＊、＊＊、＊＊＊分别表示 10%、5%、1% 的显著性水平。

第二，无论是以哪个模型作为基准，基金管理公司是否合资对基金收益、绩效的影响都不显著，但是符号基本稳定，合资基金管理公司所管理基金的收益和绩效都低于中资基金管理公司所管理的基金。这说明，合资基金管理公司相对于中资基金管理公司并未有明显的优势，没能够验证假说 2，这与李学峰和张舰（2008）、祁玲（2010）、李超（2014）、刘春奇（2015）等所得出的结果一致。

表 6 – 13　　　　　　基金管理公司是否合资对基金绩效的影响：
式（6.10）的实证结果

解释变量和控制变量		被解释变量					
		对数收益率	Jensen $-\alpha$	FF $-\alpha$	总风险	系统性风险	非系统性风险
解释变量	bank	−0.0715 ** （−2.19）	−0.0849 *** （−2.70）	−0.1089 *** （−3.39）	0.0008 （1.23）	0.0650 *** （3.98）	−0.0011 * （−1.90）
	fund_ company_ nature	0.0049 （0.27）	−0.0110 （−0.66）	0.0099 （0.55）	0.0006 * （1.82）	−0.0056 （−0.60）	0.0009 *** （2.98）
控制变量	fund_age	−0.0123 *** （−3.33）	−0.0122 *** （−3.67）	−0.0065 * （−1.79）	−0.0007 *** （−9.32）	−0.0179 *** （−8.54）	−0.0003 *** （−4.82）
	Famsize	0.0054 （0.63）	0.0052 （0.62）	0.0197 ** （2.18）	−0.0008 *** （−4.26）	−0.0242 *** （−5.22）	−0.0001 （−0.90）
	Flow	0.0006 （0.21）	−0.0007 （−0.22）	−0.0025 （−0.74）	−0.0001 （−0.93）	−0.0013 （−0.85）	−0.0000 （−0.88）
	Fundsize	−0.0218 （−1.28）	−0.0240 （−1.41）	−0.0146 （−0.80）	0.0002 （0.47）	0.0221 ** （2.38）	−0.0008 *** （−3.23）
截距	_cons	1.7040 *** （24.47）	0.5027 *** （7.34）	−0.1706 ** （−2.20）	0.0587 *** （44.12）	1.1217 *** （37.26）	0.0273 *** （21.49）
是否控制时间变量		是	是	是	是	是	是
N		1120	1120	1120	1120	1120	1120
未调整的可决系数 R^2		0.8983	0.4177	0.3705	0.7608	0.3953	0.4331
调整后的可决系数 R^2		0.8959	0.4038	0.3556	0.7551	0.3809	0.4196

注：回归结果报告中 t 值是考虑了异方差的稳健标准差，括号中各 t 统计量的显著程度：* 、** 、*** 分别表示 10%、5%、1% 的显著性水平。

　　第三，在四个基准模型，增加基金管理公司是否合资对基金风险的影响，结果表明，基金管理公司是否合资对总风险和非系统性风险的影响是显著的，合资基金管理公司所管理基金的总风险和非系统性风险高于中资基金管理公司所管理的基金。这说明，合资基金管理公司相对于中资基金管理公司具有更高的总风险和非系统性风险，也没能够验证假说 2。

表 6 – 14　　　　　基金管理公司是否合资对基金绩效的影响：
式（6.11）的实证结果

解释变量和控制变量		被解释变量					
		对数收益率	Jensen – α	FF – α	总风险	系统性风险	非系统性风险
解释变量	NSTB	− 0.0193 （− 0.44）	0.0038 （0.08）	0.0443 （1.16）	− 0.0006 （− 0.57）	0.0040 （0.14）	− 0.0017 ** （− 2.30）
	fund_ company_ nature	− 0.0022 （− 0.13）	− 0.0198 （− 1.26）	− 0.0019 （− 0.11）	0.0007 ** （2.09）	0.0011 （0.11）	0.0008 *** （2.77）
控制变量	fund_age	− 0.0119 *** （− 3.22）	− 0.0117 *** （− 3.56）	− 0.0059 * （− 1.65）	− 0.0007 *** （− 9.27）	− 0.0183 *** （− 8.59）	− 0.0003 *** （− 4.69）
	Famsize	0.0024 （0.29）	0.0018 （0.22）	0.0157 * （1.80）	− 0.0008 *** （− 4.26）	− 0.0215 *** （− 4.76）	− 0.0002 （− 1.31）
	Flow	0.0006 （0.22）	− 0.0006 （− 0.20）	− 0.0024 （− 0.70）	− 0.0001 （− 0.95）	− 0.0013 （− 0.88）	− 0.0000 （− 0.94）
	Fundsize	− 0.0167 （− 1.03）	− 0.0175 （− 1.09）	− 0.0056 （− 0.33）	0.0002 （0.34）	0.0172 * （1.93）	− 0.0008 *** （− 3.16）
截距	_cons	1.7061 *** （24.44）	0.5024 *** （7.30）	− 0.1753 ** （− 2.26）	0.0588 *** （43.75）	1.1212 *** （36.80）	0.0275 *** （21.44）
是否控制时间变量		是	是	是	是	是	是
N		1120	1120	1120	1120	1120	1120
未调整的可决系数 R^2		0.8983	0.4186	0.3739	0.7594	0.3867	0.4326
调整后的可决系数 R^2		0.8959	0.4048	0.3590	0.7537	0.3721	0.4191

注：回归结果报告中 t 值是考虑了异方差的稳健标准差，括号中各 t 统计量的显著程度：＊、＊＊、＊＊＊分别表示 10%、5%、1% 的显著性水平。

　　对于基金管理公司是否合资对基金收益和绩效的影响不显著，对总风险和非系统性风险的影响为正，可能是因为：一是国外关于基金管理公司管理、运行等方面的优势可能未必适用于中国，既有基金模式的差别，也存在证券市场的差别。首先，中国是契约式基金，而美国等国家是公司式基金，基金管理和运行的模式存在差别；其次，中国证券市场的有效性问题，即国外先进的证券投资分析技术、工具和方法等未必全部适用于中国。二是虽然中国很多基金管理公司引进外资成为合资基金管理公司，但是外资在中国基金管理公司中的股权占比受到限制，首先从制度上外资不能够绝对控股，最多只能持有49%的股权，其次实际上外资所持有基金管理公司的股权往往也不能够相对控股，很少有外资为第一大股东的情况，持股比例最大就是与另一家中资公司持股比例相同，这就决定了外资股东的有限影响力，即使其具有优势也发挥不出来。三是基金管理公司的外资股东母国的多元化，美国、英国、加拿大、荷兰、法国、新加坡、日本等都有合资股东，各国家虽然都发展有证券市场和基金业，但是证券市场和基金业发展的水平也存在差别，这些国家投资者也未必就相对于纯中资基金管理公司的股东更有优势。

从这个结果也可以得出几点启示：一是基金投资者在选择投资于哪家基金管理公司的基金时，从收益和绩效的角度看，是否合资并不重要，从风险的角度看，中资基金管理公司反而更具优势；二是中国可以进一步放开基金管理公司外资持股比例，可以试点取消上限限制，甚至发展外商独资的基金管理公司，提高外资在基金管理公司的影响力；三是中国的证券市场还需要进一步深化改革，减少政府干预的力度，提高其市场的有效性。

6.3 基金管理公司的股权结构和内部治理结构对基金绩效的影响

本节进一步研究基金管理公司的股权结构和内部治理结构对基金绩效的影响。

6.3.1 解释变量的选取、处理及描述性统计

被解释变量和控制变量与6.1节相同，第一大股东性质和是否合资变量与6.2节相同，不再赘述，只阐述股权结构和内部治理结构两个方面的解释变量。

6.3.1.1　解释变量的选取及处理

（1）股权结构（shareholding_structure）。刻画股权结构的变量很多，如第一大股东持股比例、第一大股东持股比例与第二大股东和第三大股东持股比例和之比、赫尔达尔指数等。这里选择第一大股东持股比例与第二大股东和第三大股东持股比例和之比，因为该指标反映股权制衡度，能够比较好地刻画股权结构。其计算公式为：

$$shareholding\_structure2 = \frac{s1}{s2 + s3} \tag{6.12}$$

其中，s1、s2、s3 代表百分比表示的第一大股东持股比例、第二大股东持股比例、第三大股东持股比例。在变量处理时，样本区间内基金管理公司的股权结构发生多次变更，根据变更时间离考察期初 1 月 1 日和 7 月 1 日的远近进行处理，如果变更发生在当期 1 月 1 日至 3 月 31 日或 7 月 1 日至 9 月 30 日，那么当期考察期就采用变更后的数据；如果变更发生在当期 4 月 1 日至 6 月 30 日或 10 月 1 日至 12 月 31 日，那么当期考察期就采用变更前的数据，下一期采用变更后的数据。

（2）内部治理结构。公司的内部治理结构是一个非常复杂的问题。为了便于量化，基金管理公司的内部治理结构主要采用董事会规模、独立董事人数及占比、监事会规模以及总经理是否为董事等指标来表示。

董事会规模（Lnboard）：采用董事会人数的自然对数来表示。根据样本基金的《招募说明书》和《招募说明书（更新）》中公布的董事会人员名单逐个整理。

独立董事的人数（Lnindboard）：采用董事会独立董事人数的自然对数来表示。根据样本基金的《招募说明书》和《招募说明书（更新）》中公布的董事会人员名单中独立董事名单逐个整理。

独立董事占比（Pindboard）：独立董事人数占全部董事人数的比例。根据董事会中独立董事人数和董事会规模计算得出。

监事会规模（Lndircs）：采用监事会人数的自然对数来表示。根据样本基金的《招募说明书》和《招募说明书（更新）》中公布的监事会人员名单逐个整理。

总经理的地位（pcb）：pcb 为虚拟变量，总经理进入董事会取值为 1，否则取值为 0。根据《招募说明书》及更新中董事会成员中是否有总经理和总经理的简历分析整理。《公司法》明确董事长不能够兼任总经理，但是有些基金管理公司中由于总经理辞职或离职而尚未有专职总经理的，董事长暂时（有时间期限）兼任总经理。所以，也会出现董事长和总经理由同一个人担任的情况。

全部的原始数据来自各样本基金的《招募说明书》及每半年发布一次的《招募说明书（更新）》；每年 1 月 1 日至 6 月 30 日的数据就采用当年上半年发布的招募说明书中的数据，每年 7 月 1 日至 12 月 31 日的数据就采用当年下半年发布的招募说明书中的数据。所有数据都是根据每只基金的《招募说明书》和《招募说明书（更新）》逐个整理出来的。《招募说明书》和每半年发布的《招募说明书（更新）》来自各家基金管理公司网站上样本基金栏目下的"公告"。

6.3.1.2　解释变量的描述性统计

表 6 - 15 给出了所有变量的描述性统计。样本基金中，第一大股东与第二、三大股东的持股比例之和的比例最小值为 0.5，最大值为 9，平均值为 1.2，比例集中于 1.04，超过 1 的占比为 58.14%。基金管理公司的董事会规模最大的有 13 人，最小的有 6 人；所有的样本基金管理公司都根据相关规定引入了独立董事，独立董事最多的有 5 人，最少的 2 人[①]；76.9% 的总经理是董事会成员。

表 6 - 15　　基金管理公司股权结构和内部治理结构的描述性统计

变量名称	观测值	均值	标准差	最小值	最大值
shareholding_structure	1572	1.201	0.859	0.500	9
board	1572	8.620	1.577	6	13

---

①　独立董事为 2 人的情况显然不符合中国证券会对基金管理公司独立董事人数的要求，也不符合对独立董事占董事人数的比例要求。但是，根据查找的原始数据，这种情况的确存在，但是存在的时间都不长，应该是原来的独立董事离职而新的独立董事尚未上任造成的。

变量名称	观测值	均值	标准差	最小值	最大值
indboard	1572	3.343	0.561	2	5
Pindboard	1572	0.393	0.0538	0.182	0.571
dircs	1572	3.891	1.570	1	8
pcb	1572	0.769	0.422	0	1

6.3.2　模型和估计方法

加入股权结构和内部治理结构变量，在式（6.8）至式（6.11）的基础上进行扩展，得出如下实证模型：

$$R_{i,t} = \alpha_i + \beta_1 security_{it} + \beta_2 fund\_company\_nature_{it}$$
$$+ \beta_3 shareholding\_structure_{it} + \beta_4 Lnboard_{it} + \beta_5 Lndircs_{it}$$
$$+ \beta_6 Pindboard_{it} + \beta_7 Pcb_{it} + \sum_{k=1}^{4} \gamma_k \varphi_{kit} + Time_t + \varepsilon_{it} \qquad (6.13)$$

$$R_{i,t} = \alpha_i + \beta_1 trust_{it} + \beta_2 fund\_company\_nature_{it}$$
$$+ \beta_3 shareholding\_structure_{it} + \beta_4 Lnboard_{it} + \beta_5 Lndircs_{it}$$
$$+ \beta_6 Pindboard_{it} + \beta_7 Pcb_{it} + \sum_{k=1}^{4} \gamma_k \varphi_{kit} + Time_t + \varepsilon_{it} \qquad (6.14)$$

$$R_{i,t} = \alpha_i + \beta_1 bank_{it} + \beta_2 fund\_company\_nature_{it}$$
$$+ \beta_3 shareholding\_structure_{it} + \beta_4 Lnboard_{it} + \beta_5 Lndircs_{it}$$
$$+ \beta_6 Pindboard_{it} + \beta_7 Pcb_{it} + \sum_{k=1}^{4} \gamma_k \varphi_{kit} + Time_t + \varepsilon_{it} \qquad (6.15)$$

$$R_{i,t} = \alpha_i + \beta_1 NSTB_{it} + \beta_2 fund\_company\_nature_{it}$$
$$+ \beta_3 shareholding\_structure_{it} + \beta_4 Lnboard_{it} + \beta_5 Lndircs_{it}$$
$$+ \beta_6 Pindboard_{it} + \beta_7 Pcb_{it} + \sum_{k=1}^{4} \gamma_k \varphi_{kit} + Time_t + \varepsilon_{it} \qquad (6.16)$$

其中：被解释变量 $R_{i,t}$、控制变量 φ_{kt}、第一大股东性质、是否合资变量与 6.2 节相同；$Shareholding\_structure_{it}$ 是股权结构变量，$Lnboard_{it}$ 代表董事会规模，$Lndircs_{it}$ 代表监事会规模，$Pindboard_{it}$ 代表独立董事占比，Pcb_{it} 代表总经理是否进入了董事会，是取 1，否则为 0。

表 6 - 16 给出了式（6. 13）至式（6. 16）多重共线性检验的结果。结果表明，在式（6. 13）至式（6. 16）中，各模型所采用变量之间不存在多重共线性。

表 6 - 16　　　　式（6. 13）至式（6. 16）多重共线性检验的结果

式（6. 13）		式（6. 14）		式（6. 15）		式（6. 16）	
变量名称	VIF	变量名称	VIF	变量名称	VIF	变量名称	VIF
Security	1. 69	Trust	1. 42	Bank	1. 49	NSTB	1. 03
fund_company_nature	1. 32	fund_company_nature	1. 23	fund_company_nature	1. 28	fund_company_nature	1. 20
shareholding_structure	1. 19	shareholding_structure	1. 32	shareholding_structure	1. 35	shareholding_structure	1. 17
Lnboard	2. 16	Lnboard	1. 95	Lnboard	1. 86	Lnboard	1. 78
Lndircs	1. 39	Lndircs	1. 38	Lndircs	1. 47	Lndircs	1. 38
Pindboard	1. 70	Pindboard	1. 69	Pindboard	1. 69	Pindboard	1. 68
Pcb	1. 30	Pcb	1. 31	Pcb	1. 31	Pcb	1. 30
Fundsize	1. 89	Fundsize	1. 87	Fundsize	1. 94	Fundsize	1. 87
Fundage	1. 63	Fundage	1. 63	Fundage	1. 59	Fundage	1. 60
Famsize	1. 64	Famsize	1. 59	Famsize	1. 61	Famsize	1. 57
Flow	1. 18	Flow	1. 18	Flow	1. 18	Flow	1. 18

考虑到控制变量可能有内生性，选择控制变量的滞后一期作为工具变量，使用多元线性回归的工具变量法进行实证估计。

6.3.3　实证结果及其分析

表 6 - 17 至表 6 - 20 分别给出了式（6. 13）至式（6. 16）的实证结果。结果表明：

第一，在增加了股权结构和内部治理结构变量之后，基金管理公司第一大股东性质对基金收益、绩效和风险的影响基本上是稳健的，所得出的回归系数的符号基本上没有变化，有些系数由显著变得不显著或显著性降低。如第一大股东是证券公司对收益率的影响，符号没有变化，只是不再显著；对系统性风险影响的显著性从通过了1%显著性检验下降为通过了5%显著性检验；第一大股东是信托公司对收益率的影响，显著性降低，对Jensen－α指数、FF－α的影响由显著变得不再显著；第一大股东是商业银行对收益、绩效和风险的影响不仅符号没有变化，而且显著性也没有降低。

第二，在增加了股权结构和内部治理结构变量之后，基金管理公司是否合资对基金收益和绩效的影响同样是不显著，结果稳健；对基金风险的影响回归系数的符号基本没有变化，只是有些系数由显著变得不再显著或显著性降低，结果也基本稳健。

第三，考察股权结构对基金收益、绩效和风险的影响。一是股权结构对基金收益的影响为负相关，表明基金管理公司的股权越集中，基金收益越低，这一结果在四个模型都基本一致，其中在三个模型通过了显著性检验。二是股权结构对基金绩效的影响为负相关，表明基金管理公司的股权越集中，基金绩效越差，这一结果在四个模型基本一致，无论是对Jensen－α指数还是FF－α的影响，回归系数的符号相同，只是显著性存在差别。其中，对Jensen－α指数的影响有两个模型通过了显著性检验，对FF－α的影响只有一个模型通过了显著性检验。三是股权结构对基金风险的影响，在四个模型中结果都不显著，但是符号基本一致，回归系数都为负数。

股权结构对基金收益和基金绩效影响的实证结果没有证实假说3，表明基金管理公司股权集中度越高，基金收益和基金绩效越差。这与肖继辉和彭文平（2010）、高远（2012）的结果一致。这可以从两个方面进行解释：一是公司收益和绩效与基金收益和绩效并非完全相同的概念，基金管理公司股权集中度的提高，第一大股东对公司控制的能力和程度提高，其目标是追求公司收益和公司的经营绩效以提高第一大股东的收益，但是这并不意味着就必须以提高基金收益和绩效来实现；二是基金管理公司的股权结构一般都比较简单、股东数量较少，虽然第一大股东持股比例较大，但是并不意味着就一定能够提高对公司的控制力，很可能会出现其持股比例远大于其董事占董事会总人数比例的情形，即其对董事会的控制力与股权集中度存在差别。股权集中度对基金风险没有显著影响，表明无法根据股权集中程度来判断基金风险。

第四，考察基金管理公司的董事会规模对基金收益、绩效和风险的影响。在四个模型中，董事会规模对基金收益、绩效和风险的影响都未能够通过显著性检验，但是从回归系数的符号上看，无论是对基金收益、绩效还是对基金风险的影响都为负数，一方面可以得出基金管理公司的董事会规模对基金的收益、绩效和风险不重要，另一方面可以得出基金管理公司董事会规模越大，基金收益越低、绩效越差、风险越低。这未能够验证假说4。这与肖继辉和彭文平（2010）的结果基本一致，即董事会规模的扩大并不能够显著提高基金收益和绩效，但是能够不显著地降低基金风险。从董事会规模与基金收益和基金绩效负相关来看，这可能是因为董事会规模越大，董事之间的推诿扯皮、利益冲突等越严重；从回归系数不显著的角度看，基金管理公司的董事人数不重要。

第五，考察基金管理公司董事会中独立董事占比对基金收益、绩效和风险的影响。首先，基金收益与独立董事占比正相关，四个模型的结果稳健，有两个模型的回归系数显著，两个模型的回归系数不显著。其次，衡量基金绩效的两个指标 Jensen – α 指数和 FF – α 与独立董事占比的回归系数一个为正、一个为负，但是都不显著，四个模型的回归系数符号和显著性检验都相同。再次，基金风险与独立董事占比的回归系数全部为负，但是都不显著，四个模型的结果完全相同。

从基金收益和 Jensen – α 指数、风险与独立董事占比之间的相关性来看，基本上验证了假说5。这说明，独立董事占比对提高基金收益、基金绩效和降低风险不仅具有积极作用，而且作用显著。

第六，考察总经理是否董事对基金收益、绩效和风险的影响。总体上来看，基金管理公司的总经理是否董事对基金收益、绩效和风险的影响都不显著，而且四个模型所得出的结果基本一致。如果只考察回归系数的符号，总经理为董事对基金收益的影响为正，对基金绩效的影响为负，对基金风险的影响为负。这没有完全证实假说6。一方面说明，从基金收益、绩效和风险的角度看，总经理是否董事不重要，这与田静和陆蕾（2007）、彭耿和殷强（2014）所得出的结果一致，即总经理的地位不影响基金绩效；另一方面也说明，总经理为董事能够提高基金收益，虽然影响并不显著。

第七，考察监事会规模对基金收益、绩效和风险的影响。一是基金收益与监事会规模负相关，四个模型回归系数的符号一致，有三个模型通过了显著性检验，表明监事会规模越大，基金收益越差；二是基金绩效与监事会规模负相关，四个模型回归系数的符号一致，并且都通过了显著性检验，表明监事会规模越大，基金绩效越差；三是基金风险与监事会规模负相关，四个模型回归系数的符号都一致，结果很稳健，但是只有对非系统性风险的影响通过了显著性检验，对总风险和对系统性风险的影响未能够通过显著性检验，基本上可以表明监事会规模越大，基金风险越低。

监事会规模影响基金收益、基金绩效的实证结果未能够证实假说7。与肖继辉和彭文平（2010）得出的结果相反。这可以从两个方面进行解释：一方面监事会的职责，在《公司法》中监事会是对股东大会负责，对董事、总经理、副总经理等高管的行为进行监督，监事会的规模越大，影响力越大，对高管行为的限制就可能越多，越不利于高管开展业务；另一方面监事会人数越多，监事之间的利益冲突就越大，对基金经理等的监督就越不力，从而会对基金收益和基金绩效产生不利影响。

表6－17　基金管理公司股权结构和内部治理结构影响基金绩效：
式（6.13）的回归结果

解释变量和控制变量		被解释变量					
		对数收益率	Jensen－α	FF－α	总风险	系统性风险	非系统性风险
解释变量	security	－0.0100 （－0.41）	0.0028 （0.12）	－0.0094 （－0.41）	－0.0005 （－1.18）	－0.0256** （－2.16）	－0.0001 （－0.29）
	fund_company_nature	0.0052 （0.26）	－0.0126 （－0.67）	－0.0145 （－0.72）	0.0004 （1.07）	－0.0047 （－0.45）	0.0006* （1.73）
	shareholding_structure	－0.0350** （－2.23）	－0.0314** （－2.19）	－0.0200 （－1.53）	－0.0000 （－0.11）	0.0023 （0.27）	－0.0004 （－1.34）

续表

解释变量和控制变量		被解释变量					
		对数收益率	Jensen－α	FF－α	总风险	系统性风险	非系统性风险
解释变量	Lnboard	－0.0177 （－0.25）	－0.0716 （－1.06）	－0.0229 （－0.34）	－0.0006 （－0.42）	－0.0186 （－0.51）	0.0006 （0.51）
	Lndircs	－0.0380* （－1.75）	－0.0334* （－1.74）	－0.0642*** （－3.15）	－0.0007 （－1.39）	－0.0044 （－0.37）	－0.0009** （－2.49）
	pcb	0.0011 （0.06）	－0.0053 （－0.30）	－0.0066 （－0.33）	－0.0006 （－1.46）	－0.0045 （－0.39）	－0.0003 （－0.94）
	Pindboard	0.3600 （1.60）	0.1775 （0.83）	－0.1760 （－0.78）	－0.0036 （－0.83）	－0.0414 （－0.36）	－0.0022 （－0.59）
控制变量	fund_age	－0.0124*** （－2.91）	－0.0115*** （－2.97）	－0.0054 （－1.32）	－0.0007*** （－7.69）	－0.0167*** （－6.77）	－0.0003*** （－4.23）
	Famsize	0.0064 （0.69）	0.0067 （0.73）	0.0174* （1.76）	－0.0007*** （－3.79）	－0.0220*** （－4.52）	－0.0001 （－0.89）
	Flow	0.0008 （0.31）	－0.0004 （－0.14）	－0.0022 （－0.66）	－0.0001 （－0.91）	－0.0012 （－0.82）	－0.0000 （－0.85）
	Fundsize	－0.0148 （－0.90）	－0.0182 （－1.11）	－0.0087 （－0.50）	0.0001 （0.28）	0.0182** （2.02）	－0.0008*** （－3.16）
截距	_cons	1.6764*** （8.37）	0.6441*** （3.32）	0.0687 （0.35）	0.0628*** （16.21）	1.1914*** （12.07）	0.0290*** （8.02）
是否控制时间变量		是	是	是	是	是	是
N		1120	1120	1120	1120	1120	1120
未调整的可决系数 R^2		0.9000	0.4282	0.3825	0.7634	0.3933	0.4387
调整后的可决系数 R^2		0.8971	0.4119	0.3649	0.7567	0.3760	0.4227

注：回归结果报告中 t 值是考虑了异方差的稳健标准差，括号中各 t 统计量的显著程度：*、**、***分别表示10%、5%、1%的显著性水平。

表 6 – 18　　基金管理公司股权结构和内部治理结构影响基金绩效：
式（6.14）的回归结果

解释变量和控制变量		被解释变量					
		对数收益率	Jensen – α	FF – α	总风险	系统性风险	非系统性风险
解释变量	trust	0.0359 * (1.70)	0.0265 (1.34)	0.0340 (1.64)	0.0002 (0.40)	– 0.0032 (– 0.28)	0.0006 * (1.71)
	fund_company_nature	0.0030 (0.16)	– 0.0170 (– 1.00)	– 0.0167 (– 0.90)	0.0005 (1.44)	0.0026 (0.26)	0.0005 * (1.72)
	shareholding_structure	– 0.0268 (– 1.63)	– 0.0242 (– 1.64)	– 0.0122 (– 0.90)	– 0.0000 (– 0.14)	– 0.0014 (– 0.16)	– 0.0002 (– 0.76)
	Lnboard	0.0014 (0.02)	– 0.0441 (– 0.70)	– 0.0049 (– 0.08)	– 0.0011 (– 0.82)	– 0.0553 (– 1.60)	0.0010 (0.92)
	Lndircs	– 0.0354 * (– 1.67)	– 0.0325 * (– 1.75)	– 0.0618 *** (– 3.11)	– 0.0006 (– 1.25)	– 0.0021 (– 0.17)	– 0.0009 ** (– 2.42)
	pcb	0.0041 (0.20)	– 0.0026 (– 0.15)	– 0.0038 (– 0.19)	– 0.0006 (– 1.47)	– 0.0059 (– 0.52)	– 0.0003 (– 0.79)
	Pindboard	0.3374 (1.50)	0.1494 (0.70)	– 0.1975 (– 0.87)	– 0.0032 (– 0.73)	– 0.0098 (– 0.09)	– 0.0027 (– 0.71)
控制变量	fund_age	– 0.0116 *** (– 2.71)	– 0.0106 *** (– 2.75)	– 0.0046 (– 1.12)	– 0.0007 *** (– 7.64)	– 0.0175 *** (– 7.02)	– 0.0003 *** (– 3.99)
	Famsize	0.0054 (0.60)	0.0051 (0.57)	0.0164 * (1.73)	– 0.0007 *** (– 3.70)	– 0.0198 *** (– 4.17)	– 0.0002 (– 1.07)
	Flow	0.0008 (0.30)	– 0.0004 (– 0.14)	– 0.0022 (– 0.67)	– 0.0001 (– 0.93)	– 0.0013 (– 0.88)	– 0.0000 (– 0.84)
	Fundsize	– 0.0163 (– 1.00)	– 0.0187 (– 1.15)	– 0.0101 (– 0.58)	0.0001 (0.21)	0.0169 * (1.87)	– 0.0008 *** (– 3.25)
截距	_cons	1.6149 *** (8.14)	0.5825 *** (3.05)	0.0105 (0.05)	0.0633 *** (16.59)	1.2392 *** (12.53)	0.0278 *** (7.85)
是否控制时间变量		是	是	是	是	是	是
N		1120	1120	1120	1120	1120	1120
未调整的可决系数 R²		0.9001	0.4287	0.3826	0.7625	0.3902	0.4397
调整后的可决系数 R²		0.8972	0.4125	0.3650	0.7557	0.3729	0.4237

注：回归结果报告中 t 值是考虑了异方差的稳健标准差，括号中各 t 统计量的显著程度：* 、
** 、*** 分别表示 10% 、5% 、1% 的显著性水平。

表6-19　　基金管理公司股权结构和内部治理结构影响基金绩效：

式（6.15）的回归结果

解释变量和控制变量		被解释变量					
		对数收益率	Jensen-α	FF-α	总风险	系统性风险	非系统性风险
解释变量	bank	-0.0733 ** (-2.20)	-0.0892 *** (-2.82)	-0.0982 *** (-2.87)	0.0012 * (1.74)	0.0746 *** (4.13)	-0.0006 (-1.03)
	fund_company_nature	0.0177 (0.92)	-0.0014 (-0.08)	0.0012 (0.06)	0.0004 (1.02)	-0.0079 (-0.76)	0.0007 ** (2.22)
	shareholding_structure	-0.0266 * (-1.76)	-0.0196 (-1.48)	-0.0083 (-0.66)	-0.0002 (-0.76)	-0.0101 (-1.22)	-0.0003 (-1.15)
	Lnboard	-0.0575 (-0.84)	-0.1004 (-1.51)	-0.0712 (-1.04)	-0.0008 (-0.54)	-0.0252 (-0.68)	0.0002 (0.21)
	Lndircs	-0.0254 (-1.13)	-0.0197 (-1.00)	-0.0478 ** (-2.28)	-0.0008 (-1.60)	-0.0137 (-1.10)	-0.0008 ** (-2.17)
	pcb	0.0067 (0.33)	0.0021 (0.12)	0.0010 (0.05)	-0.0007 * (-1.72)	-0.0118 (-1.03)	-0.0003 (-0.82)
	Pindboard	0.4043 * (1.84)	0.2147 (1.05)	-0.1211 (-0.56)	-0.0036 (-0.85)	-0.0465 (-0.42)	-0.0018 (-0.49)
控制变量	fund_age	-0.0127 *** (-3.10)	-0.0115 *** (-3.10)	-0.0057 (-1.44)	-0.0007 *** (-8.10)	-0.0173 *** (-7.31)	-0.0003 *** (-4.45)
	Famsize	0.0099 (1.10)	0.0097 (1.08)	0.0217 ** (2.25)	-0.0007 *** (-3.72)	-0.0226 *** (-4.70)	-0.0001 (-0.71)
	Flow	0.0007 (0.27)	-0.0005 (-0.16)	-0.0023 (-0.70)	-0.0001 (-0.91)	-0.0012 (-0.81)	-0.0000 (-0.87)
	Fundsize	-0.0197 (-1.15)	-0.0233 (-1.38)	-0.0151 (-0.83)	0.0002 (0.36)	0.0212 ** (2.25)	-0.0008 *** (-3.22)
截距	_cons	1.6989 *** (8.43)	0.6479 *** (3.30)	0.0928 (0.46)	0.0635 *** (16.15)	1.2255 *** (12.18)	0.0292 *** (8.08)
是否控制时间变量		是	是	是	是	是	是
N		1120	1120	1120	1120	1120	1120
未调整的可决系数 R^2		0.8999	0.4282	0.3812	0.7639	0.3992	0.4375
调整后的可决系数 R^2		0.8971	0.4119	0.3635	0.7571	0.3821	0.4215

　　注：回归结果报告中 t 值是考虑了异方差的稳健标准差，括号中各 t 统计量的显著程度：*、
、* 分别表示10%、5%、1%的显著性水平。

表 6 - 20　　基金管理公司股权结构和内部治理结构影响基金绩效：

式（6.16）的回归结果

解释变量和控制变量		被解释变量					
		对数收益率	Jensen $-\alpha$	FF $-\alpha$	总风险	系统性风险	非系统性风险
解释变量	NSTB	-0.0143 （-0.32）	0.0053 （0.12）	0.0381 （0.98）	-0.0008 （-0.76）	0.0017 （0.06）	-0.0018 ** （-2.46）
	fund_company_nature	0.0079 （0.43）	-0.0133 （-0.81）	-0.0119 （-0.66）	0.0006 （1.51）	0.0022 （0.22）	0.0006 ** （2.05）
	shareho-lding_structure	-0.0357 ** （-2.35）	-0.0312 ** （-2.30）	-0.0218 * （-1.74）	-0.0001 （-0.23）	-0.0006 （-0.07）	-0.0003 （-1.28）
	Lnboard	-0.0317 （-0.48）	-0.0676 （-1.06）	-0.0331 （-0.51）	-0.0013 （-0.93）	-0.0523 （-1.49）	0.0004 （0.32）
	Lndircs	-0.0372 * （-1.75）	-0.0336 * （-1.79）	-0.0628 *** （-3.15）	-0.0006 （-1.29）	-0.0019 （-0.16）	-0.0009 ** （-2.56）
	pcb	0.0002 （0.01）	-0.0050 （-0.28）	-0.0059 （-0.29）	-0.0006 （-1.56）	-0.0056 （-0.49）	-0.0004 （-1.09）
	Pindboard	0.3672 * （1.65）	0.1759 （0.84）	-0.1549 （-0.70）	-0.0032 （-0.75）	-0.0124 （-0.11）	-0.0026 （-0.69）
控制变量	fund_age	-0.0126 *** （-3.07）	-0.0115 *** （-3.09）	-0.0058 （-1.46）	-0.0007 *** （-8.03）	-0.0174 *** （-7.25）	-0.0003 *** （-4.33）
	Famsize	0.0072 （0.81）	0.0065 （0.74）	0.0184 ** （1.96）	-0.0007 *** （-3.65）	-0.0199 *** （-4.25）	-0.0001 （-0.93）
	Flow	0.0008 （0.28）	-0.0004 （-0.13）	-0.0021 （-0.65）	-0.0001 （-0.94）	-0.0013 （-0.87）	-0.0000 （-0.94）
	Fundsize	-0.0156 （-0.95）	-0.0179 （-1.10）	-0.0084 （-0.48）	0.0001 （0.19）	0.0168 * （1.88）	-0.0008 *** （-3.35）
截距	_cons	1.6973 *** （8.48）	0.6379 *** （3.27）	0.0706 （0.34）	0.0639 *** （16.30）	1.2317 *** （12.21）	0.0298 *** （8.25）
是否控制时间变量		是	是	是	是	是	是
N		1120	1120	1120	1120	1120	1120
未调整的可决系数 R^2		0.8999	0.4285	0.3838	0.7620	0.3902	0.4371
调整后的可决系数 R^2		0.8970	0.4122	0.3662	0.7552	0.3728	0.4211

注：回归结果报告中 t 值是考虑了异方差的稳健标准差，括号中各 t 统计量的显著程度：*、** 、*** 分别表示 10%、5%、1% 的显著性水平。

6.4　本　章　小　结

本章验证了基金管理公司第一大股东性质、是否合资、股权结构和内部治理结构等特征影响基金绩效的假说，并对未能得到证实的假说进行了解释。

第一，基金管理公司第一大股东性质会影响基金绩效，假说1得到了证实。基金管理公司第一大股东为券商、信托公司、商业银行和其他类型公司时，基金的收益、绩效和风险存在差别。相对于第一大股东不是证券公司的基金管理公司所管理的基金，第一大股东为证券公司的基金管理公司所管理基金的收益、绩效和风险都低；相对于第一大股东不是信托公司的基金管理公司所管理的基金，第一大股东为信托公司的基金管理公司所管理基金的收益、绩效和风险都高，相对于第一大股东不是商业银行的基金管理公司所管理的基金，第一大股东是商业银行的基金管理公司所管理基金的收益、绩效低而风险高，相对于第一大股东是证券公司、信托公司和商业银行的基金管理公司所管理的基金，其他类公司作为第一大股东的基金管理公司所管理的基金没有显著性差别。

第二，基金管理公司是否合资对基金收益和绩效的影响不显著；相对于中资基金管理公司所管理的基金，合资基金管理公司所管理的基金具有显著更高的总风险和非系统性风险，假说2未得到证实。

第三，基金管理公司的股权结构对基金收益的影响显著负相关；对基金绩效的影响负相关，但是不同模型的显著性存在差别，有的显著有的不显著；对风险的影响各模型都不显著，但是回归系数都为负数，假说3未得到证实。

第四，基金管理公司的董事会规模对基金收益、绩效和风险的影响都不显著，都未能够通过显著性检验，假说4未能够得到证实。

第五，基金管理公司独立董事的比例对基金收益的影响正相关，虽然回归系数稳健，但是有两个模型显著，两个模型不显著；对两个衡量基金绩效指标的影响都不显著，回归系数的符号也不一致；对风险影响的回归系数的符号一致，都是负相关，但是不显著，假说 5 基本上得到了证实。

第六，基金管理公司的总经理是否董事对基金收益、绩效和风险的影响都不显著，如果只考察回归系数的符号，总经理是董事对基金收益的影响为正、对基金绩效的影响为负、对基金风险的影响为负，假说 6 未能得到完全证实。

第七，基金管理公司监事会规模对基金收益和基金绩效的影响为负，基本上都通过了显著性检验，对基金风险的影响也是负的，只有对非系统性风险的影响通过了显著性检验，假说 7 未能够得到证实，而是被证伪了。

第7章

基金经理特征对基金绩效影响的实证检验

在基金管理公司特征影响基金绩效实证检验的基础上，本章验证基金经理特征对基金绩效影响的假说和判断。

7.1 基金经理特征对基金绩效影响的实证检验

本节检验基金经理的性别、学历和经验对基金绩效的影响。

7.1.1 变量选择、数据来源及其处理和描述性统计

7.1.1.1 被解释变量

被解释变量采用第 4 章计算出来的衡量基金绩效的 6 个指标：基金的对数收益率（$r_{i,t}$）、Jenson $-\alpha$ 指数、三因素模型的 $FF-\alpha$，$Sharp_{i,t}$ 指数、特雷诺指数（$Tr_{i,t}$）和信息比率（$IR_{i,t}$）。

7.1.1.2 控制变量

控制变量与第 6 章 6.1 节中交代的控制变量相同，不再赘述。

7.1.1.3 解释变量及其处理

解释变量选取的是基金经理的特征，包括性别、学历、经验。原始数

据来自：新浪财经基金专栏（http：//finance. sina. com. cn/fund/）"基金经理"特征，包括学历、性别、首次任职、简历、任职基金等信息；国泰安数据库中的基金经理简历，根据所选择基金的研究时期的任职基金经理情况逐个整理。

在整理基金经理特征的数据时遇到的第一个问题就是基金经理变更问题。在中国，基金经理的变更很普遍而且很频繁。仔细观察基金经理任职和离职的时间发现，基金经理一般离职有两个高潮期：一个是上一年的年底、下一年的年初，第二个是 6～8 月份。据此，对基金经理的变更做如下处理：第一，如果基金是由一个基金经理管理，在一期 6 个月的时间，如果基金经理任期超过 4 个月，那么这个基金经理就能够解释这只基金这一期的绩效；如果基金经理的任期小于 2 个月，就认为这个基金经理不能够解释这只基金这一期的绩效；如果基金经理的任期在 2～4 个月期间，那么无法判定这只基金这一期的绩效由哪位基金经理来解释，这样的观测值从样本中剔除掉。第二个问题是基金的团队管理（基金由两个及以上的基金经理管理），基金经理任期超过 4 个月，就认为他能够解释这只基金这一期的绩效，任期小于 4 个月，就认为他不能够解释这只基金这一期的绩效。

（1）基金经理的性别（$Male_{i,t}$）。基金经理的性别选择虚拟变量 $Male_{i,t}$，是男性的取值为 1，女性取值为 0。如果基金是采用团队管理的方式，依据管理基金的时间等因素综合考虑，选出一个主基金经理，以主基金经理的性别来代表，这样的样本非常少。

（2）基金经理的学历（$doctor_{i,t}$）。基金经理的学历分为三类：博士、硕士、学士及以下，实际上样本基金的基金经理学历是学士及以下的十分稀少。所以文中设置一个虚拟变量 $Doctor_{i,t}$，如果是博士，$Doctor_{i,t}$ 取 1，否则为 0。虚拟变量的基组就是硕士及以下学历的基金经理。如果基金是采用团队管理的方式，依据管理基金的时间等因素综合考虑，选出一个主基金经理，以主基金经理的学历来代表，这样的样本非常少。

（3）基金经理的经验。基金经理经验可以是基金经理从事金融业的时间、基金经理从事基金业的时间、基金经理担任基金经理的时间。

第一，基金经理从事金融业的年数（manager_exp1）。

在原始数据中，基金经理从事金融业的时间有的只公布到年或月，为了研究方便进行了处理。如果只公布到"年"，就设定为当年的 1 月 1 日，如果公布到"月"，就设定为当月 1 日。在计算基金经理从事金融业的年数时，为保证得出的从业事金融业的年数都是 0.5 的整数倍，根据更接近 1 月 1 日或 7 月 1 日进行了近似，上年 10 月 1 日至当年 3 月 31 日近似到 1 月 1 日；当年 4 月 1 日至 9 月 30 日近似至 7 月 1 日。

基金经理从事金融业的年数 = 所考察时期的期初值

$$- 基金经理进入金融业的时间 \qquad (7.1)$$

同一时期一个或多个基金经理或基金团队管理时基金经理从事金融业年数的处理：一是只有一个基金经理从事金融业年数的数据时，就用该基金经理从事金融业年数的数据代表；二是有两个或三个基金经理从事金融业年数的数据时，分别用 manager1_exp1、manager2_exp1、manager3_exp1 表示基金经理 1、基金经理 2、基金经理 3 从事金融业的年数。采用三种处理方式：

方式 1：取平均值

$$manager\_exp11average = (manager1\_exp1 + manager2\_exp1)/2 \qquad (7.2)$$

或者：

$$manager\_exp11average = (manager1\_exp1 + manager2\_exp1 + manager3\_exp1)/3 \qquad (7.3)$$

在取平均值之后，根据所得出的数值近似到 0.5 的整数倍。

方式 2：取最大值

$$manager\_exp12max = max(manager1\_exp1, \ manager2\_exp1) \qquad (7.4)$$

或者：

$$manager\_exp12max = max(manager1\_exp1, \ manager2\_exp1, \ manager3\_exp1) \qquad (7.5)$$

方式 3：取最小值

$$manager\_exp13min = min(manager1\_exp1, \ manager2\_exp1) \qquad (7.6)$$

或者：

$$manager\_exp13min = min(manager1\_exp1, \ manager2\_exp1, \ manager3\_exp1) \qquad (7.7)$$

取平均值是假定团队管理中各个基金经理对基金的影响是等权重的；取最大值是假定几个基金经理共同管理一只基金时，以经验最丰富者的意见为主；取最小值是假定几个基金经理同时管理一只基金时，有培养新基金经理的责任。

第二，基金经理从事基金业的年数（manager_exp2）。

在原始数据中，基金经理从事基金业的时间有的只公布到年或月，为了研究方便进行了处理。如果只公布到"年"，就设定为当年的 1 月 1 日，如果公布到"月"，就设定为当月 1 日。在计算基金经理从事基金业的年数时，为保证得出的从事基金业的年数都是 0.5 的整数倍，根据更接近 1 月 1 日或 7 月 1 日进行了近似，上年 10 月 1 日至当年 3 月 31 日近似到 1 月 1 日；当年 4 月 1 日至 9 月 30 日近似到 7 月 1 日。

$$基金经理从事基金业的年数 = 所考察时期的期初值$$
$$- 基金经理进入基金业的时间 \quad (7.8)$$

同一时期一个或多个基金经理或基金团队管理时基金经理从事基金业年数的处理：一是只有一个基金经理从事基金业年数的数据时，就用该基金经理从事基金业年数的数据代表；二是有两个或三个基金经理从事基金业年数的数据时，分别用 manager1_exp2、manager2_exp2、manager3_exp2 表示基金经理 1、基金经理 2、基金经理 3 从事基金业的年数。同样采用取平均值、取最大值和取最小值三种处理方式，与基金经理从事金融业时间的处理方式相同，不再赘述。

第三，基金经理担任基金经理的年数（manager_exp3）。

在原始数据中，基金经理首次担任基金经理的时间公布的比较详细，都公布到日。为使基金经理担任基金经理的年数都是 0.5 的整数倍，根据更接近 1 月 1 日或 7 月 1 日进行了近似，上年 10 月 1 日至当年 3 月 31 日近似到 1 月 1 日；当年 4 月 1 日至 9 月 30 日近似到 7 月 1 日。

$$基金经理担任基金经理的年数 = 所考察时期的期初值$$
$$- 首次担任基金经理的时间 \quad (7.9)$$

同一时期多个基金经理或基金团队管理时基金经理担任基金经理的年数的处理：一是只有一个基金经理的数据时，就用该基金经理担任基金经理年数的数据代表；二是有两个或三个基金经理时从事基金业年数的数据时，分别用 manager1_exp3、manager2_exp3、manager3_exp3 表示基金经理1、基金经理2、基金经理3从事基金业的年数。同样采用取平均值、取最大值和取最小值三种处理方式，与基金经理从事金融业时间的处理方式相同，不再赘述。

因此，根据代表基金经理经验的三个指标及团队管理中对数据的处理方式，能够整理出9个指标。这9个指标的描述性统计，如表7-1所示。

表7-1　　　　　　　　　基金经理经验指标的描述性统计

变量名称	观察值	均值	标准差	最小值	最大值
manager_exp11average	745	9.048	3.349	0	20.50
manager_exp12max	745	9.224	3.451	0	20.50
manager_exp13min	745	8.890	3.377	0	20.50
manager_exp21average	1033	7.006	2.761	0	15.50
manager_exp22max	1033	7.259	2.875	0	15.50
manager_exp23min	1033	6.749	2.833	0	15.50
manager_exp31average	1505	2.769	2.276	0	15
manager_exp32max	1505	3.081	2.529	0	15
manager_exp33min	1505	2.442	2.331	0	15

从表7-1的描述性统计可以看出基金经理从事金融业的时间平均有9年左右，最长的有20.5年；从事基金业的时间平均约为7年，最长的为15.5年；而成为基金经理的时间平均为2.5年。通过计算这9个指标之间的相关系数，发现基金经理从事金融业的时间、从事基金业的时间、担任基金经理的时间，这三个指标取平均值、最大值、最小值，它们之间的相关系数非常大，在90%以上。如果基金是由多个基金经理管理时，大多数文献（如江萍等，2011；等等）都取各个基金经理从业时间的平均值，所以当基金是采用的团队管理模式时，基金经理的经验就取团队中所有基金经理从业时间的平均值。在基金经理经验的三个指标中，由于担任基金经理的时间信息是最准确、最全面的，也由于许多文献（如史历，2012；江萍，2010；等等）采用该指标表示基金经理的经验，因此解释变量基金经

理经验只采用担任基金经理的时间来表示。

7.1.1.4　解释变量的描述性统计

被解释变量和控制变量的描述性统计已经在 6.1 节给出了，这里只给出解释变量的描述性统计，如表 7-2 所示。可以看出：一是担任基金经理的时间，最大值为 15 年，平均为 2.8 年。样本基金中，从基金经理担任基金经理的时间的具体分布能够看出，中国的基金经理担任基金经理的时间是比较短的，绝大多数是 0.5~5.5 年；二是基金经理中拥有博士学位的占到 15.3%，拥有硕士学位的占比 80.6%，学士及以下学位的基金经理非常少；三是男性基金经理占比达到 87.8%。

表 7-2　　　　　　　　基金经理特征变量的描述性统计

变量名称	观测值	均值	标准差	最小值	最大值
managerexp31average	1505	2.769	2.276	0	15
Doctor	1493	0.153	0.360	0	1
Master	1493	0.806	0.395	0	1
Male	1503	0.878	0.328	0	1

7.1.2　模型与估计方法

7.1.2.1　实证模型

本节采用的实证模型如下：

$$R_{i,t} = \alpha_i + \beta_1 managerexp31average_{it} + \beta_2 Doctor_{it} + \beta_3 Male_{it}$$
$$+ \sum_{k=1}^{4} \gamma_k \varphi_{kit} + Time_t + \varepsilon_{it} \qquad (7.10)$$

其中：$R_{i,t}$ 是基金的对数收益率（lnr_{it}）、Jenson-α 指数、三因素模型的 FF-α、$Sharp_{i,t}$ 指数、$Tr_{i,t}$ 指数和信息比率（$IR_{i,t}$），这些指标的含义和前文相同；$Managerexp31average_{it}$ 为样本基金的基金经理担任基金经理的时间；$Doctor_{i,t}$ 是学历虚拟变量，博士的取值 1，其他取值 0；$Male_{i,t}$ 是性

别虚拟变量，男性取值为 1，女性取值为 0。φ_{kt} 为控制变量，包括基金规模（Fundsize）、基金年龄（Fundage$_{i,t}$）、基金家族规模（Famsize）和基金的资金净流入（Flow$_{i,t}$）。

7.1.2.2 估计方法

样本数据为不平衡的面板数据，对于面板数据的估计主要有三种方法：混合最小二乘估计（Pooled OLS）、固定效应模型（Fixed effect model）、随机效应模型（Random effect model）。

首先，在固定效应模型和随机效应模型中进行选择。Hausman 检验结果如表 7 - 3 所示。

表 7 - 3　　　　　　　　　　　Hausman 检验的结果

原假设	检验统计量 H	检验统计量的 P 值
存在随机效应	30. 49	0. 2478

Hausman 检验的目的是在固定效应模型和随机效应模型之间进行选择，检验的原假设是存在随机效应。根据检验的结果，检验统计量的 P 值为 0. 2478，应该接受原假设，也就是存在随机效应。因此，在固定效应模型和随机效应模型的选择中，要选择随机效应模型。

其次，随机效应模型和混合最小二乘法估计的选择。这个检验的原假设是不存在个体随机效应。LM 检验的结果如表 7 - 4 所示。

表 7 - 4　　　　　　　　　　　LM 检验的结果

原假设	检验统计量 H	检验统计量的 P 值
不存在个体随机效应	0. 42	0. 5191

根据 LM 检验的结果，检验统计量的 P 值为 0. 5191，应该接受原假设，也就是说不存在个体随机效应。在随机效应模型和混合最小二乘法二者之间应该选择混合最小二乘法的估计方法。

综合以上的 Hausman 检验和 LM 检验的结果，最终选择的模型的回归方法是混合最小二乘估计（Pooled OLS）。

由于担任基金经理的时间、控制变量和被解释变量之间存在相互影响关系，基金规模、年龄、基金的家族规模、基金的资金净流入、基金经理的经验会影响基金绩效，而基金绩效也会影响基金规模、年龄、基金的家族规模、基金的资金净流入、基金经理的经验。考虑到变量之间存在内生性，本文选择使用相关变量的滞后一期作为工具变量，使用多元线性回归的工具变量法进行实证估计。

7.1.3 实证结果及其分析

表 7 - 5 给出式（7.10）的实证结果。

表 7 - 5　　　　基金经理特征对基金绩效影响的实证检验结果

解释变量和控制变量		被解释变量					
		对数收益率	Jenson $-\alpha$	FF $-\alpha$	Sharp	Treynor	Ir
解释变量	managerexp 31average	-0.0003 (-0.05)	-0.0052 (-1.01)	0.0008 (0.15)	-0.0005 (-0.24)	0.0035 (1.04)	0.0008 (0.20)
	doctor	-0.0600^{***} (-2.72)	-0.0542^{***} (-2.73)	-0.0463^{**} (-2.10)	-0.0139^{*} (-1.71)	-0.0263 (-1.08)	-0.0281^{*} (-1.79)
	male	0.0194 (0.73)	0.0275 (1.19)	0.0362 (1.39)	0.0089 (1.07)	-0.0038 (-0.85)	0.0206 (1.31)
控制变量	fund_age	-0.0106^{***} (-2.72)	-0.0108^{***} (-3.11)	-0.0057 (-1.53)	-0.0003 (-0.24)	-0.0046 (-1.08)	-0.0049^{*} (-1.93)
	Famsize	0.0035 (0.42)	0.0038 (0.49)	0.0173^{**} (2.13)	0.0034 (1.30)	-0.0024 (-0.97)	-0.0005 (-0.09)
	Flow	0.0009 (0.34)	-0.0000 (-0.01)	-0.0020 (-0.62)	-0.0003 (-0.44)	0.0002 (0.73)	-0.0001 (-0.04)
	Fundsize	-0.0139 (-0.87)	-0.0114 (-0.73)	0.0017 (0.10)	-0.0111^{**} (-2.45)	0.0088 (1.02)	-0.0060 (-0.55)

续表

解释变量和控制变量		被解释变量					
		对数收益率	Jenson – α	FF – α	Sharp	Treynor	Ir
截距	_cons	1.6652 *** (22.63)	0.4580 *** (6.61)	– 0.2307 *** (– 2.95)	0.3084 *** (14.51)	– 0.0129 (– 0.42)	0.1977 *** (4.59)
是否控制时间效应		是	是	是	是	是	是
N		1024	1024	1024	1024	1024	1024
未调整的可决系数 R^2		0.8974	0.4346	0.3962	0.8776	0.0062	0.4400
调整后的可决系数 R^2		0.8946	0.4192	0.3798	0.8742	– 0.0208	0.4248

注：括号中各 t 统计量的显著程度：*、**、*** 分别表示 10%、5%、1% 的显著性水平，其中，基金的对数收益率、Jensen 指数和 FF – α 都是乘以 100 以后的数据，也就是说都是百分比收益率。

（1）基金经理的性别。男性基金经理管理的基金的收益和绩效都比女性基金经理要高，但是这一结果没有通过 10% 的显著性检验。仅从回归系数的符号来看，基本上可以认为验证了第 4 章的假说 8，然而考虑到显著性，也可以说，基金经理的性别与基金收益和绩效之间的相关关系不显著。这与王品和李紫沁（2010）的结果一致，与晏艳阳和邓开（2015）中牛市情况下得出的结果也一致。这在一定程度上说明，从基金收益和基金绩效的角度看，基金经理的性别不重要。

（2）基金经理的学历。相比于硕士及以下学历（当然多数都是硕士，学士及以下学历的十分稀少）的基金经理，拥有博士学位的基金经理所管理基金的收益率（Lnr）要显著低一些，并且通过了 1% 的显著性检验，大多数绩效指标也都显著的低一些，其中 Jenson – α 指数通过了 1% 的显著性检验，FF – α 通过了 5% 的显著性检验，Sharpe 指数和 Ir 通过了 10% 的显著性检验，Treynor 指数没有通过显著性检验。总体上可以判断，基金绩效与基金经理的学位负相关。第 4 章的假说 9 没有得到验证，这徐琼和赵旭（2008）、赵秀娟和汪寿阳（2010）、吴劲华（2012）、关山晓（2016）等得出的结果一致。这可以从几个方面来解释：第一，基金管理公司虽然对基金经理的要求较高，但是具有博士学位的基金经理在进行证券投资时未必比具有硕士学位的基金经理更具优势；第二，具有博士学位的基金经理虽然学历较高、理论水平较高，但是由于所学习的理论主要是美国等发达市场经济国家的理论，未必能够适用于中国的资本市场和证券投资，第三，具有博士学位的基金经理的在校时间也更长，相比于硕士学位的基金经理实际的经验要少一些，对中国经济现实的理解和把握可能不如更早参加工作的只具有硕士学位的基金经理；第四，相对于具有硕士学位的基金经理，具有博士学位的基金经理还是占比较低，从整体上看，还不到硕士学位基金经理的 1/5，没有形成群体优势，无法与具有硕士学位的基金经理相抗衡；第五，用学历来反映一个人的能力有可能是不准确的，因为学历主要与学习能力相关，一个人的学历高可以反映了学习能力高，但是能力包括多个方面，基金的投资运作和管理所需要的不仅仅是学习能力还需要其他各种判断能力，也不仅仅是对证券市场行情的判断能力还要有把握时机的能力等，如基金经理的择时和择股能力就不完全相同。

（3）担任基金经理的时间。担任基金经理的时间对基金的收益和绩效没有显著的影响，不仅都未能够通过 10% 的显著性检验，而且回归系数都比较小，符号也不稳定。这个结果没有验证第 4 章的假说 10。与胡俊英（2009）、肖继辉等（2012）、肖继辉和彭程平（2012）、陈程程（2013）等得出的结果一致。这说明，基金经理的经验不重要。这可能有两个方面的原因：第一，基金经理的经验与基金绩效之间的关系并非线性，因为刚开始担任基金经理的基金经理可能工作更卖力但是经验不足，而长期担任基金经理的基金经理虽然经验丰富但是工作积极性可能不高；第二，大多数基金经理的从业经验都相对较短，平均时间才 2.8 年，有许多基金经理甚至可能还没有赶上一波股票上涨行情。

从回归的结果来看，使用衡量基金绩效的 Treynor 指数作为被解释变量，模型的拟合优度也是十分小。7.2 中进一步使用基金的总风险、系统性风险、非系统性风险作为被解释变量，研究基金经理特征对基金风险的影响。

7.2 基金经理特征对基金风险影响的实证检验

本节实证检验基金经理的个人特征对基金风险的影响的判断。所采用的被解释变量与 6.1 节的基金风险变量相同；所采用的解释变量和控制变量与 7.1 节相同，不再赘述。

7.2.1 模型与估计方法

$$\text{Risk}_{i,t} = \alpha_i + \beta_1 \text{managerexp31average}_{it} + \beta_2 \text{Doctor}_{i,t} + \beta_3 \text{Male}_{i,t}$$

$$+ \sum_{k=1}^{4} \gamma_k \varphi_{kit} + \text{Time}_t + \varepsilon_{it} \qquad (7.11)$$

其中，$\text{Risk}_{i,t}$ 分别使用基金的总风险、系统性风险、非系统性风险指标。使用多元线性回归的工具变量法进行实证估计。

7.2.2 实证结果及其分析

表 7-6 给出了基金经理特征对基金风险影响的回归结果。

表 7-6　　　　　基金经理特征对基金风险影响的实证结果

解释变量和控制变量		被解释变量		
		总风险	系统性风险	非系统性风险
解释变量	managerexp31average	-0.0001 (-1.05)	0.0040 (1.44)	-0.0003 *** (-2.88)
	doctor	-0.0004 (-0.83)	0.0124 (0.93)	-0.0010 ** (-2.30)
	male	-0.0001 (-0.18)	-0.0261 * (-1.76)	0.0002 (0.59)

续表

解释变量和控制变量		被解释变量		
		总风险	系统性风险	非系统性风险
控制变量	fund_age	−0.0007 *** (−8.56)	−0.0171 *** (−7.71)	−0.0003 *** (−4.84)
	Famsize	−0.0008 *** (−4.37)	−0.0224 *** (−4.80)	−0.0001 (−1.04)
	Flow	−0.0001 (−0.88)	−0.0016 (−1.02)	−0.0000 (−0.49)
	Fundsize	0.0001 (0.18)	0.0111 (1.23)	−0.0005 ** (−2.29)
截距	_cons	0.0596 *** (40.65)	1.1359 *** (33.52)	0.0284 *** (22.09)
是否控制时间效应		是	是	是
N		1024	1024	1024
未调整的可决系数 R^2		0.7544	0.3693	0.4402
调整后的可决系数 R^2		0.7477	0.3522	0.4250

注：括号中各 t 统计量的显著程度：＊、＊＊、＊＊＊分别表示 10%、5%、1% 的显著性水平。

（1）基金经理的性别。结果表明，相对于女性基金经理，男性基金经理所管理的基金具有更低的系统性风险，并且通过了 10% 的显著性检验，对总风险的影响与对系统性风险的影响的符号相同，但是没有通过显著性检验，对非系统性风险的影响符号为正但是也没有通过显著性检验。这没有能够验证假说 8。与赵存存（2013）得出的结果比较一致。一方面，这可能是由于女性虽然从总体上相对男性更加谨慎、更加厌恶风险，然而中国女性基金经理任职时间较短，没有能够更好地把握风险；另一方面，结果也仅仅是表明了男性基金经理所管理基金具有较低的系统性风险，对总风险和非系统性风险没有显著影响，说明了基金经理的性别对于控制基金风险不重要。这与 7.1 节基金经理性别对基金绩效影响的实证结果比较一致，即在中国基金投资中，无论是从基金绩效的角度看还是从控制基金风险的角度看，基金经理的性别不重要，无法根据基金经理的性别来判断或预测基金的收益、绩效和风险。

（2）基金经理的学历。结果表明，相对于硕士及以下学历的基金经理，拥有博士学位的基金经理所管理的基金具有更低的非系统性风险，并且通过了5%的显著性检验，学历对总风险影响与对非系统性风险影响的符号一致，但是没有通过显著性检验，对系统性风险的影响符号相反，也没有通过显著性检验。这基本上能够验证假说9，即基金经理的学历越高，控制风险的能力越强。这与赵秀娟和汪寿阳（2010）、于静（2013）、晏艳阳和邓开（2015）、史金艳等（2016）所得出的结果一致。与基金经理学历对基金绩效影响所得出的实证结果比较，具有博士学位的基金经理虽然在基金收益和基金绩效方面没有优势，但是能够比较好地控制基金风险。

（3）基金经理的经验。结果表明，基金经理担任基金经理的时间越长，所管理基金的非系统风险越小，并且通过了1%的显著性检验；基金经理经验对总风险的影响与对非系统性风险影响的符号一致，但是没有能够通过显著性检验，对系统性风险影响的符号相反，也没有通过显著性检验。这基本上能够验证假说10。与于静（2013）、史金艳等（2016）所得出的结果基本一致。与基金经理经验对基金绩效影响的实证结果相比较，虽然基金经理的经验对基金绩效的影响不显著，但是能够比较显著地降低非系统性风险，基金经理的经验对控制基金风险具有重要作用。

7.3 稳健性检验

第6章研究了基金管理公司特征对基金绩效和风险的影响，本章研究了基金经理特征对基金绩效和风险的影响，已有文献大多数也是分别从这两个角度进行研究的。然而，分别研究基金管理公司特征或基金经理特征对基金绩效的影响会出现遗漏变量问题。本节把基金管理公司特征和基金经理特征一起作为解释变量，检验基金管理公司特征和基金经理特征对基金绩效的影响，一是解决遗漏变量问题，二是检验结果的稳健性。由于被解释变量、控制变量、基金管理公司特征和基金经理特征等变量第6章和7.1节都已经阐述过了，不再赘述。

7.3.1　模型与估计方法

$$
\begin{aligned}
R_{i,t} = \ & \alpha_i + \beta_1 security_{it} + \beta_2 fund\_company\_nature_{it} \\
& + \beta_3 shareholding\_structure_{it} + \beta_4 Lnboard_{it} + \beta_5 Lndircs_{it} \\
& + \beta_6 Pindboard_{it} + \beta_7 Pcb_{it} + \beta_8 doctor_{it} + \beta_9 male_{it} \\
& + \beta_{10} managerexp31average_{it} + \sum_{k=1}^{4} \gamma_k \varphi_{kit} + Time_t + \varepsilon_{it} \quad (7.12)
\end{aligned}
$$

$$
\begin{aligned}
R_{i,t} = \ & \alpha_i + \beta_1 trust_{it} + \beta_2 fund\_company\_nature_{it} \\
& + \beta_3 shareholding\_structure_{it} + \beta_4 Lnboard_{it} + \beta_5 Lndircs_{it} \\
& + \beta_6 Pindboard_{it} + \beta_7 Pcb_{it} + \beta_8 doctor_{it} + \beta_9 male_{it} \\
& + \beta_{10} managerexp31average_{it} + \sum_{k=1}^{4} \gamma_k \varphi_{kit} + Time_t + \varepsilon_{it} \quad (7.13)
\end{aligned}
$$

$$
\begin{aligned}
R_{i,t} = \ & \alpha_i + \beta_1 bank_{it} + \beta_2 fund\_company\_nature_{it} \\
& + \beta_3 shareholding\_structure_{it} + \beta_4 Lnboard_{it} + \beta_5 Lndircs_{it} \\
& + \beta_6 Pindboard_{it} + \beta_7 Pcb_{it} + \beta_8 doctor_{it} + \beta_9 male_{it} \\
& + \beta_{10} managerexp31average_{it} + \sum_{k=1}^{4} \gamma_k \varphi_{kit} + Time_t + \varepsilon_{it} \quad (7.14)
\end{aligned}
$$

$$
\begin{aligned}
R_{i,t} = \ & \alpha_i + \beta_1 NSTB_{it} + \beta_2 fund\_company\_nature_{it} \\
& + \beta_3 shareholding\_structure_{it} + \beta_4 Lnboard_{it} + \beta_5 Lndircs_{it} \\
& + \beta_6 Pindboard_{it} + \beta_7 Pcb_{it} + \beta_8 doctor_{it} + \beta_9 male_{it} \\
& + \beta_{10} managerexp31average_{it} + \sum_{k=1}^{4} \gamma_k \varphi_{kit} + Time_t + \varepsilon_{it} \quad (7.15)
\end{aligned}
$$

式（7.12）至式（7.15）是在6.3节式（6.13）至式（6.16）的基础之上，分别加入刻画基金经理特征的变量三个变量建立的。

同样，先对式（7.12）至式（7.15）进行多重共线性检验，结果如表7-7所示。结果表明，各模型所采用的变量之间不存在多重共线性。

表7－7　　　　式（7.12）至式（7.15）多重共线性检验的结果

式（7.12）		式（7.13）		式（7.14）		式（7.15）	
变量名称	VIF	变量名称	VIF	变量名称	VIF	变量名称	VIF
Security	1.73	Trust	1.48	Bank	1.51	NSTB	1.05
fund_company_nature	1.41	fund_company_nature	1.34	fund_company_nature	1.41	fund_company_nature	1.33
shareho-lding_structure	1.22	shareho-lding_structure	1.37	shareho-lding_structure	1.41	shareho-lding_structure	1.20
Lnboard	2.15	Lnboard	1.93	Lnboard	1.83	Lnboard	1.76
Lndircs	1.44	Lndircs	1.43	Lndircs	1.54	Lndircs	1.43
Pindboard	1.68	Pindboard	1.68	Pindboard	1.67	Pindboard	1.67
Pcb	1.32	Pcb	1.33	Pcb	1.33	Pcb	1.33
Doctor	1.18	Doctor	1.17	Doctor	1.17	Doctor	1.18
Male	1.09	Male	1.09	Male	1.09	Male	1.10
managerexp31average	1.17	managerexp31average	1.18	managerexp31average	1.16	managerexp31average	1.16
Fundsize	1.94	Fundsize	1.93	Fundsize	2.01	Fundsize	1.93
Fundage	1.68	Fundage	1.69	Fundage	1.64	Fundage	1.64
Famsize	1.63	Famsize	1.58	Famsize	1.59	Famsize	1.56
Flow	1.18	Flow	1.18	Flow	1.18	Flow	1.18

　　考虑到控制变量可能有内生性，选择控制变量的滞后一期作为工具变量，使用多元线性回归的工具变量法进行实证估计。

7.3.2　实证结果及其分析

　　表7－8至表7－11给出了将基金管理公司特征和基金经理特征一起作为解释变量对基金收益、绩效和风险影响的检验的结果。通过与6.3节

表 6 – 17 至表 6 – 20 和 7.1 节表 7 – 5、7.2 节表 7 – 6 的比较，总结稳健性检验的结果如表 7 – 12 至表 7 – 15 所示。总体上看，无论是以哪个模型为基准，所得出来的结果基本上都是稳健的，只有个别情况下存在回归系数符号的变化或者显著性的变化。

表 7 – 8　基金管理公司和基金经理特征对基金绩效影响的实证检验：
式（7.12）的回归结果

解释变量和控制变量			被解释变量					
			对数收益率	Jenson – α	FF – α	总风险	系统性风险	非系统性风险
解释变量	基金管理公司特征	security	– 0.0020 (– 0.08)	0.0161 (0.69)	0.0098 (0.43)	– 0.0007 * (– 1.65)	– 0.0295 ** (– 2.35)	– 0.0004 (– 0.97)
		fund_company_nature	– 0.0023 (– 0.11)	– 0.0143 (– 0.73)	– 0.0144 (– 0.70)	0.0010 ** (2.51)	0.0055 (0.49)	0.0007 ** (1.96)
		shareho-lding_structure	– 0.0342 ** (– 2.04)	– 0.0346 ** (– 2.29)	– 0.0223 (– 1.63)	– 0.0001 (– 0.22)	0.0035 (0.40)	– 0.0003 (– 0.93)
		Lnboard	– 0.0297 (– 0.41)	– 0.0782 (– 1.15)	– 0.0444 (– 0.64)	– 0.0004 (– 0.27)	– 0.0146 (– 0.38)	0.0011 (0.90)
		Lndircs	– 0.0290 (– 1.31)	– 0.0344 * (– 1.76)	– 0.0669 *** (– 3.24)	– 0.0006 (– 1.32)	0.0002 (0.02)	– 0.0010 *** (– 2.66)
		pcb	– 0.0109 (– 0.53)	– 0.0207 (– 1.11)	– 0.0153 (– 0.72)	– 0.0004 (– 0.95)	0.0071 (0.59)	– 0.0007 * (– 1.76)
		Pindboard	0.3726 (1.56)	0.2434 (1.10)	– 0.0872 (– 0.36)	– 0.0016 (– 0.34)	– 0.0336 (– 0.26)	– 0.0022 (– 0.57)
	基金经理特征	doctor	– 0.0520 ** (– 2.28)	– 0.0505 ** (– 2.37)	– 0.0353 (– 1.49)	0.0002 (0.47)	0.0212 (1.54)	– 0.0005 (– 1.10)
		male	0.0297 (1.08)	0.0426 * (1.77)	0.0520 * (1.88)	0.0000 (0.00)	– 0.0265 * (– 1.72)	0.0003 (0.72)
		managerexp31average	– 0.0003 (– 0.06)	– 0.0045 (– 0.88)	– 0.0000 (– 0.00)	– 0.0002 * (– 1.90)	0.0027 (0.97)	– 0.0004 *** (– 3.58)

续表

解释变量和控制变量		被解释变量					
		对数收益率	Jenson−α	FF−α	总风险	系统性风险	非系统性风险
控制变量	fund_age	−0.0117 *** (−2.61)	−0.0120 *** (−3.02)	−0.0065 (−1.58)	−0.0006 *** (−7.04)	−0.0156 *** (−6.03)	−0.0003 *** (−4.06)
	Famsize	0.0089 (0.97)	0.0109 (1.25)	0.0216 ** (2.35)	−0.0007 *** (−3.76)	−0.0236 *** (−4.66)	−0.0001 (−0.55)
	Flow	0.0012 (0.44)	0.0003 (0.10)	−0.0016 (−0.53)	−0.0001 (−0.86)	−0.0014 (−0.98)	−0.0000 (−0.44)
	Fundsize	−0.0114 (−0.69)	−0.0103 (−0.64)	0.0003 (0.02)	−0.0000 (−0.02)	0.0122 (1.32)	−0.0007 *** (−2.63)
截距	_cons	1.6426 *** (7.99)	0.5907 *** (3.01)	0.0081 (0.04)	0.0618 *** (15.44)	1.1789 *** (11.31)	0.0288 *** (7.65)
是否控制时间变量		是	是	是	是	是	是
N		1024	1024	1024	1024	1024	1024
未调整的可决系数 R^2		0.8990	0.4484	0.4102	0.7597	0.3776	0.4489
调整后的可决系数 R^2		0.8956	0.4295	0.3899	0.7515	0.3562	0.4300

注：括号中各 t 统计量的显著程度：* 、** 、*** 分别表示10%、5%、1%的显著性水平。

表 7 – 9　基金管理公司和基金经理特征对基金绩效影响的实证检验：
式（7.13）的回归结果

解释变量和控制变量			被解释变量					
			对数收益率	Jenson−α	FF−α	总风险	系统性风险	非系统性风险
解释变量	基金管理公司特征	trust	0.0260 (1.18)	0.0154 (0.76)	0.0166 (0.78)	0.0007 * (1.74)	0.0053 (0.43)	0.0010 ** (2.49)
		fund_company_nature	−0.0041 (−0.20)	−0.0191 (−1.05)	−0.0179 (−0.92)	0.0011 *** (2.85)	0.0115 (1.06)	0.0007 ** (2.12)
		shareholding_structure	−0.0271 (−1.53)	−0.0283 * (−1.81)	−0.0164 (−1.14)	0.0001 (0.16)	0.0013 (0.14)	−0.0000 (−0.12)

续表

解释变量和控制变量			被解释变量					
			对数收益率	Jenson $-\alpha$	FF $-\alpha$	总风险	系统性风险	非系统性风险
解释变量	基金管理公司特征	Lnboard	-0.0084 (-0.12)	-0.0426 (-0.66)	-0.0161 (-0.25)	-0.0006 (-0.44)	-0.0488 (-1.34)	0.0015 (1.26)
		Lndircs	-0.0274 (-1.24)	$-0.0349\,^{*}$ (-1.84)	$-0.0667\,^{***}$ (-3.29)	-0.0005 (-1.09)	0.0030 (0.24)	$-0.0009\,^{**}$ (-2.43)
		pcb	-0.0090 (-0.43)	-0.0187 (-1.00)	-0.0136 (-0.64)	-0.0004 (-0.89)	0.0061 (0.50)	-0.0006 (-1.64)
		Pindboard	0.3435 (1.43)	0.2025 (0.91)	-0.1208 (-0.49)	-0.0015 (-0.33)	0.0000 (0.00)	-0.0029 (-0.73)
	基金经理特征	doctor	$-0.0516\,^{**}$ (-2.25)	$-0.0486\,^{**}$ (-2.29)	-0.0340 (-1.43)	0.0002 (0.37)	0.0184 (1.34)	-0.0005 (-1.15)
		male	0.0286 (1.05)	$0.0402\,^{*}$ (1.68)	$0.0502\,^{*}$ (1.83)	0.0000 (0.06)	-0.0238 (-1.54)	0.0003 (0.70)
		managerexp 31average	-0.0015 (-0.27)	-0.0057 (-1.12)	-0.0011 (-0.20)	$-0.0002\,^{**}$ (-2.01)	0.0034 (1.20)	$-0.0004\,^{***}$ (-3.83)
控制变量		fund_age	$-0.0109\,^{**}$ (-2.38)	$-0.0110\,^{***}$ (-2.74)	-0.0057 (-1.35)	$-0.0006\,^{***}$ (-6.69)	$-0.0162\,^{***}$ (-6.11)	$-0.0003\,^{***}$ (-3.68)
		Famsize	0.0078 (0.88)	0.0089 (1.06)	$0.0201\,^{**}$ (2.27)	$-0.0007\,^{***}$ (-3.77)	$-0.0215\,^{***}$ (-4.36)	-0.0001 (-0.68)
		Flow	0.0012 (0.45)	0.0003 (0.12)	-0.0016 (-0.52)	-0.0001 (-0.87)	-0.0015 (-1.02)	-0.0000 (-0.42)
		Fundsize	-0.0123 (-0.75)	-0.0099 (-0.62)	0.0003 (0.02)	-0.0001 (-0.14)	0.0106 (1.14)	$-0.0007\,^{***}$ (-2.84)
截距		_cons	$1.5941\,^{***}$ (7.82)	$0.5373\,^{***}$ (2.77)	-0.0386 (-0.20)	$0.0613\,^{***}$ (15.75)	$1.2104\,^{***}$ (11.68)	$0.0275\,^{***}$ (7.44)
是否控制时间变量			是	是	是	是	是	是
N			1024	1024	1024	1024	1024	1024
未调整的可决系数 R^2			0.8991	0.4487	0.4107	0.7594	0.3734	0.4507
调整后的可决系数 R^2			0.8956	0.4298	0.3905	0.7511	0.3518	0.4318

注：括号中各 t 统计量的显著程度：$*$ 、$**$ 、$***$ 分别表示 10% 、5% 、1% 的显著性水平。

表 7 – 10　基金管理公司和基金经理特征对基金绩效影响的实证检验：
式（7.14）的回归结果

解释变量和控制变量			被解释变量					
			对数收益率	Jenson – α	FF – α	总风险	系统性风险	非系统性风险
解释变量	基金管理公司特征	bank	−0.0567 (−1.63)	−0.0703 ** (−2.10)	−0.0852 ** (−2.25)	0.0006 (0.84)	0.0635 *** (3.20)	−0.0006 (−0.99)
		fund_company_nature	0.0061 (0.29)	−0.0079 (−0.40)	−0.0045 (−0.22)	0.0011 *** (2.63)	0.0030 (0.26)	0.0009 ** (2.47)
		shareho-lding_structure	−0.0263 (−1.64)	−0.0226 (−1.63)	−0.0088 (−0.66)	−0.0002 (−0.75)	−0.0093 (−1.06)	−0.0002 (−0.84)
		Lnboard	−0.0530 (−0.75)	−0.0824 (−1.22)	−0.0624 (−0.88)	−0.0011 (−0.70)	−0.0306 (−0.78)	0.0004 (0.30)
		Lndircs	−0.0194 (−0.82)	−0.0240 (−1.18)	−0.0534 ** (−2.48)	−0.0007 (−1.33)	−0.0079 (−0.60)	−0.0008 ** (−2.21)
		pcb	−0.0072 (−0.34)	−0.0151 (−0.81)	−0.0090 (−0.43)	−0.0005 (−1.11)	0.0013 (0.11)	−0.0007 * (−1.73)
		Pindboard	0.3935 * (1.68)	0.2439 (1.14)	−0.0732 (−0.31)	−0.0008 (−0.19)	−0.0138 (−0.11)	−0.0015 (−0.38)
	基金经理特征	doctor	−0.0536 ** (−2.34)	−0.0506 ** (−2.39)	−0.0364 (−1.54)	0.0002 (0.36)	0.0198 (1.45)	−0.0006 (−1.23)
		male	0.0291 (1.08)	0.0400 * (1.68)	0.0498 * (1.81)	0.0001 (0.15)	−0.0226 (−1.49)	0.0003 (0.80)
		managerexp31average	−0.0009 (−0.16)	−0.0057 (−1.12)	−0.0012 (−0.23)	−0.0002 (−1.62)	0.0044 (1.52)	−0.0004 *** (−3.49)
控制变量		fund_age	−0.0116 *** (−2.67)	−0.0113 *** (−2.96)	−0.0059 (−1.48)	−0.0006 *** (−7.43)	−0.0166 *** (−6.63)	−0.0003 *** (−4.39)
		Famsize	0.0111 (1.25)	0.0121 (1.43)	0.0239 *** (2.68)	−0.0007 *** (−3.54)	−0.0235 *** (−4.68)	−0.0000 (−0.21)
		Flow	0.0011 (0.43)	0.0003 (0.10)	−0.0016 (−0.54)	−0.0001 (−0.87)	−0.0015 (−0.98)	−0.0000 (−0.47)
		Fundsize	−0.0152 (−0.88)	−0.0140 (−0.84)	−0.0048 (−0.26)	−0.0000 (−0.01)	0.0148 (1.52)	−0.0007 *** (−2.76)

续表

解释变量和控制变量		被解释变量					
		对数收益率	Jenson－α	FF－α	总风险	系统性风险	非系统性风险
截距	_cons	1.6542 *** (8.03)	0.5785 *** (2.93)	0.0072 (0.03)	0.0627 *** (15.49)	1.2111 *** (11.45)	0.0295 *** (7.79)
是否控制时间变量		是	是	是	是	是	是
N		1024	1024	1024	1024	1024	1024
未调整的可决系数 R^2		0.8990	0.4483	0.4103	0.7591	0.3798	0.4471
调整后的可决系数 R^2		0.8955	0.4293	0.3900	0.7509	0.3585	0.4281

注：括号中各 t 统计量的显著程度：* 、** 、*** 分别表示 10%、5%、1% 的显著性水平。

表 7–11 基金管理公司和基金经理特征对基金绩效影响的实证检验：
式（7.15）的回归结果

解释变量和控制变量			被解释变量					
			对数收益率	Jenson－α	FF－α	总风险	系统性风险	非系统性风险
解释变量	基金管理公司特征	NSTB	－0.0247 （－0.52）	－0.0298 （－0.65）	0.0177 （0.43）	－0.0017 ** （－2.06）	－0.0029 （－0.10）	－0.0021 *** （－2.78）
		fund_company_nature	－0.0020 （－0.10）	－0.0179 （－0.99）	－0.0164 （－0.85）	0.0011 *** （3.00）	0.0120 （1.10）	0.0008 ** （2.35）
		shareho-lding_structure	－0.0341 ** （－2.14）	－0.0322 ** （－2.28）	－0.0213 （－1.63）	－0.0001 （－0.42）	－0.0001 （－0.02）	－0.0003 （－1.05）
		Lnboard	－0.0334 （－0.50）	－0.0580 （－0.89）	－0.0307 （－0.46）	－0.0014 （－0.96）	－0.0538 （－1.44）	0.0005 （0.42）
		Lndircs	－0.0295 （－1.34）	－0.0365 * （－1.90）	－0.0672 *** （－3.31）	－0.0006 （－1.28）	0.0026 （0.21）	－0.0010 *** （－2.75）
		pcb	－0.0120 （－0.59）	－0.0211 （－1.14）	－0.0141 （－0.66）	－0.0005 （－1.19）	0.0055 （0.46）	－0.0008 ** （－2.01）
		Pindboard	0.3708 （1.57）	0.2160 （0.99）	－0.0973 （－0.41）	－0.0009 （－0.21）	0.0060 （0.05）	－0.0020 （－0.53）

续表

解释变量和控制变量			被解释变量					
			对数收益率	Jenson $-\alpha$	FF $-\alpha$	总风险	系统性风险	非系统性风险
解释变量	基金经理特征	doctor	-0.0535^{**} (-2.33)	-0.0504^{**} (-2.38)	-0.0334 (-1.41)	0.0001 (0.15)	0.0182 (1.32)	-0.0006 (-1.42)
		male	0.0315 (1.15)	0.0429^{*} (1.78)	0.0499^{*} (1.80)	0.0002 (0.34)	-0.0233 (-1.51)	0.0005 (1.13)
		managerexp 31average	-0.0004 (-0.07)	-0.0051 (-1.00)	-0.0002 (-0.04)	-0.0002^{*} (-1.80)	0.0036 (1.29)	-0.0004^{***} (-3.58)
控制变量		fund_age	-0.0117^{***} (-2.71)	-0.0114^{***} (-3.01)	-0.0063 (-1.58)	-0.0006^{***} (-7.32)	-0.0164^{***} (-6.50)	-0.0003^{***} (-4.29)
		Famsize	0.0089 (1.02)	0.0094 (1.13)	0.0210^{**} (2.43)	-0.0007^{***} (-3.64)	-0.0213^{***} (-4.35)	-0.0001 (-0.46)
		Flow	0.0011 (0.44)	0.0003 (0.10)	-0.0016 (-0.53)	-0.0001 (-0.88)	-0.0015 (-1.02)	-0.0000 (-0.48)
		Fundsize	-0.0119 (-0.73)	-0.0099 (-0.62)	0.0011 (0.06)	-0.0001 (-0.16)	0.0107 (1.16)	-0.0007^{***} (-2.88)
截距		_cons	1.6528^{***} (8.09)	0.5765^{***} (2.94)	-0.0112 (-0.05)	0.0633^{***} (15.67)	1.2218^{***} (11.51)	0.0301^{***} (7.99)
是否控制时间变量			是	是	是	是	是	是
N			1024	1024	1024	1024	1024	1024
未调整的可决系数 R^2			0.8990	0.4485	0.4109	0.7590	0.3732	0.4498
调整后的可决系数 R^2			0.8955	0.4295	0.3907	0.7507	0.3516	0.4309

注：括号中各 t 统计量的显著程度：$*$ 、$**$ 、$***$ 分别表示 10% 、5% 、1% 的显著性水平。

表 7 – 12 　　　　　　　　稳健性检验结果总结

（以第一大股东是证券公司与不是证券公司的比较为基准）

项目		对数收益率	Jenson $-\alpha$	FF $-\alpha$	总风险	系统性风险	非系统性风险
第一大股东性质	回归系数符号是否变化	否	否	负变正	否	否	否
	显著性变化	不	不	不	不—10%	5%	不

续表

项目		对数收益率	Jenson－α	FF－α	总风险	系统性风险	非系统性风险
是否合资	回归系数符号是否变化	正变负	否	否	否	负变正	否
	显著性变化	不	不	不	不—5%	不	10%～5%
股权结构	回归系数符号是否变化	否	否	否	否	否	否
	显著性变化	5%	5%	不	不	不	不
董事会规模	回归系数符号是否变化	否	否	否	否	否	否
	显著性变化	不	不	不	不	不	不
监事会规模	回归系数符号是否变化	否	否	否	否	否	否
	显著性变化	10%—不	10%	1%	不	不	5%～10%
总经理地位	回归系数符号是否变化	正变负	否	否	否	负变正	否
	显著性变化	不	不	不	不	不	不—10%
独董比例	回归系数符号是否变化	否	否	否	否	否	否
	显著性变化	不	不	不	不	不	不
基金经理性别	回归系数符号是否变化	否	否	否	负变正	否	否
	显著性变化	不	不—10%	5%～10%	不	10%	不
基金经理学历	回归系数符号是否变化	否	否	否	负变正	否	否
	显著性变化	1%～5%	1%～5%	5%—不	不	不	5%—不
基金经理经验	回归系数符号是否变化	否	否	正变负	否	否	否
	显著性变化	不	不	不	不—10%	不	1%

注："否"表示回归系数的符号没有变化；"正变负"或"负变正"表示回归系数的正负号发生了变化；"不"表示显著性没有变化；"不－10%"表示从没有通过显著性检验变化为通过了 10% 显著性检验；"10%～5%"表示从通过了 10% 显著性经验变化为通过了 5% 显著性检验；"10%—不"表示从通过了 10% 显著性检验变化到未能够通过显著性检验。

表 7 - 13 稳健性检验结果总结

（以第一大股东是信托公司与不是信托公司的比较为基准）

项目		对数收益率	Jenson - α	FF - α	总风险	系统性风险	非系统性风险
第一大股东性质	回归系数符号是否变化	否	否	否	否	负变正	否
	显著性变化	10%—不	不	不	不—10%	5%	10% ~ 5%
是否合资	回归系数符号是否变化	正变负	否	否	否	否	否
	显著性变化	不	不	不	不—1%	不	10% ~ 5%
股权结构	回归系数符号是否变化	否	否	否	负变正	负变正	否
	显著性变化	5%	不—10%	不	不	不	不
董事会规模	回归系数符号是否变化	正变负	否	否	否	否	否
	显著性变化	不	不	不	不	不	不
监事会规模	回归系数符号是否变化	否	否	否	否	负变正	否
	显著性变化	10%—不	10%	1%	不	不	5%
总经理地位	回归系数符号是否变化	正变负	否	否	否	负变正	否
	显著性变化	不	不	不	不	不	不
独董比例	回归系数符号是否变化	否	否	否	否	负变正	否
	显著性变化	不	不	不	不	不	不
基金经理性别	回归系数符号是否变化	否	否	否	负变正	否	否
	显著性变化	不	不—10%	不—10%	不	10%—不	不
基金经理学历	回归系数符号是否变化	否	否	否	负变正	否	否
	显著性变化	1% ~ 5%	1% ~ 5%	5%—不	不	不	5%—不
基金经理经验	回归系数符号是否变化	否	否	正变负	否	否	否
	显著性变化	不	不	不	不—5%	不	1%

注："否"表示回归系数的符号没有变化；"正变负"或"负变正"表示回归系数的正负号发生了变化；"不"表示显著性没有变化；"不—10%"表示从没有通过显著性检验变化为通过了10%显著性检验；"10% ~ 5%"表示从通过了10%显著性经验变化为通过了5%显著性检验；"10%—不"表示从通过了10%显著性检验变化到未能够通过显著性检验。

表 7 – 14 　　　　　　　　　稳健性检验结果总结

（以第一大股东是商业银行与不是商业银行的比较为基准）

项目		对数收益率	Jenson – α	FF – α	总风险	系统性风险	非系统性风险
第一大股东性质	回归系数符号是否变化	否	否	否	否	否	否
	显著性变化	5%—不	1% ~ 5%	1% ~ 5%	10%—不	1%	不
是否合资	回归系数符号是否变化	否	否	正变负	否	负变正	否
	显著性变化	不	不	不	不—1%	不	5%
股权结构	回归系数符号是否变化	否	否	否	负变正	负变正	否
	显著性变化	10%—不	不	不	不	不	不
董事会规模	回归系数符号是否变化	否	否	否	否	否	否
	显著性变化	不	不	不	不	不	不
监事会规模	回归系数符号是否变化	否	否	否	否	负变正	否
	显著性变化	不	不	5%	不	不	5%
总经理地位	回归系数符号是否变化	正变负	正变负	正变负	否	负变正	否
	显著性变化	不	不	不	不	不	不—10%
独董比例	回归系数符号是否变化	否	否	否	否	负变正	否
	显著性变化	10%	不	不	不	不	不
基金经理性别	回归系数符号是否变化	否	否	否	负变正	否	否
	显著性变化	不	不—10%	不—10%	不	10%—不	不
基金经理学历	回归系数符号是否变化	否	否	否	负变正	否	否
	显著性变化	1% ~ 5%	1% ~ 5%	5%—不	不	不	5%—不
基金经理经验	回归系数符号是否变化	否	否	正变负	否	否	否
	显著性变化	不	不	不	不	不	1%

注："否"表示回归系数的符号没有变化；"正变负"或"负变正"表示回归系数的正负号发生了变化；"不"表示显著性没有变化；"不 – 10%"表示从没有通过显著性检验变化为通过了 10% 显著性检验；"10% ~ 5%"表示从通过了 10% 显著性经验变化为通过了 5% 显著性检验；"10%—不"表示从通过了 10% 显著性检验变化到未能够通过显著性检验。

表 7 – 15　　　稳健性检验结果总结（以第一大股东是其他类公司与是证券公司、信托公司和商业银行的比较为基准）

项目		对数收益率	Jenson – α	FF – α	总风险	系统性风险	非系统性风险
第一大股东性质	回归系数符号是否变化	否	正变负	否	否	正变负	否
	显著性变化	不	不	不	不	不	5%～1%
是否合资	回归系数符号是否变化	正变负	否	否	否	否	否
	显著性变化	不	不	不	不—1%	不	5%
股权结构	回归系数符号是否变化	否	否	否	负变正	负变正	否
	显著性变化	5%	5%	10%—不	不	不	不
董事会规模	回归系数符号是否变化	否	否	否	否	否	否
	显著性变化	不	不	不	不	不	不
监事会规模	回归系数符号是否变化	否	否	否	否	负变正	否
	显著性变化	10%—不	10%	1%	不	不	5%～10%
总经理地位	回归系数符号是否变化	正变负	否	否	否	负变正	否
	显著性变化	不	不	不	不	不	不—5%
独董比例	回归系数符号是否变化	否	否	否	否	负变正	否
	显著性变化	10%—不	不	不	不	不	不
基金经理性别	回归系数符号是否变化	否	否	否	负变正	否	否
	显著性变化	不	不—10%	不—10%	不	10%—不	不
基金经理学历	回归系数符号是否变化	否	否	否	负变正	否	否
	显著性变化	1%～5%	1%～5%	5%—不	不	不	5%—不
基金经理经验	回归系数符号是否变化	否	否	正变负	否	否	否
	显著性变化	不	不	不	不—10%	不	1%

注："否"表示回归系数的符号没有变化；"正变负"或"负变正"表示回归系数的正负号发生了变化；"不"表示显著性没有变化；"不—10%"表示从没有通过显著性检验变化为通过了10%显著性检验；"10%～5%"表示从通过了10%显著性经验变化为通过了5%显著性检验；"10%—不"表示从通过了10%显著性检验变化到未能够通过显著性检验。

（1）第一大股东性质对基金收益、绩效和风险的影响，在增加了基金经理特征作为解释变量之后，结果稳健。一是对基金收益的影响，无论是以哪个模型为基准，结果都是稳健的，只是有个别情况下显著性发生了变化，由原来的显著变得不显著了；二是对基金绩效的影响，只是有个别情况下回归系数的符号发生了变化，但是由于影响不显著，基本上可以认为结果稳健；三是对基金风险的影响，对总风险和非系统性风险的影响，结果完全稳健，对系统性风险的影响，有两个模型的符号发生了变化，但是由于影响不显著，基本上也可以认为结果稳健。

（2）是否合资对基金收益、绩效和风险的影响，在增加了基金经理特征作为解释变量之后，结果稳健。一是对基金收益的影响，虽然在三个模型中符号都发生了变化，但是都未能够通过显著性检验；二是对基金绩效的影响，只有一个模型中对 FF $-\alpha$ 影响的回归系数符号发生了变化，但是由于其前后都不显著，可以认为结果完全稳健；三是对基金风险的影响，只有两个模型中对系统性风险影响的符号发生了变化，但是由于其前后都未能够通过显著性检验，完全可以认为结果稳健。

（3）股权结构对基金收益、绩效和风险的影响，在增加了基金经理特征作为解释变量之后，结果稳健。无论是采用哪个模型，所得出回归系数的符号没有变化，只是存在个别情况下显著性的变化。

（4）董事会规模对基金收益、绩效和风险的影响，在增加了基金经理特征作为解释变量之后，结果完全稳健。只有一个模型中，董事会规模对基金收益影响的回归系数符号发生了变化，但是由于加入基金经理特征变量前后都未能通过显著性检验，也可以认为其结果是稳健的。

（5）监事会规模对基金收益、绩效和风险的影响，在增加了基金经理特征作为解释变量之后，结果稳健。一是对基金收益的影响，结果完全稳健；二是对基金绩效的影响，结果完全稳健；三是对基金风险的影响，对总风险和对非系统性风险的影响，结果完全稳健，对系统性风险的影响，有三个模型所得出的回归系数的符号发生了变化，但是由于增加基金经理特征变量前后都未能够通过显著性检验，因此也可以认为结果基本稳定。

（6）总经理是否董事对基金收益、绩效和风险的影响，在增加了基金经理特征作为解释变量之后，结果总体上稳健。一是对基金收益的影响，回归系数的符号都发生了变化，都从正相关变成为负相关，但是前后都未能够通过显著检验；二是对基金绩效的影响，只有一个模型对 Jensen $-\alpha$ 指数和 FF $-\alpha$ 影响的回归系数的符号发生了变化，但是前后都未能够通过显著性检验；三是对基金风险的影响，对总风险和对非系统性风险的影响完全稳健，但是对系统性风险的影响，四个模型的回归系数的符号都由负变正，但是前后都未能够通过显著性检验。

（7）独立董事占比对基金收益、绩效和风险的影响，在增加了基金经理特征作为解释变量之后，结果完全稳健。只有两个模型中对系统性风险的影响的回归系数符号发生了变化，但是前后都未能够通过显著性检验。

（8）基金经理性别对基金收益、绩效和风险的影响，在增加了基金管理公司特征作为解释变量之后，结果稳健。一是对基金收益和绩效的影响结果完全稳健，对基金绩效的影响甚至从加入基金管理公司特征之前未能够通过显著性检验变成了能够通过显著性检验；二是对总风险的影响的回归系数的符号发生了变化，但是在加入基金管理公司特征作为被解释变量前后都未能够通过显著性检验，对系统性风险和非系统性风险的影响的检验结果完全稳健。

（9）基金经理的学历对基金收益、绩效和风险的影响，在增加了基金管理公司特征作为解释变量之后，结果稳健。一是对基金收益和绩效的影响结果完全稳健；二是对总风险的影响的回归系数的符号发生了变化，但是在加入基金管理公司特征作为解释变量前后都未能够通过显著性检验，对系统性风险和非系统性风险影响的结果完全稳健。

（10）基金经理经验对基金收益、绩效和风险的影响，在增加了基金管理公司特征作为解释变量之后，结果稳健。一是对基金收益的影响结果完全稳健；二是对基金绩效的两个指标的影响中，对 Jensen $-\alpha$ 指数影响的结果完全稳健，对 FF $-\alpha$ 影响的回归系数的符号发生了变化，但是在加入基金管理公司特征作为解释变量前后都未能够通过显著性检验；三是对基金风险的影响结果完全稳健，甚至对总风险的影响由原来都未能够通过显著性检验变化为有三个模型通过了显著性检验。

因此，完全可以认为，在将基金管理公司特征变量和基金经理特征变量共同作为解释变量和二者分别作为解释变量检验对基金收益、绩效和风险的影响所得出的结果是稳健的。这表明，对第 5 章假说的验证在分别以基金管理公司特征和基金经理特征作为解释变量和两方面特征同时作为解释变量时没有差别。

7.4　本 章 小 结

本章实证检验了基金经理特征对基金收益、绩效和风险的影响，并且把基金管理公司特征和基金经理特征同时作为解释变量检验了分别以基金管理公司特征和基金经理特征作为解释变量时所得出结果的稳健性。可以看出：

第一，基金经理性别对基金收益、绩效和风险的影响所得出的实证结果未能够证实假说 8。从回归系数的符号看男性基金经理相对女性基金经理具有更高的收益和绩效，但是未能够通过显著性检验；男性基金经理相对于女性基金经理具有显著更低的系统性风险，对总风险和对非系统性风险的影响未能够通过显著性检验。

第二，基金经理的学历对基金收益、绩效和风险的影响所得出的实证结果也未能够证实假说 9。具有博士学位的基金经理无论是绩效还是收益低于硕士及以下学历的基金经理；具有博士学位的基金经理具有显著更低的非系统性风险，对总风险和对系统性风险的影响未能够通过显著性检验。

第三，基金经理的经验对基金收益、绩效和风险的影响所得出的实证结果没有能够完全证实假说 10。担任基金经理的时间对基金收益和绩效没有显著的影响，系数符号不稳定；担任基金经理的时间对基金风险的影响为负相关，表明基金经理任职的时间越长，基金经理控制风险的能力越强。

第四，基金管理公司特征和基金经理特征同时作为解释变量与二者分别作为解释变量对基金收益、绩效和风险的影响基本一致，结果稳健。尤其需要说明的是，在同时考察基金管理公司和基金经理特征对基金绩效和风险的影响时，有些解释变量的影响从不显著变为了显著，如基金管理公司是否合资对基金总风险的影响、基金经理性别对基金绩效的影响、基金经理经验对基金总风险的影响等。

第 8 章

结论、政策建议及有待进一步研究的问题

本章总结全书，给出全书的结论、政策建议或启示和有待进一步研究的问题。

8.1 结 论

本书主要研究了基金管理公司和基金经理特征及其对基金绩效的影响，得出的结论有：

第一，基金管理公司和基金经理的特征各异，并且差别较大。从基金管理公司的股东性质、股权结构、内部治理结构等方面考察基金管理公司的总体特征，主要表现为：一是股东性质多元化，从原来只有证券公司和信托公司才能够作为基金管理公司的发起人和主要股东，到商业银行、保险公司、投资公司等都可以，并且外资、实业公司甚至自然人等都可以成为基金管理公司的股东；二是基金管理公司的股权结构各异，并且不断变化，表现为绝对控股型、相对控股型和分散持股型等多种类型，以绝对控股型为主，相对控股型其次，分散持股不到10%；三是内部治理结构多样化，从基本框架上基本相同，都拥有董事会、监事会、独立董事、督察长等，但是董事会规模、监事会规模、独立董事人数及其占比等存在差别。

从性别、年龄、学历及其毕业院校和从业经验等方面考察基金经理的总体特征，主要表现为：一是总体上男性基金经理多于女性，同时女性基

金经理的比例也在不断提高；二是基金经理相对都比较年轻；三是基金经历的学历都相对比较高，而且名校毕业的占比绝大多数；四是基金经理的从业时间普遍不长，特别是在职的基金经理。

第二，基金管理公司的第一大股东性质、是否合资、股权结构和内部治理结构等特征会影响基金绩效。通过逻辑分析和实证检验，可以得出：一是基金管理公司第一大股东性质、股权结构、独立董事占比和监事会规模对基金收益和绩效具有显著的影响，是否合资、董事会规模和总经理是否董事对基金收益和绩效的影响不显著；第一大股东性质、是否合资、监事会规模对基金风险的影响显著，股权结构、董事会规模、独立董事比例和总经理是否董事对基金风险的影响不显著；二是第一大股东性质会影响基金收益、绩效和风险，相对于第一大股东不是证券公司的基金管理公司所管理的基金，第一大股东是证券公司的基金管理公司所管理的基金低收益、低绩效、低风险；相对于第一大股东不是信托公司的基金管理公司所管理的基金，第一大股东是信托公司的基金管理公司所管理的基金高收益、高绩效、高风险；相对于第一大股东不是商业银行的基金管理公司所管理的基金，第一大股东是商业银行的基金管理公司所管理的基金低收益、低绩效、高风险；三是合资基金管理公司具有显著更高的总风险和非系统性风险；四是基金管理公司的股权结构与基金收益和绩效负相关，股权集中度越高，基金收益和基金绩效越低；五是基金管理公司董事会的独立董事占比与基金收益正相关；六是基金管理公司的监事会规模与基金收益、绩效和风险之间负相关。

第三，基金经理性别、学历和从业经验等特征会影响基金绩效。通过逻辑分析和实证检验，可以得出：一是在单独考察基金经理特征的影响时，基金经理性别和从业经验对基金收益和绩效的影响不显著；基金经理的学历对基金收益和绩效的影响显著；基金经理的性别、学历和从业经验对基金风险有显著影响，但不是对总风险、系统性风险和非系统性风险都有显著影响；在同时考察基金管理公司和基金经理特征的影响时，基金经理的性别对基金绩效的影响显著，男性基金经理具有更高的基金绩效；二是男性基金经理相对于女性基金经理所管理的基金具有更低的系统性风险；三是具有博士学位的基金经理相对于硕士及以下学历的基金经理具有更低的收益、绩效和非系统性风险；四是基金经理经验与基金风险负相关，表明基金经理的经验对控制基金风险有作用。

8.2 政策含义和启示

通过对中国基金管理公司和基金经理特征及其与基金绩效关系的分析和实证检验所得出的结论，可以得出对基金业监管部门、基金管理公司和基金投资者的若干政策含义和启示。

8.2.1 对基金业监管部门的政策建议

第一，必须要加强监管和执法力度，特别是对基金管理公司与股东可能存在的关联交易等进行监管。基金管理公司的股东性质、主要股东性质、是否合资和股权结构及内部治理结构等都是按照监管部门逐渐建立和完善的相关制度发展和完善的。然而，无论 2000 年财经杂志报道的《基金黑幕》还是中国证券投资基金业协会发布的"纪律处分决定"[①] 都表明基金管理公司通过违法违规操作侵害基金份额持有人利益的情况时有发生。对基金份额持有人利益的侵害最典型地体现为基金收益和基金绩效的降低，比如基金管理公司与股东之间的关联交易不仅会降低基金收益和基金绩效还会提高基金风险。对此，监管部门已经采取了很多措施，制定了相对比较完善的制度，如督察长制度，也取得了相对比较好的效果。要杜绝和避免基金管理公司的违法违规操作，避免对基金投资者利益的侵犯，不仅要制定完善的制度还需要保证制度的实施。

第二，也要逐渐放松对基金业发展的管制，特别是进入管制。中国基金业的发展实际上就是一个管制逐渐放松的过程，最典型地体现为股东性质、主要股东性质上。当然，这种放松管制的过程可能受到各种因素的影

---

① 中国证券投资基金业协会网站上发布的"纪律处分决定"[EB/OL]. http://www.amac.org.cn/xxgs/jlcf/.

响，如加入 WTO 开放资本市场的要求放松了外资股东的限制，建立起了许多合资基金管理公司，如为了超常规发展基金业，放松了对主要股东资格条件的限制，并且允许商业银行、保险公司等成为基金管理公司的发起人。本书的实证结果表明，虽然证券公司和信托公司是中国基金业最早的发起人和股东，然而以证券公司为第一大股东的基金管理公司所管理的基金相对于非证券公司作为第一大股东的基金管理公司所管理的基金并没有表现出明显的优势，反而是以非证券公司、非信托公司和非银行为第一大股东的基金管理公司所管理的基金与证券公司、信托公司和银行作为一大股东的基金管理公司所管理的基金在收益和绩效方面没有显著的差别。由此可以得出，从基金收益和绩效的角度看，逐渐放开基金管理公司主要股东的性质限制并不会对基金收益和绩效产生明显影响。当然，这并非任意放开，而且在符合条件的基础上逐渐放松限制，以推动中国基金业的发展。

第三，进一步探索基金管理公司、基金经理与基金份额持有人利益相关、激励相容的基金运行模式，提高基金收益和绩效[①]

基金管理公司、基金经理与基金份额持有人的利益存在利益相关性，是因为基金管理公司能够得到的管理费是根据所管理基金的净值计提的，而基金份额持有人的利益最直接体现为所持有基金的单位份额净值。然而，他们的利益并不总是一致，最典型的体现就是单位基金份额净值如果下降，基金持有人的利益受损时，基金管理公司仍然能够计提管理费。只要基金份额数量不下降，单位基金份额净值虽然影响计提管理费的多少，但是不会改变基金管理公司计提的比重，甚至不会影响到管理费的总数额。所以，为保障基金份额持有人利益，提高基金收益和绩效并降低基金风险，最有效的途径是通过制度设计实现基金管理公司、基金经理与基金份额持有人的利益相容。

可以探索基金管理公司员工，包括高管、董事、基金经理等，成为所管理基金的份额持有人模式。2012 年之前，基金管理公司的员工是不被允

---

① 这一部分的内容参考笔者发表的论文：董丽娃. 基金份额持有人利益优先原则的实现：外部约束与内在激励 [J]. 理论学刊，2016（2）.

许持有本公司管理或本人管理的基金份额的；而2012年中国证监会发布的《关于基金从业人员投资证券投资基金有关事项的规定》鼓励基金管理公司的高管等持有本公司管理甚至本人所管理的基金份额，从一定程度上讲是为了实现基金管理公司员工、基金经理等的利益与基金份额持有人利益的一致。不仅要允许基金管理公司高管和基金经理持有本公司所管理的基金份额，还要进一步规定他们持有的比重和时间，避免短期持有和投机基金损害基金份额持有人的利益。一是规定基金管理公司高管、董事等持有本公司所管理基金份额的上限和下限。规定上限的目的是为了避免他们过度投资于本公司所管理的基金，成为直接利益相关人，这时损害的不是基金份额持有人的利益，而很可能是潜在基金投资者的利益；规定下限的目的是为了避免他们投资于本公司所管理的基金不起作用，如果份额或比例非常小的话，可能就起不到对基金管理公司高管等的约束作用。至于上限和下限到底应该为多少，还可以再进一步探讨。二是规定他们持有的时间，主要是为了避免基金管理公司高管和基金经理的投机性交易，比如在其任期内必须持有，甚至在其离职之后的一段时期内也必须持有，这样就能够将基金管理公司高管和员工等的利益与基金份额持有人的利益完全一致了。三是规定基金经理持有所管理基金的份额比重区间和时间，基金经理持有所管理基金的比重不一定太高，但是一定要在其任期内一直持有，甚至在其离任后的一段时间内持有。在基金管理公司高管、董事、基金经理等持有所管理基金的份额之后，就与基金份额持有人的利益绑定在一起，至少可以避免侵犯基金份额持有人利益的潜在可能性。

探索基金管理费的计提与单位基金份额净值直接相关而不是只与基金净值相关的模式。让基金管理公司、基金经理等既分享到单位基金份额净值上升带来的收益又承担单位基金份额净值下降造成的损失，比如采取基金管理费计提的比例可以随着单位基金份额净值的提高累进提高，随着单位基金份额净值的下降而累进下降，而不是固定在某个比例不变。这能够在一定程度上实现基金管理公司的利益与基金份额持有人的利益相容，而不是基金管理公司的利益与基金份额单位净值的变化不相关。一是规定基金份额单位净值在某个区间变动时管理费比率作为基准，比如单位净值在

10% 区间变化时管理费比率为 1.5%①；二是基金份额单位净值提高超过一定比例之后，管理费比率可以适当提高，比如单位净值提高超过 10% 后管理费比率可以提高到 1.6% 或者按照超过的比例越高管理费比率越高的原则累进；三是基金份额单位净值下降超过一定比例之后，管理费比率适当下降，比如单位净值下降超过 10% 后管理费比率可以下降到 1.4% 或者按照超过的比例越大管理费比率越低的原则累退。这样，基金管理公司能够分享到基金份额单位净值提高带来的收益，也要承担基金份额单位净值下降造成的损失，从而激励基金管理公司尽可能提高基金份额单位净值而尽可能避免基金份额单位净值下降。

8.2.2 对基金管理公司的启示

第一，从收益、绩效和风险的角度看，基金管理公司未必要引进外资组建合资基金管理公司。因为基金管理公司合资并未带来明显的收益和绩效改善，反而提高了基金风险。中国在对外资开放基金管理公司之后，合资基金管理公司的发展一度非常迅速，不仅新组建的基金管理公司引进外资，而且已经组建的基金管理公司也引进外资走合资的道路。虽然从理论上看外资可以带来先进的管理经验、先进的投资理念、理论、工具和方法等，但是国外的管理经验或投资理念等未必适应中国。同时，国外的管理经验或投资理念等不能够适应中国，恰好可能是因为外资在基金管理公司中的实力或地位还比较小，难以从制度和实践上改变中国基金业甚至资本市场的发展状况，如果从这个角度看，不仅不能限制外资进入，反而应该大力鼓励基金管理公司积极引进外资。

第二，从收益和绩效的角度看，基金管理公司要降低股权集中度。实证结果表明，基金管理公司的股权集中度与基金收益和绩效负相关，所以要提高基金收益和绩效应该降低股权集中度。从中国基金管理公司的股权

---

① 之所以是 1.5%，是因为我国基金业管理费提取的具体办法是"按照前一日基金净资产值以 1.5% 的年费率逐日提取"。见龚红. 基金经理激励体系对其投资行为的影响研究［M］. 中国社会科学出版社，2011：11.

持有情况看，中国基金管理公司全部为非上市公司，其股东除了少数基金管理公司存在自然人股东外其他全部都是机构股东，包括证券公司、信托公司、商业银行、保险公司、财务公司以及实业公司等，有的基金管理公司甚至就是一家股东100%持股。为了降低股权集中度，一是建议基金管理公司多引进股东，提高基金管理公司的资本金，降低股权集中度；二是建议推进基金管理公司的上市，增加自然人股东，降低第一大股东对基金管理公司的控制程度。

第三，从基金管理公司的内部治理结构对基金绩效的影响看，提高独立董事占比，降低监事会规模。一是适当增加独立董事的人数和比重。实证结果表明，独立董事占比与基金收益正相关。按照美国证券交易委员会（SEC）1962年发布的沃顿报告，"40%的独立董事比例对基金监管起不到应有的效果，于是SEC在2003年将独立董事比例提高到2/3"（肖继辉、彭文平，2010），中国将独立董事人数下限规定为3人，比例不低于董事会规模的1/3，实际中各基金管理公司虽然都能够符合这一规定，但是对比美国的40%或2/3显然是太低了。无论是从独立董事占比与基金收益的相关关系看还是美国的经验看，都应该提高独立董事人数及其占比。二是适当降低监事会规模。实证结果表明，监事会规模与基金收益和基金绩效负相关，要提高基金收益和基金绩效应该适当降低监事会规模。但是，监事会规模也不应该低于3人，这基本上是最低人数要求，因为监事会既要有外部监事还要有内部监事。

第四，基金管理公司对基金经理的选择应该重视学历和从业经验。一是实证研究表明，具有博士学位的基金经理所管理基金的收益低于硕士及以下基金经理所管理的基金，因此从收益的角度看，没有必要选择博士基金经理，但是博士基金经理所管理的基金具有显著更低的非系统性风险，因此从基金管理公司控制基金风险的角度看，学历还是非常重要的。二是实证检验没有支持从业经验与基金收益和绩效正相关的判断，但是验证了从业经验越久风险越低的判断，所以单纯从基金收益和绩效的角度看，基金经理的经验不太重要，但是从控制风险的角度看，基金管理公司还是要选择长期担任基金经理者。

8.2.3　对基金投资者的启示

基金投资者在选择投资时会将基金管理公司和基金经理作为重要因素，重要的不是哪家公司或哪个经理，而是要考虑具备什么特征的基金管理公司或基金经理。

第一，要重点考虑基金管理公司的第一大股东性质、是否合资、股权结构、独立董事占比和监事会规模等因素，董事会规模和总经理是否董事等因素不重要。一是如果从基金收益和绩效的角度看，应该选择投资信托公司为第一大股东的基金管理公司，当然也要面对较高的风险，不应该选择商业银行作为第一大股东的基金管理公司，因为第一大股东为商业银行的基金管理公司所管理的基金与第一大股东不是商业银行的基金管理公司所管理的基金比较具有低收益、低绩效和高风险的特点。二是股权集中度不能够太高，因为实证结果表明基金绩效和基金收益与基金管理公司的股权集中度负相关。三是应该选择独立董事占比高的基金管理公司，因为实证结果表明独立董事占比与基金收益和绩效正相关。四是应该选择监事会规模小的基金管理公司，因为监事会规模与基金收益和绩效负相关。五是不应该对合资基金管理公司抱有过高期望，合资基金管理公司的基金相对于中资基金管理公司所管理的基金并没有表现出更高的收益和绩效，反而具有更高的总风险和非系统性风险，既然如此，投资者更应该选择中资基金管理公司所管理的基金。

第二，从收益和绩效的角度看应该主要考虑基金经理的性别和学历，不要太在乎基金经理的从业经验，但是从风险的角度看，基金经理的三个方面的个人特征都应该考虑。实证结果表明，在单独考虑基金经理特征对基金收益和绩效的影响时，虽然基金经理的性别未能够通过显著性检验，但是在同时考虑基金管理公司和基金经理特征时基金经理性别对基金绩效的影响通过了显著性检验，表明基金经理的性别对基金绩效具有显著影响。学历对基金收益和绩效的影响一直很显著，但是基金经理的学历不是越高越好。从业经验对基金收益和绩效的影响都未能够通过显著性检验。从风险的角度看，既然男性基金经理相对于女性基金经理所管理的基金具有更低的风险、具有博士学位的基金经理所管理的基金具有更低的风险、从业经验越长的基金经理具有更低的风险，那么投资者在投资时应该选择具有更低风险的基金经理所管理的基金，即男性、博士学位和更长从业经验。

8.3　有待进一步研究的问题

随着中国对财富管理行业的需求越来越大，中国基金业在从老基金转化到新基金之后取得了飞速发展并将会进一步发展，对基金业相关问题的研究将会是一个常研究常新的问题。一篇论文能够研究清楚一个问题就已经实属不易。本书的研究虽然已经基本完成，但是总感觉意犹未尽，还有许多问题值得深入思考和研究。

第一，中国证券投资基金业的发展对宏观经济和金融市场的影响。中国基金业发展的目标之一是为了建立机构投资者，是为了形成更加理性的投资者，从而稳定中国的证券市场。截至 2016 年 6 月 30 日，中国的基金管理机构已经达到 100 多家，管理着 3000 多只基金①，那么中国基金业的发展是否起到了稳定证券市场的作用？是否起到了稳定证券市场投资者利益的作用？从更高层次看，无论是证券业的发展还是基金业的发展都是为了实现经济增长，那么中国基金业的发展到底多大程度上促进了中国经济的增长？从增加居民的财产性收入、全面建设小康社会的角度看，基金业对提高居民的财产性收入的贡献又有多大？这些问题都可以深入研究和探讨。

第二，就与本书最直接相关的主题来看，还有很多问题可以进行研究。一是选择更多的基金样本进行研究。本书选取了 140 只样本基金，占不到全部基金数量 5%，选择的全部都是股票型开放式基金，剔除了很多

---

① 截至 2016 年 6 月 30 日，中国共设立发行基金 3114 只，其中公募基金 2909 只、私募基金 205 只。见公募基金市场数据（2016 年 6 月）[EB/OL]. http://www. amac. org. cn/tjsj/xysj/jjgssj/390854. shtml。

样本，这就可能会导致以偏概全的问题。当然为了统计和计量经济学研究的需要，必须要做相关的数据处理，但是如果样本基金的数量更多、包含的基金类型更多的话，也许会得出完全不同的结论。二是对于基金管理公司和基金经理的特征可以有更多的解释变量，比如基金管理公司的注册地，90%的基金管理公司集中于上海、深圳和北京，只有不到10%的基金管理公司位于其他城市，基金管理公司的注册地是否影响基金绩效、多大程度上影响基金绩效？再比如，基金经理的婚姻状况，作为个人特征可能是其性格的表现也可能会在行事时考虑家庭因素从而会影响其投资行为，最终影响基金绩效，如何影响、影响程度多大等都可以进行深入研究。三是还可以增加更多控制变量。作为证券投资业的一部分，证券投资基金业的发展、绩效等都会受到宏观经济的影响、受到证券市场的影响。本书在研究基金管理公司特征和基金经理特征的时候所采用的主要是已有文献中常用控制变量，没有考虑宏观经济、证券市场波动等控制变量，如果增加相关控制变量之后结论也许会有所不同。

这也为后续的研究指出了方向和问题，进一步解决这些问题将成为笔者努力的目标。

参 考 文 献

［1］Andrew Clark. 基金规模大小会影响表现吗？ ［N］. 证券日报，2003 – 10 – 27.

［2］艾迪斯. 企业生命周期 ［M］. 中国社会科学出版社，1997.

［3］艾洪德，刘聪. 基金经理个人特征与基金投资风格 ［J］. 财贸经济，2008（12）：26 – 31.

［4］奥尔森. 集体行动的逻辑 ［M］. 上海三联书店，1995.

［5］蔡军祥. 美国共同基金治理结构与借鉴 ［J］. 经济纵横，2001（9）：40 – 43.

［6］蔡庆丰，李超. 开放式公司型基金治理结构的国际比较 ［J］. 新金融，2002（10）：36 – 38.

［7］蔡云红. 我国基金公司治理制度的反思与创新 ［J］. 学术交流，2011（10）：62 – 65.

［8］曹丽. 股票型开放式基金业绩评价体系研究 ［D］. 山东大学硕士学位论文，2008.

［9］曹小清，J. Bilderbeek. 中国投资基金业绩的驱动力——对中美投资基金的考查研究 ［J］. 证券市场导报，2002（12）：53 – 59.

［10］曹小清. 中国证券投资基金的业绩控制：理论与实践 ［M］. 经济科学出版社，2003.

［11］陈斌彬. 证券投资基金管理人不当行为的法律规则 ［M］. 厦门大学出版社，2009.

［12］陈程程. 基金经理个人特征对股票型基金风险的影响 ［D］. 吉林大学硕士学位论文，2013.

［13］陈浪南，朱杰，熊伟. 时变贝塔条件下的基金多市场择时能力研究 ［J］. 管理科学学报，2014（2）：58 – 68.

［14］陈莉. 基金管理公司内部治理问题研究［J］. 现代管理科学，2007（6）：118 – 119.

［15］陈立梅. 基金经理人力资本特征对基金业绩影响的分析与研究——以开放式基金为例［J］. 南京邮电大学学报（社会科学版），2010（2）：70 – 75.

［16］陈立梅. 基金经理人力资本特征与基金业绩关系的实证研究［J］. 现代管理科学，2008（11）：117 – 119.

［17］陈亮. 美国基金公司治理结构的实证研究［J］. 证券市场导报，2001（11）：45 – 50.

［18］陈强. 高级计量经济学及 Stata 应用［M］. 高等教育出版社，2010.

［19］陈收，杨宽，吴启芳，舒彤. 投资基金绩效评价的 Sharpe 指数与衰减度实证分析［J］. 管理科学学报，2003（3）：79 – 85.

［20］陈四汝. 公司型证券投资基金法人治理结构研究［D］. 中国社会科学院研究生院博士学位论文，2001.

［21］陈小悦，徐晓东. 股权结构、企业绩效与投资者利益保护［J］. 经济研究，2001（11）：3 – 11.

［22］陈学荣. 投资基金业绩综合评估的指数法及其应用［J］. 财贸经济，2000（5）：37 – 38.

［23］陈学荣，张银旗，周维. 投资基金的历史绩效评估［J］. 经济学动态，2000（5）：19 – 21.

［24］陈彦玲，胡丽霞. 我国开放式基金绩效评价的实证研究［J］. 经济与管理研究，2003（2）：61 – 64.

［25］陈圆圆. 基金经理人口背景特征与基金业绩的关系［D］. 南京大学硕士学位论文，2012.

［26］程巍. 证券投资基金公司管理及基金投资行为分析［M］. 知识产权出版社，2007.

［27］程晓明. 证券投资基金与上市公司治理结构［J］. 经济与管理研究，1999（2）：34 – 37.

［28］崔新生，王洪波. 中国基金的方向：2002 中国基金论坛前沿报

告 [M]. 民主与建设出版社, 2003.

[29] 代昀昊. 关于团队基金经理是否更具优势的比较研究 [J]. 证券市场导报, 2013 (4): 73 - 78.

[30] 邓超, 袁倩. 基于动态 DEA 模型的证券投资基金绩效评价 [J]. 系统工程, 2007 (1): 111 - 117.

[31] 董丽娃, 李增刚. 基金份额持有人利益优先原则的实现: 外部约束与内在激励 [J]. 理论学刊, 2016 (2): 67 - 75.

[32] 董青. 基金管理公司治理之独立董事制度分析 [D]. 西南财经大学 EMBA 学位论文, 2010.

[33] 杜珂. 证券投资基金管理公司治理结构研究 [D]. 西南政法大学硕士学位论文, 2007.

[34] 杜书明. 基金绩效衡量: 理论与实证研究 [M]. 中国社会科学出版社, 2003.

[35] 杜小艳, 刘晶晶, 杨雨薇. 证券投资基金管理公司治理结构与投资业绩关系研究 [J]. 改革与战略, 2016 (10): 76 - 79.

[36] 范新安. 证券投资基金业绩评价研究 [M]. 经济科学出版社, 2014.

[37] 方桂荣. 中国投资基金监管法律制度研究 [M]. 中国政法大学出版社, 2012.

[38] 菲利普·劳顿、托德·扬科夫斯基. 投资绩效测评: 评估和结果呈报 [M]. 机械工业出版社, 2013.

[39] 冯军. 证券投资基金管理公司的双重委托代理关系及内部治理研究 [J]. 当代经济科学, 2006 (3): 119 - 121.

[40] 傅安里, 马超群, 杨晓光. 证券投资基金波动择时能力研究 [J]. 当代财经, 2005 (1): 53 - 57.

[41] 高鹤, 李旻文, 高峰. 基金经理风险偏好、投资风格与基金业绩——基于性别个人特征的视角 [J]. 投资研究, 2014 (5): 82 - 96.

[42] 高美林. 我国偏股型开放式基金规模与基金绩效的实证研究 [J]. 财经界·学术版, 2015 (9): 23 - 25.

[43] 高培涛. 证券投资基金与公司高管报酬的关系研究 [J]. 山东

社会科学, 2010 (3): 137 - 140.

[44] 高士亮. 开放式基金规模与公司业绩关系的实证研究 [J]. 经济经纬, 2009 (2): 95 - 98.

[45] 高远. 基金公司股权结构对基金业绩的影响性研究 [D]. 复旦大学硕士学位论文, 2012.

[46] 龚红. 基金经理激励体系对其投资行为的影响研究 [M]. 中国社会科学出版社, 2011.

[47] 关山晓. 基金经理特征对基金绩效的影响研究 [D]. 吉林大学硕士学位论文, 2016.

[48] 郭峰、陈夏等. 证券投资基金法导论 [M]. 法律出版社, 2008.

[49] 郭建军, 刘浩. 净收益率指标对基金绩效评估的可靠性 [J]. 统计与决策, 2003 (2): 10 - 11.

[50] 郭树华. 我国股票型开放式基金绩效评估的实证研究 [J]. 云南财经大学学报, 2011 (5): 84 - 93.

[51] 郭文伟, 宋光辉, 许林. 基金经理的个人特征对基金风格漂移的影响研究 [J]. 软科学, 2010 (2): 123 - 128.

[52] 国胜铁, 钟廷勇, 李江娜. 中国开放式证券投资基金选股与择时能力实证研究 [J]. 学习与探索, 2013 (6): 115 - 118.

[53] 韩坚, 沈晓霞. 基于 Panel Data 的证券投资基金择时选股能力分析 [J]. 浙江社会科学, 2005 (2): 31 - 35.

[54] 郝臣. 国外公司治理与公司绩效关系研究综述——1976 年 ~ 2006 年经典文献梳理 [J]. 审计与经济研究, 2009 (2): 107 - 112.

[55] 郝旭光, 黄人杰, 刘延锋. 博弈论和委托代理理论在基金公司治理问题研究中的应用 [J]. 管理现代化, 2004 (5): 56 - 59.

[56] 何德旭. 中国投资基金制度变迁分析 [M]. 西南财经大学出版社, 2003.

[57] 何佳, 何基报, 王霞, 翟伟丽. 机构投资者一定能够稳定股市吗?——来自中国的经验证据 [J]. 管理世界, 2007 (8): 35 - 42.

[58] 何杰. 独立董事、治理结构与中国契约型基金的绩效 [J]. 南

开管理评论，2005（2）：41－48.

[59] 何杰，杨丹. 什么影响着中国基金管理公司的投资业绩 [J]. 财贸经济，2010（1）：44－50.

[60] 何杰. 证券投资基金治理结构特征与绩效关系的经验研究 [J]. 管理评论，2005（8）：3－8、33.

[61] 何晓宇. 证券投资基金 [M]. 立信会计出版社，2012.

[62] 何孝星. 我国契约型基金治理结构的优化 [J]. 经济理论与经济管理，2003（11）：29－33.

[63] 何孝星. 证券投资基金运行论 [M]. 清华大学出版社，2003.

[64] 何孝星. 中国证券投资基金发展论 [M]. 清华大学出版社，2003.

[65] 何媛媛，卢大印. 基金业公司治理的国际比较及借鉴 [J]. 经济理论与经济管理，2004（1）：33－37.

[66] 洪君. 开放式证券投资基金绩效的评价 [J]. 统计与决策，2004（7）：45－46.

[67] 侯宇，叶冬艳. 机构投资者、知情人交易和市场效率——来自中国资本市场的实证证据 [J]. 金融研究，2008（4）：131－145.

[68] 胡昌生. 证券投资基金绩效评价方法 [J]. 数量经济技术经济研究，2001（4）：72－75.

[69] 胡金娥，杨万荣. 我国证券投资基金绩效评估的实证研究 [J]. 北京理工大学学报（社会科学版），2009（8）：58－62.

[70] 胡金焱. 投资基金：原理·国际比较·中国模式 [M]. 山东大学出版社，1996.

[71] 胡俊英. 我国基金经理个性特征对基金业绩的影响 [J]. 经济研究导刊，2009（32）：109－111.

[72] 胡倩. 转型经济中的证券投资基金绩效研究 [J]. 复旦学报，2006（3）：101－105.

[73] 胡天存，单耀文，陈靓. 基金绩效的综合评价研究 [J]. 统计与决策，2004（12）：40－41.

[74] 胡畏，张明. 基于持股数据的基金择股能力评价 [J]. 系统工

程理论与实践, 2006 (9): 26 - 32.

［75］胡艳. 动态视角下基金绩效的 Malmquist - DEA 指数评价 ［J］. 求索, 2016 (3): 108 - 113.

［76］胡艳. 基于 Logistic 型超效率 DEA 方法的基金绩效研究 ［J］. 经济论坛, 2015 (3): 83 - 87.

［77］黄晶. 公司治理中股东研究述评 ［J］. 现代管理科学, 2010 (2): 63 - 65.

［78］黄人杰. 证券投资基金管理人法律制度研究 ［M］. 中国工商出版社, 2004.

［79］黄佐钘. 机构投资者行为及政策引导研究——以证券投资基金为例的实证研究 ［M］. 上海财经大学出版社, 2012.

［80］惠晓峰, 迟巍. VaR 风险度量模型在证券投资基金绩效评估中的应用 ［J］. 管理科学, 2002 (2).

［81］惠晓峰, 迟巍. 运用 RAROC 方法对我国证券投资基金业绩评估的分析 ［J］. 数量经济技术经济研究, 2002 (11): 113 - 116.

［82］加利·L. 甘斯梯纽. 交易所交易基金 ［M］. 上海财经大学出版社, 2004.

［83］江萍, 田澍, CheungYan - Leung. 基金管理公司股权结构与基金绩效研究 ［J］. 金融研究, 2011 (6): 123 - 135.

［84］江翔宇. 公司型基金法律制度研究: 以基金治理结构为核心 ［M］. 上海人民出版社, 2011.

［85］姜玲, 章健敏, 黄晶. 基金经理个人特质对基金业绩的影响 ［D］. 科技经济市场, 2015 (4): 19 - 20.

［86］蒋天虹. 基金个体特性、家族特征与基金业绩的关系研究 ［J］. 中央财经大学学报, 2009 (2): 46 - 50.

［87］介勇虎, 任颋. 中国基金管理公司的所有权结构与绩效 ［J］. 浙江金融, 2011 (12): 51 - 54.

［88］J. M. 伍德里奇. 计量经济学导论: 现代观点 ［M］. 中国人民大学出版社, 2005.

［89］赖建清, 李常青, 谢志锋. 公司董事会特征与绩效研究综述

[J]. 当代财经, 2004 (8): 74 - 77.

[90] 李滨, 杨蔚东. 董事会在我国基金公司治理中的定位与作用 [J]. 经济界, 2003 (4): 49 - 51.

[91] 李操纲, 潘镇. 共同基金治理结构模式的国际比较及其启示 [J]. 当代财经, 2003 (3): 48 - 52.

[92] 李超. 股权结构对基金公司经营绩效的影响 [D]. 西南财经大学硕士学位论文, 2014.

[93] 李春琦, 孙晶晶, 刘刚. 基金经理决策权对基金管理公司业绩与风险影响实证研究 [J]. 经济管理, 2010 (5): 121 - 125.

[94] 李福宏, 陈忠阳. 基于 CAPM 理论的证券基金绩效分析 [J]. 北京理工大学学报 (社会科学版), 2010 (6): 69 - 71, 81.

[95] 李海龙. 共同基金监督机制研究: 以 "公司型" 基金为研究重点 [M]. 知识产权出版社, 2012.

[96] 李红权, 马超群. 中国证券投资基金绩效评价的理论与实证研究 [J]. 财经研究, 2004 (7): 56 - 65.

[97] 李金林, 赵中秋. 证券投资基金绩效评估的模型与方法 [J]. 北京理工大学学报, 2003 (3): 265 - 270.

[98] 李梦佳. 该选择男性基金经理还是女性基金经理 [J]. 经济研究导刊, 2014 (17): 242 - 244.

[99] 李娜. 中国基金管理公司内部治理及其绩效的相关性研究 [D]. 扬州大学硕士学位论文, 2010.

[100] 李平, 曾德明, 汪忠. 董事会结构影响公司业绩归因过程的机理分析 [J]. 财经理论与实践, 2004 (1): 99 - 103.

[101] 李奇泽. 我国证券投资基金行为问题研究 [M]. 知识产权出版社, 2015.

[102] 李琪, 李光泉. 证券投资基金绩效评价方法与实证研究 [J]. 哈尔滨工业大学学报 (社会科学版), 2004 (4): 63 - 67.

[103] 李姝. 证券投资基金绩效评价方法及其一致性分析 [J]. 社会科学辑刊, 2002 (2): 98 - 102.

[104] 李双杰, 范超. 随机前沿分析与数据包络分析方法的评析与比

较 [J]. 统计与决策, 2009 (7): 25 - 28.

[105] 李维安. 公司治理学 [M]. 北京: 高等教育出版社, 2003.

[106] 李宪立. 证券投资基金业绩评价研究 [M]. 上海财经大学出版社, 2009.

[107] 李翔, 林树, 陈浩. 为什么基金投资收益与基金规模负相关——一个新的理论解释 [J]. 学海, 2009 (2): 112 - 117.

[108] 李晓梅, 刘志新. 经理特性对基金业绩的影响及内在归因分析 [J]. 经济经纬, 2010 (3): 143 - 147.

[109] 李学峰, 徐华, 李荣霞. 基金投资风格一致性及其对基金绩效的影响 [J]. 财贸研究, 2010 (2): 89 - 97.

[110] 李学峰, 张舰. 基金公司治理结构是否影响基金绩效 [J]. 证券市场导报, 2008 (2): 54 - 60.

[111] 李曜编. 证券投资基金学 (第二版) [M]. 清华大学出版社, 2005.

[112] 李曜编. 证券投资基金学 (第三版) [M]. 清华大学出版社, 2008.

[113] 李曜, 游搁嘉编. 证券投资基金学 (第四版) [M]. 清华大学出版社, 2014.

[114] 李豫湘, 程剑, 彭聪. 基金经理个人特性对基金业绩影响的研究 [J]. 价值工程, 2006 (12): 151 - 155.

[115] 李仲翔, 杨晓光, 汪寿阳. 美国基金行业公司治理的独立性及对中国基金监管的启示 [J]. 国际金融研究, 2001 (7): 51 - 55.

[116] 厉以宁, 曹凤岐. 跨世纪的中国投资基金业 [M]. 经济科学出版社, 2000.

[117] 林坚, 郑慧清, 王宁, 陈宇峰. 证券投资基金规模与绩效实证分析 [J]. 商业研究, 2002 (11): 111 - 114.

[118] 林兢, 陈树华. 我国开放式基金业绩持续性、经理选股和择时能力 [J]. 经济管理, 2011 (2): 132 - 138.

[119] 刘超. 系统动力学范式下中国证券投资基金制度研究 [M]. 天津大学出版社, 2009.

［120］刘传葵，高春涛．契约型与公司型、公募与私募之基金治理结构比较［J］．浙江金融，2002（10）：24－27．

［121］刘传葵．中国投资基金市场发展论［M］．中国金融出版社，2001．

［122］刘春奇．基于基金公司性质研究股权结构对公司绩效的影响［J］．财会月刊，2015（8）：122－125．

［123］刘聪．基金投资风格、基金业绩与基金经理个人特征研究［D］．东北财经大学博士学位论文，2009．

［124］刘建国．公司型基金与契约型基金的治理结构比较研究［D］．湖南大学硕士学位论文，2003．

［125］刘建桥，陈方正，孙文全．基于时变的我国开放式基金选股和择时能力定量分析［J］．华东师范大学学报（自然科学版），2007（2）：299－303．

［126］刘金石，王贵．公司治理理论：异同探源、评介与比较［J］．经济学动态，2011（5）：80－85．

［127］刘晶晶．证券投资基金管理公司治理结构与投资业绩关系的研究［D］．华南理工大学硕士学位论文，2015．

［128］刘可，田存志．基金经理的个人特征和基金业绩［J］．南方金融，2012（9）：55－60，73．

［129］刘名旭．监事会、公司治理与公司绩效——基于民营上市公司的研究［J］．华东经济管理，2007（10）：95－98．

［130］刘芍佳，孙霈，刘乃全．终极产权论、股权结构及公司绩效［J］．经济研究，2003（4）：51－62．

［131］刘绍娓．所有权与公司绩效：基于文献综述的认知［J］．财政研究，2012（11）：14－16．

［132］刘霞．证券投资基金绩效评价方法及实证分析［J］．商业研究，2004（5）：48－51．

［133］刘笑萍，黄晓薇．基于时变β的基金绩效评价方法及实证研究［J］．当代经济科学，2009（4）：116－123．

［134］刘永文，辛旸，黄立根．阳光私募基金经理的海外背景对基金

业绩的影响 [J]. 贵州大学学报·自然科学版, 2016 (2): 129 – 133.

[135] 刘月珍. 我国证券投资基金绩效及发展研究 [D]. 浙江大学博士学位论文, 2002.

[136] 刘云中. 证券投资基金治理结构理论的新进展 [N]. 中国经济时报, 2003 – 2 – 14.

[137] 龙子泉, 赵红艳. 中国证券投资基金绩效实证研究 [J]. 统计与决策, 2005 (1) 下: 107 – 109.

[138] 卢学法, 严谷军. 证券投资基金绩效评价实证研究 [J]. 南开经济研究, 2004 (5): 79 – 84.

[139] 鲁炜, 蔡冬梅. 开放式基金规模与业绩关系的实证研究 [J]. 经济纵横, 2007 (8): 21 – 24.

[140] 陆明, 蒋海萍. 从博弈论角度看投资基金公司治理结构 [J]. 华东经济管理, 2003 (4): 122 – 124.

[141] 陆蓉, 李良松. 家族共同持股对基金管理公司业绩与风险的影响研究 [J]. 金融研究, 2008 (2): 140 – 151.

[142] 罗春风. 我国证券投资基金绩效的实证分析——基于业绩分解理论 [J]. 中南财经政法大学学报, 2011 (5): 95 – 101.

[143] 罗春风. 我国证券投资基金总体绩效的实证分析——基于总业绩评价理论 [J]. 财经科学, 2012 (3): 19 – 26.

[144] 罗松山. 投资基金与金融体制变革, 经济管理出版社, 2003.

[145] 罗真, 张宗成. 职业忧虑影响基金经理投资行为的经验分析 [J]. 世界经济, 2004 (4): 63 – 71.

[146] 骆盈盈, 任颋. 基金管理模式、投资风格与经营绩效: 来自中国公募基金探索性研究 [J]. 现代财经, 2015 (4): 22 – 33.

[147] 马超群, 傅安里, 杨晓光. 中国投资基金波动择时能力的实证研究 [J]. 中国管理科学, 2005 (4): 22 – 28.

[148] 马春阳, 华仁海. 基金家族的竞争对股票市场流动性与波动性的影响 [J]. 财经科学, 2008 (3): 51 – 58.

[149] 马春阳, 华仁海, 纪晓云. 基金家族的竞争对股票市场收益率的影响研究 [J]. 金融理论与实践, 2008 (5): 87 – 91.

［150］马清泉，刘钊等．中国基金业简史：1998～2013 ［M］．中国金融出版社，2014.

［151］马振江．我国基金管理公司独立董事制度的研究分析 ［J］．东北师大学报（社科版），2010 (3)：43－46.

［152］麦峥嵘．证券投资基金管理公司的治理研究 ［D］．华东理工大学硕士学位论文，2011.

［153］门庆兵，祝卫华．共同基金管理中的规模经济效应 ［J］．证券市场导报，2000 (12)：55－58.

［154］孟东晓．证券投资基金治理结构研究 ［D］．复旦大学博士学位论文，2003.

［155］倪苏云，攀登，吴冲锋．基于遗传算法的基金绩效综合评价研究 ［J］．系统工程，2003 (2)：1－6.

［156］牛鸿，詹俊义．中国证券投资基金市场择时能力的非参数检验 ［J］．管理世界，2004 (10)：29－35.

［157］欧明刚．基金治理结构研究 ［D］．中国社会科学院研究生院博士学位论文，2002.

［158］潘道义，何长岭．私募基金：理论·实务与投资 ［M］．机械工业出版社，2002.

［159］潘东，张建春．商业银行设立基金管理公司的若干思考 ［J］．银行家，2013 (4)：30－33.

［160］潘越，戴亦一，陈梅婷．基金经理的投资经验、交易行为与股市泡沫，中国工业经济，2011 (1)：120－129.

［161］庞丽艳，李文凯，黄娜．开放式基金绩效评价研究 ［J］．经济纵横，2014 (7)：91－95.

［162］彭耿，殷强．基金管理公司治理与基金业绩相关性实证研究 ［J］．湖南科技大学学报（社会科学版），2014 (3)：101－107.

［163］祁玲．我国基金管理公司股权结构与基金业绩的关系研究 ［D］．南京财经大学硕士学位论文，2010.

［164］钱建豪．基于 DEA 模型的我国开放式基金绩效评价体系及其实证研究 ［J］．当代财经，2005 (12)：42－46.

[165] 秦敬林. 我国契约型基金公司治理结构与绩效研究 [D]. 浙江大学硕士学位论文，2010.

[166] 卿石松. 监事会特征与公司绩效关系实证分析 [J]. 首都经济贸易大学学报，2008（3）：51-55.

[167] 屈年增. 基金业成长管理 [M]. 中信出版社，2006.

[168] 沈楠. 私募基金经理个人特征对基金绩效影响研究 [D]. 南京师范大学硕士学位论文，2014.

[169] 沈维涛，黄兴孪. 我国证券投资基金业绩的实证研究与评价 [J]. 经济研究，2001（9）：22-30.

[170] 盛军锋，郑海天. 美国开放式基金公司治理结构：现状与问题 [J]. 兰州学刊，2003（5）：74-76.

[171] 石磊. 略论深圳开展证券投资信托基金业务的可行性 [J]. 证券市场导报，1991（1）：19，39.

[172] 石兴乐. 私募基金经理个人特征与投资能力研究 [J]. 经济研究导刊，2015（20）：225-228.

[173] 史金艳，陈婷婷，魏殿凤. 基金经理性别与风险承担 [J]. 投资研究，2016（3）：105-118.

[174] 史历. 基金经理个人特征与基金业绩关系研究 [D]. 上海交通大学硕士学位论文，2012.

[175] 寿伟光. 论基金监管政策 [M]. 复旦大学出版社，2007.

[176] 宋国良. 证券投资基金：运营与管理 [M]. 人民出版社，2005.

[177] 宋煜凯. 中国证券投资基金运行研究 [M]. 知识产权出版社，2012.

[178] 宋运肇. 一种新兴的投资工具——单位信托基金简介 [J]. 上海金融，1991（5）：16-17.

[179] 孙冰岩. 基于 Fama-French 模型的开放式基金绩效评价 [J]. 统计与决策，2011（13）：144-146.

[180] 孙敬水，孙金秀. 我国上市公司监事会与公司绩效的实证检验 [J]. 统计与决策，2005（2）：64-65.

[181] 孙静，邱菀华. 基金绩效评估的新准则：推广的夏普准则 [J].

管理科学，2003（3）：39－42.

[182] 孙永祥，黄祖辉. 上市公司的股权结构与绩效 [J]. 经济研究，1999（12）：23－30，39.

[183] 孙煜扬. 阿拉丁神灯：证券投资基金发展历程 [M]. 中国金融出版社，2004.

[184] 谭政勋，王聪. 我国开放式基金业绩来源的实证研究 [J]. 当代财经，2004（11）：48－52.

[185] 唐振鹏，彭伟. 基于 CVaR 的 RAROC 对我国开放式基金绩效评价 [J]. 系统工程理论与实践，2010（8）：1403－1413.

[186] 滕莉莉，宋光辉. 我国投资基金管理公司治理的困境及对策分析 [J]. 经济问题探索，2011（4）：64－68.

[187] 田浩，李随成. 信息比率及其在基金绩效评价中的应用 [J]. 数学的实践与认识，2004（10）：36－43.

[188] 田静，陆蕾. 证券投资基金治理结构与绩效关系实证研究 [J]. 现代商业，2007（13）：36－37.

[189] 仝德良，许秀梅. 浅谈基金管理公司治理结构的改进 [J]. 财经理论与实践，2002（2）：75－76.

[190] 涂永红，张杨. 基金择时能力对绩效的影响 [J]. 证券市场导报，2004（10）：48－51.

[191] 屠新曙，朱梦. FF "三因素" 模型对我国基金绩效进行评价的实证研究 [J]. 公司治理评论，2010（4）：81－91.

[192] 王聪. 证券投资基金绩效评估模型分析 [J]. 经济研究，2001（9）：31－38.

[193] 王迪彬，包捷. 再谈设立 "福建基金" 的必要性 [J]. 福建金融，1991（4）：37－38.

[194] 王峰. 基金管理公司治理结构特征与基金绩效关系的实证研究 [D]. 陕西师范大学硕士学位论文，2011.

[195] 王赫一. 我国证券投资基金绩效评价及影响因素研究 [D]. 吉林大学博士学位论文，2012.

[196] 王洪波，刘传葵. 中国基金前沿报告：2004 [M]. 经济管理

出版社，2004.

[197] 王怀林. 发展我国共同基金的意义、条件和实施步骤 [J]. 金融研究，1991（7）：46-51.

[198] 王怀林. 共同基金初步研究 [J]. 国际金融研究，1991（5）：23-26.

[199] 王怀林. 共同基金及其对发展我国股票市场的作用 [J]. 特区经济，1991（6）：16-18.

[200] 王怀林. 试析我国基金绩效评估的描述性评价法 [J]. 河北经贸大学学报，2003（4）：79-80.

[201] 王辉. 基金管理公司治理中的代理问题——一个过度交易的视角 [J]. 华北电力大学学报（社会科学版），2009（6）：34-40.

[202] 王健超. 股权结构与绩效：基于中国基金管理公司的分析 [D]. 西南财经大学硕士学位论文，2006.

[203] 王敬，王颖. 基于主成分分析的基金绩效评价模型研究 [J]. 大连理工大学学报（社会科学版），2005（2）：68-73.

[204] 王岚. 基金管理公司的竞争力与基金绩效的研究——基于开放式偏股型基金数据 [D]. 浙江工业大学硕士学位论文，2013.

[205] 王立法. 中国证券投资基金业的发展情况及趋势研究 [D]. 北京交通大学硕士学位论文，2005.

[206] 王连洲，董华春.《证券投资基金法》条文释义与法理解析 [M]. 中国方正出版社，2004.

[207] 王敏高. 基金管理公司治理研究 [D]. 厦门大学硕士学位论文，2005.

[208] 王品，李紫沁. 基金经理个人特征对基金业绩的影响分析 [J]. 中国物价，2010（3）：32-35.

[209] 王世权，李维安. 监事会治理理论的研究脉络及进展 [J]. 产业经济评论，2009（1）：24-38.

[210] 王守法. 我国证券投资基金绩效的研究与评价 [J]. 经济研究，2005（3）：119-127.

[211] 王苏生. 证券投资基金管理人的责任 [M]. 北京大学出版社，

2001.

[212] 王尤，陈宇峰. 对我国证券投资基金绩效的实证分析——单因素评价模型 [J]. 山西财经大学学报，2002（6）：91-94.

[213] 魏殿凤. 基金经理性别对基金风险承担的影响研究 [D]. 大连理工大学硕士学位论文，2015.

[214] 魏中奇. 基金管理公司独立董事制度的结构分析 [J]. 证券市场导报，2005（4）：17-21.

[215] 魏中奇. 基金管理公司治理改革刻不容缓 [J]. 经济经纬，2005（6）：137-139.

[216] 吴丹青. 我国证券投资基金治理法律制度研究——亿基金管理公司治理结构为视角 [D]. 首都经济贸易大学硕士学位论文，2015.

[217] 吴劲华. 阳光私募基金经理的个人特征与基金业绩关系研究 [D]. 暨南大学硕士学位论文，2012.

[218] 吴淑琨. 股权结构与公司绩效的 U 型关系研究 [J]. 中国工业经济，2002（1）：80-87.

[219] 吴翔东. 证券投资基金管理公司股权结构与绩效研究 [D]. 山东大学硕士学位论文，2009.

[220] 吴晓灵. 投资基金法的理论与实践：兼论投资基金法的修订与完善 [M]. 上海三联书店，2011.

[221] 吴晓玲，徐层，刘永泰. 基金经理个人特征对基金绩效的影响——以景顺长城内需增长为例 [J]. 东方企业文化，2014（20）：237.

[222] 奚庆. 基金管理公司经营层持基激励的选择与完善 [J]. 商业研究，2011（8）：78-82.

[223] 奚庆. 我国证券投资基金管理人公司治理中基金份额持有人利益优先原则适用研究 [J]. 政治与法律，2011（3）：78-84.

[224] 夏斌. 国外共同基金简介 [J]. 金融研究，1991（3）：47-51.

[225] 向朝进，谢明. 公司治理结构与公司绩效 [J]. 四川大学学报（哲学社会科学版），2003（2）：45-50.

[226] 肖继辉. 基金治理与基金经理锦标赛激励效应研究 [M]. 科

学出版社，2012.

［227］肖继辉，罗彩球，彭文平．基金经理个人特征与投资能力研究［J］.商业研究，2012（3）：139-150.

［228］肖继辉，彭文平．基金管理公司内部治理及其效应分析——以开放式基金为样本［J］.审计与经济研究，2010（1）：105-112.

［229］肖继辉，彭文平．基金经理特征与投资能力、投资风格的关系［J］.管理评论，2012（7）：40-48.

［230］肖奎喜．中国开放式基金的投资绩效评价［M］.中国社会科学出版社，2009.

［231］肖欣荣，徐俐丽．基金经理过度自信与个人特征研究［J］.上海金融，2015（9）：81-86.

［232］谢铃娟．中国基金管理公司治理结构和绩效关系实证研究［D］.复旦大学硕士学位论文，2012.

［233］谢青青．基金公司独立董事比例对基金绩效影响研究［J］.财会通讯，2013（12）：4-5.

［234］熊胜君，杨朝军．基金经理调整对基金择股能力和择时能力的影响［J］.上海交通大学学报，2006（4）：19-23.

［235］徐静，张黎明．证券投资基金股权结构与绩效的实证研究［J］.软科学，2007（2）：56-59.

［236］徐静．证券投资基金治理模式和公司治理模式的比较研究［J］.经济体制改革，2005（2）：138-141.

［237］徐莉萍，辛宇，陈工孟．股权集中度和股权制衡及其对公司经营绩效的影响［J］.经济研究，2006（1）：90-100.

［238］徐明东，黎捷．我国基金经理人特征与业绩的关系分析［J］.世界经济情况，2005（9）：24-27，5.

［239］徐琼，赵旭．我国基金经理投资行为实证研究［J］.金融研究，2008（8）：145-155.

［240］徐颖，刘海龙．基金的投资绩效归因分析及实证研究［J］.系统工程，2006（1）：76-81.

［241］许辉．我国资本市场与证券投资基金互动关系研究［M］.浙

江工商大学出版社有限公司，2008.

[242] 许永峰，赵小玥，赖雨恒，赵任洁．一种新的开放式基金绩效评价方法 [J].西北大学学报·自然科学版，2015（4）：525–531.

[243] 许友传，唐松莲．何种特征属性决定了基金经理的业绩提升 [J].上海管理科学，2010（1）：75–79.

[244] 薛锋，董颖颖．证券投资基金绩效评价指标评析及实证 [J].西安交通大学学报（社会科学版），2002（3）：41–44.

[245] 薛圣召，管晓永．开放式基金绩效评价的四因素模型实证研究 [J].金融教学与研究，2011（1）：63–65，69.

[246] 闫作远，陈超．基金经理选股及择时能力研究 [J].当代财经，2008（10）：46–52.

[247] 晏艳阳，邓开．基金经理个人特征对基金绩效的影响及其机理研究 [J].南方金融，2015（5）：69–76.

[248] 杨爱军，孟德锋．考虑高阶矩的广义 Sharpe 指数影响的投资基金绩效评价 [J].统计与决策，2012（20）：156–160.

[249] 杨帆．基金经理个人特征与基金业绩关系研究 [D].复旦大学硕士学位论文，2013.

[250] 杨宽，陈收．投资基金绩效非参数检验及实证分析 [J].管理科学，2005（4）：71–76.

[251] 杨宁．证券投资基金绩效影响因素实证研究 [D].西南财经大学博士学位论文，2012.

[252] 杨湘豫，刘红亮．我国开放式基金绩效归属分析的实证研究 [J].财经理论与实践，2005（4）：58–61.

[253] 杨湘豫，罗志军．基于超效率 DEA 模型的投资基金绩效评价 [J].统计与决策，2009（6）：56–58.

[254] 杨雄胜，谭安杰，李翔，林树，陈浩．治理结构溢出与投资者利益保护：基于中国基金管理公司的实证研究 [J].南京社会科学，2008（9）：15–24.

[255] 杨宗儒．中国基金管理公司治理结构与绩效关系的研究 [D].华南理工大学硕士学位论文，2013.

［256］姚瑶，左斌．国外基金公司治理研究综述［J］．财会月刊，2009（10）：89 - 91.

［257］尹向飞．基于 Markowitz 投资组合模型的基金绩效评价方法的研究——基于随机前沿生产函数模型［J］．云南财经大学学报，2012（2）：126 - 135.

［258］于东智．董事会、公司治理与绩效［J］．中国社会科学，2003（3）：29 - 41.

［259］于光祥．证券投资基金绩效评估模型及其实证应用［J］．华东经济管理，2003（5）：110 - 112.

［260］于宏凯．独立董事与基金治理结构［J］．上海金融，2002（3）：29 - 30.

［261］于瑾．我国证券投资基金业绩归因分析的实证研究［J］．中国软科学，2004（9）：74 - 78.

［262］于静．基金经理个性特征与盈利能力关系的实证研究［J］．商业研究，2013（12）：69 - 75.

［263］曾德明，查琦，龚红．基金特征、管理特性与基金绩效关系的实证研究［J］．管理学报，2006（3）：347 - 353.

［264］曾德明，刘颖，龚红．管理费激励与基金绩效：对中国基金的实证研究［J］．湖南大学学报（社会科学版），2005（2）：35 - 38.

［265］曾祥渭，冯德安，王建治．基于 AHP 的投资基金绩效综合评价模型及其实证研究［J］．价值工程，2015（13）：236 - 238.

［266］张兵，王石林生．我国基金管理公司股权结构与基金绩效的实证研究［J］．太原城市职业技术学院学报，2008（1）：1 - 4.

［267］张兵．我国基金管理公司股权结构与绩效的关系研究［D］．广西师范大学硕士学位论文，2008.

［268］张宏远，郑绸，孙明贵．我国基金管理公司法人治理结构的问题及其优化途径［J］．经济体制改革，2007（2）：56 - 59.

［269］张洁．基金浮动管理费率——探索中前行［N］．上海证券报，2012 - 7 - 9.

［270］张路，罗旭，郭晓婧编译．中美英基金法比较与实务［M］.

法律出版社，2007.

［271］张新，杜书明. 中国证券投资基金能否战胜市场？［J］. 金融研究，2002（1）：1 - 22.

［272］张屹山，王赫一. 基金绩效评价问题研究［J］. 经济管理，2010（7）：128 - 133.

［273］张昱. 基于詹森阿尔法的开放式基金业绩评价［J］. 财贸经济，2007（7）：35 - 38.

［274］张中杰. 中国证券投资基金二元内部治理结构有效性研究［D］. 复旦大学硕士学位论文，2012.

［275］赵存存. 基金经理性别差异对基金运作影响的研究［D］. 兰州商学院硕士学位论文，2013.

［276］赵亮. 基金管理公司独立董事制度的结构分析［J］. 电子测试，2015（20）：98 - 100.

［277］赵强. 证券投资基金绩效评估体系研究［J］. 经济学动态，2002（11）：27 - 29.

［278］赵秀娟，汪寿阳. 基金经理在多大程度上影响了基金业绩——业绩与个人特征的实证检验［J］. 管理评论，2010（1）：3 - 12.

［279］赵玉彪. 我国证券投资基金绩效评价及影响因素研究［D］. 吉林大学博士学位论文，2013.

［280］赵振华. 证券投资基金法律制度研究［M］. 中国法制出版社，2005.

［281］赵中秋，陈倩，李金林. 基于多元分析法的我国开放式基金绩效评价［J］. 北京理工大学学报（社会科学版），2005（3）：53 - 56.

［282］郑慧清，王尤. 我国证券投资基金择时选股能力的实证分析［J］. 经济问题，2002（5）：35 - 39.

［283］郑君豪，吴晓俊. 公司型基金治理机制的理论发展研究［J］. 特区经济，2005（10）：106 - 107.

［284］郑晓辉，肖慧. 中国证券投资基金绩效来源分析［J］. 经济科学，2002（5）：43 - 52.

［285］郑振龙，黄文彬. 基于高阶矩的基金绩效考核模型［J］. 厦门

大学学报（哲学社会科学版），2009（4）：72 – 78.

［286］中国人民大学信托与基金研究所. 中国基金业发展报告：历史进程、事实综述与经验教训：1991~2003 ［M］. 中国经济出版社，2004.

［287］中国证券业协会中外合资基金运作评估课题小组. 基金市场新动力——合资基金管理公司的竞争优势与劣势 ［J］. 新财经，2005（7）：116 – 118.

［288］中国资本市场研究中心编. 证券投资基金 ［M］. 经济科学出版社，2004.

［289］周容. 我国证券投资基金择券择时能力的实证分析 ［J］. 统计与决策，2005（1）：105 – 106.

［290］周泽炯，史本山. 我国开放式基金选股能力和择时能力的实证研究 ［J］. 财贸研究，2004（12）：92 – 97.

［291］朱波，宋振平. 基于 SFA 效率值的我国开放式基金绩效评价研究 ［J］. 数量经济技术经济研究，2009（4）：105 – 116.

［292］朱洪亮，陈莹，石韵青，刘匡民. 基于贝叶斯推断的证券投资基金绩效分析 ［J］. 管理学报，2012（7）：1013 – 1019.

［293］朱善利. 中国基金投资市场：现状、问题与展望 ［M］. 经济科学出版社，2002.

［294］卓武扬. 投资基金风险法律规制研究：基于"法与金融理论"分析 ［M］. 西南财经大学出版社，2011.

［295］滋维·博迪. 投资学（第九版）［M］. 机械工业出版社，2012.

［296］邹春霞，董琼慧. 新基金绩效测定与特征分析 ［J］. 中国流通经济，2000（2）：49 – 52.

［297］祖国鹏，张峥，张圣平. 基金管理模式的选择与基金绩效 ［J］. 财经问题研究，2010（12）：57 – 64.

［298］Admati, A. R. ; S. Bhattacharya; P. Pfleiderer and S. A. Ross, 1986: "On Timing and Selectivity" ［J］. *Journal of Finance*, Vol. 41, No. 3, 715 – 730.

［299］Alexander, Gordon J. ; Gjergji Cici and Scott Gibson, 2007: "Does Motivation Matter When Assessing Trade Performance? An Analysis of

Mutual Funds" [J]. *The Review of Financial Studies*, Vol. 20, No. 1 (Jan., 2007): 125 – 150.

[300] Almazan, Andres; Keith C. Brown; Murray Carlson; and David A. Chapman, 2004, "Why Constrain Your Mutual Fund Manager?" [J]. *Journal of Financial Economics* 73: 289 – 321.

[301] Barber, B. M. and T. Odean, 2001: "Boys will be Boys: Gender, Overconfidence, and Common Stock Investment" [J]. *Quarterly Journal of Economics*, Vol. 116, No. 1, 261 – 292.

[302] Barras, Laurent; Oliver Scaillet and Russ Wermers, 2010: "False Discoveries in Mutual Fund Performance: Measuring Luck in Estimated Alphas" [J]. *The Journal of Finance*, Vol. 65, No. 1 (Feb. 2010): 179 – 216.

[303] Basso, Antonella; Stefania Funari, 2001: "A Data Envelopment Analysis Approach to Measure the Mutual Fund Performance" [J]. *EuropeanJournal of Operational Research*, 135, 477 – 492.

[304] Beckers, Stan E. and Greg Vaughan, 2001: "Small is Beautiful" [J]. *Journal of Portfolio Management*, Vol. 27, No. 4, 9 – 17.

[305] Berk, Jonathan B. and Richard C. Green, 2004: "Mutual Fund Flows and Performance in RationalMarkets" [J]. *Journal of Political Economy*, 2004, Vol. 112, No. 6: 1269 – 1295.

[306] Berle, Adolf and Gardiner Means, 1932, *The Modern Corporation and Private Property* [M]. New York: Macmillan.

[307] Bhojraj, S.; Young Jun Cho and Nir Yehuda, 2012: "Mutual Fund Family Size and Mutual Fund Performance: The Role of Regulatory Changes" [J]. *Journal of Accounting Research*, Vol. 50, No. 3, 647 – 684.

[308] Black, Fischer; Michael C. Jensen and Myron Scholes, 1972: "The Capital Asset Pricing Model: Some Empirical Tests" [A]. in Michael C. Jensen, ed., *Studies in the Theory of Capital Markets* [C]. Praeger Publishers Inc., 1972.

[309] Bliss, Richard T.; Potter, Mark E., 2002, "Mutual Fund Man-

agers: Does Gender Matter?" [J]. *Journal of Business & Economic Studies*, Vol. 8, No. 1: 1 – 15.

[310] Bodson, L. ; L, Cavenaile and D. M. Sougné, 2011: "Does Size Affect Mutual Fund Performance? A General Approach" [J]. *Journal of Asset Management*, Vol. 12, No. 3: 163 – 171.

[311] Bollen, Nicolas P. B. and Jeffrey A. Busse, 2001: "On the Timing Ability of Mutual Fund Managers" [J]. *The Journal of Finance*, Vol. 56, No. 3 (Jun. , 2001): 1075 – 1094.

[312] Bollen, Nicolas P. B. and Jeffrey A. Busse, 2005: "Short – Term Persistence in Mutual Fund Performance" [J]. *The Review of Financial Studies*, Vol. 18, No. 2 (Summer, 2005): 569 – 597.

[313] Bollen, Nicolas P. B. , 2007: "Mutual Fund Attributes and Investor Behavior" [J]. *The Journal of Financial and Quantitative Analysis*, Vol. 42, No. 3 (Sep. , 2007): 683 – 708.

[314] Brockman, Paul and Emre Unlu, 2009, "Dividend Policy, Creditor Rights, and Agency Costs of Debt" [J]. *Journal of Financial Economics* 92: 276 – 299.

[315] Busse, Jeffrey A. and Paul J. Irvine, 2006: "Bayesian Alphas and Mutual Fund Persistence" [J]. *The Journal of Finance*, Vol. 61, No. 5 (Oct. , 2006): 2251 – 2288.

[316] Busse, Jeffrey A. ; Tarun Chordia; Lei Jiang and Yuehua Tang, 2014: "How Does Size Affect Mutual Fund Performance? Evidence from Mutual Fund Trades" [J]. http: //oldenglish. ckgsb. edu. cn/uploads/201409/paper% 20of% 20Prof. % 20Tarun% 20Chordia. pdf.

[317] Busse, Jeffrey A. , 1999: "Volatility Timing in Mutual Funds: Evidence from Daily Returns" [J]. *The Review of Financial Studies*, Vol. 12, No. 5 (Winter, 1999): 1009 – 1041.

[318] Carhart, Mark M. , 1997: "On Persistence in Mutual Fund Performance" [J]. *The Journal of Finance*, Vol. 52, No. 1: 57 – 82.

[319] Carlson, R. S. , 1970: "Aggregate Performance of Mutual Funds,

1948 - 1967" [J]. *Journal of Financial and Quantitative Analysis*, Vol. 5, No. 1: 1 -23.

[320] Chang, Eric C. and Wilbur G. Lewellen, 1984: "Market Timing and Mutual Fund Investment Performance" [J]. *The Journal of Business*, Vol. 57, No. 1, Part 1 (Jan. , 1984): 57 -72.

[321] Chan, Louis K. C. ; Hsiu - Lang Chen and Josef Lakonishok, 2002: "On Mutual Fund Investment Styles" [J]. *The Review of Financial Studies*, Vol. 15, No. 5 (Winter, 2002): 1407 - 1437.

[322] Charnes, A. ; W. W. Cooper and E. Rhodes, 1978: "Measuring the Efficiency of Decision Making Unites" [J]. *EuropeanJournal of Operational Research*, 2, 429 - 444.

[323] Charnes, A. ; W. W. Cooper; A. Y. Lewin and L. M. Seiford, 1994: *Data Envelopment Analysis: Theory*, Methodology, and Application. KluwerAcademic Publishers.

[324] Chen, Hsiu - lang and George G. Pennacchi, 2009: "Does Prior Performance Affect a Mutual Fund's Choice of Risk? Theory and Further EmpiricalEvidence" [J]. *The Journal of Financial and Quantitative Analysis*, Vol. 44, No. 4 (Aug. , 2009): 745 - 775.

[325] Chen, Hsiu - Lang; Narasimhan Jegadeesh and Russ Wermers, 2000: "The Value of Active Mutual Fund Management: An Examination of the Stockholdings and Tradesof Fund Managers" [J]. The*Journal of Financial and Quantitative Analysis*, Vol. 35, No. 3 (Sep. , 2000): 343 - 368.

[326] Chen, Joseph; Harrison Hong; Ming Huang and Jeffrey D. Kubik, 2004, "Does Fund Size Erode Mutual Fund Performance? The Role of Liquidity and Organization" [J]. *The American Economic Review*, Vol. 94, No. 5: 1276 - 1302.

[327] Chen, Z. and Peter J. Knez, 1996: "Portfolio Performance Measures: Theory and Applications" [J]. *The Review of Financial Studies*, Vol. 9, No. 2: 511 - 555.

[328] Chevalier, Judith and Glenn Ellison, 1999, "Are Some Mutual

Fund Managers Better Than Others? Cross – Sectional Patterns in Behavior and Performance" [J]. *Journal of Finance*, Vol. 54, No. 3: 875 – 899.

[329] Chevalier, Judith and Glenn Ellison, 1999: "Career Concerns of Mutual Fund Managers" [J]. *The Quarterly Journal of Economics*, Vol. 114, No. 2 (May), 389 – 432.

[330] Chevalier, Judith and Glenn Ellison, 1997: "Risk Taking by Mutual Funds as a Response to Incentives" [J]. *Journal of Political Economy*, Vol. 105, No. 6 (December 1997): 1167 – 1200.

[331] Chincarini, Ludwig B. and Daehwan Kim, 2007: "Another Look at the Information Ratio", *Journal of Asset Management*, Vol. 8, No. 5, 284 – 295.

[332] Christoffersen, Susan E. K. and Sergei Sarkissian, 2009, "City Size and Fund Performance" [J]. *Journal of Financial Economics* 92: 252 – 275.

[333] Coase, R. , 1937: "The Nature of the Firm" [J]. *Economica*, Vol. 4: 386 – 405.

[334] Cohen, Lauren; Andrea Frazzini and Christopher Malloy, 2008: "The Small World of Investing: Board Connections and Mutual Fund Returns" [J]. *Journal of Political Economy*, Vol. 116, No. 5, 951 – 979.

[335] Coles, Jeffrey L. ; Naveen D. Daniel and Lalitha Naveen, 2008: "Boards: Does One Size Fit All" [J]. *Journal of Financial Economics*, Vol. 87, No. 2: 329 – 356.

[336] Cremers, K. J. Martijn and Antti Petajisto, 2009: "How Active Is Your Fund Manager? A New Measure That Predicts Performance" [J]. *The Review of Financial Studies*, Vol. 22, No. 9 (Sep. , 2009): 3329 – 3365.

[337] Cuthbertson, K. ; D. Nitzsche; N. O'Sullivan, 2008: "UK Mutual Fund Performance: Skill or Luck?" [J]. *Journal of Empirical Finance*, Vol. 15, No. 4: 613 – 634.

[338] Dahlquist, Magnus; Stefan Engström and Paul Söderlind, 2000: "Performance and Characteristics of Swedish Mutual Funds", *The Journal of Financial and Quantitative Analysis*, Vol. 35, No. 3, 409 – 423.

[339] Daniel, Kent; Mark Grinblatt; Sheridan Titman and Russ Wermers, 1997: "Measuring Mutual Fund Performance with Characteristic – Based Benchmarks" [J]. *The Journal of Finance*, Vol. 52, No. 3, Papers and Proceedings Fifty – Seventh AnnualMeeting, American Finance Association, New Orleans, Louisiana January 4 – 6, 1997 (Jul., 1997): 1035 – 1058.

[340] Dellva, Wilfred L.; Andrea L. DeMaskry and Colleen A. Smith, 2001: "Selectivity and Market Timing Performance of Fidelity Sector Mutual Funds" [J]. *Financial Review*, Vol. 36, No. 1, 39 – 54.

[341] Ding, Bill and Russ Wermers, 2005, "Mutual Fund Performance and Governance Structure: The Role of Portfolio Managers and Boards of Directors" [C]. 2005 年中国金融国际年会 2005.

[342] Dutta, A. S.; R. Su and M. Xu, 2010: "Persistence in New Zealand growth mutual funds returns: an examination of New Zealand mutual funds from 1997 – 2003" [J]. *Indian Journalof Economicsand Business*, Vol. 9, No. 2.

[343] Eckbo, B. Espen and David C. Smith, 1998: "The Conditional Performance of Insider Trades" [J]. *The Journal of Finance*, Vol. 53, No. 2 (Apr., 1998): 467 – 498.

[344] Elton, Edwin J.; Martin J. Gruber and Christopher R. Blake, 1996: "The Persistence of Risk – Adjusted Mutual Fund Performance" [J]. *The Journal of Business*, Vol. 69, No. 2 (Apr., 1996): 133 – 157.

[345] Elton, Edwin J.; Martin J. Gruber; Sanjiv Das and Matthew Hlavka, 1993: "Efficiency with Costly Information: A Reinterpretation of Evidence from Managed Portfolios" [J]. *The Review of Financial Studies*, Vol. 6, No. 1 (1993): 1 – 22.

[346] Elton, E. J.; M. J. Gruber and C. R. Blake, 2011: "Does Mutual Fund Size Matter? The Relationship Between Size and Performance" [J]. *Review of Asset Pricing Studies*, Vol. 2, No. 1: 31 – 55.

[347] Fabozzi, Frank J. and Jack C. Francis, 1979: "Mutual Fund Systematic Risk for Bull and Bear Markets: An Empirical Examination" [J]. *The Journal of Finance*, Vol. 34, No. 5 (Dec., 1979): 1243 – 1250.

[348] Fama, E. F. and Kenneth R. French, 1993: "Common Risk Factors in the Returns on Stocks and Bonds" [J]. *Journal of Financial Economics*, Vol. 33, No. 1: 3 – 56.

[349] Ferris, Stephen P. and Xuemin Yan, 2007, "Do Independent directors and Chairmen Matter? The Role of Boards of Directors in Mutual Fund Governance" [J]. *Journal of Corporate Finance* 13: 392 – 420.

[350] Ferson, W. E. and R. W. Schadt, 1996: "Measuring Fund Strategy and Performance in Changing Economic Conditions" [J]. *Journal of Finance*, Vol. 51, No. 2: 425 – 461.

[351] Franses, Philip Hans and Dick van Dijk, 2003: *Nonlinear Time Series Models in Empirical Finance*, Cambridge University Press.

[352] Friend, Irwin; F. E. Brown; Edward S. Herman and Douglas Vickers, 1962: *A Study of Mutual Funds* [M]. Wharton School of Finance and Commerce, University of Pennsylvania.

[353] Gemmill, Gordon and Thomas, Dylan C. , 2006, "The Impact of Corporate Governance on Closed-end Funds" [J]. *European Financial Management*, 12 (5): 725 – 746.

[354] Gil – Bazo, Javier and Pablo Ruiz – Verdú, 2009: "The Relation between Price and Performance in the Mutual Fund Industry" [J]. *The Journal of Finance*, Vol. 64, No. 5 (Oct. , 2009): 2153 – 2183.

[355] Golec, J. H. , 1996, "The Effects of Mutual Fund Managers' Characteristics on Their Portfolio Performance" [J]. *Financial Services Review*, 5 (2): 133 – 148.

[356] Goodwin, Thomas H. , 1998: "The Information Ratio" [J]. *Financial Analysts Journal*, 54 (4): 34 – 43.

[357] Gottesman, Aron A. and Matthew R. Morey, 2006, "Manager Education and Mutual Fund Performance" [J]. *Journal of Empirical Finance* 13: 145 – 182.

[358] Grinblatt, M. and S. Titman, 1989: "Mutual Fund Performance: An Analysis of Quarterly Portfolio Holdings" [J]. *Journal of Business* 62, 393 –

416.

[359] Grinblatt, M. and S. Titman, 1993: "Performance Measurement-WithoutBenchmarks: An Examination of Mutual Fund Returns" [J]. *Journal of Business* 66, 47 – 68.

[360] Grinblatt, Mark and Sheridan Titman, 1989: "Mutual Fund Performance: An Analysis of Quarterly Portfolio Holdings" [J]. *The Journal of Business*, Vol. 62, No. 3 (Jul. , 1989): 393 – 416.

[361] Grinblatt, Mark and Sheridan Titman, 1993: "Performance Measurement without Benchmarks: An Examination of Mutual Fund Returns" [J]. *The Journal of Business*, Vol. 66, No. 1 (Jan. , 1993): 47 – 68.

[362] Grinblatt, Mark and Sheridan Titman, 1992: "The Persistence of Mutual Fund Performance" [J]. *The Journal of Finance*, Vol. 47, No. 5 (Dec. , 1992): 1977 – 1984.

[363] Grinblatt, Mark; Sheridan Titman and Russ Wermers, 1995: "Momentum Investment Strategies, Portfolio Performance, and Herding: A Study of MutualFund Behavior" [J]. *The American Economic Review*, Vol. 85, No. 5 (Dec. , 1995): 1088 – 1105.

[364] Gruber, Martin J. , 1996: "Another Puzzle: The Growth in Actively Managed Mutual Funds" [J]. *The Journal of Finance*, Vol. 51, No. 3, Papers and Proceedings of the Fifty – SixthAnnual Meeting of the American Finance Association, San Francisco, California, January 5 – 7, 1996 (Jul. , 1996): 783 – 810.

[365] Guercio, Diane Del; Larry Y. Dann and M. Megan Partch, 2003, "Governance and Boards of Directors in Closed – end Investment Companies" [J]. *Journal of Financial Economics* 69: 111 – 152.

[366] Hallahan, A. T. and Robert W. Faff, 1999: "An Examination of Australian Equity Trusts for Selectivity and Market Timing Performance", *Journal of Multinational Financial Management* Vol. 9, 387 – 402.

[367] Hamilton, James D. , 1994: *Time Series Analysis*, Princeton University Press.

［368］Hansen, L. P. and Ravi Jagannathan, 1991: "Implications of Security Market Data for Models of Dynamic Economics" ［J］. *Journal of Political Economy*, Vol. 99, No. 2: 225 – 262.

［369］Harvey, C. R. and Akhtar Siddique, 2000: "Conditional Skewness in Asset Pricing Tests" ［J］. *Journal of Finance*, Vol. 55, No. 3: 1263 – 1295.

［370］Hendricks, Darryll; Jayendu Patel and Richard Zeckhauser, 1993: "Hot Hands in Mutual Funds: Short – Run Persistence of Relative Performance, 1974 – 1988" ［J］. *The Journal of Finance*, Vol. 48, No. 1 (Mar., 1993): 93 – 130.

［371］Henriksson, Roy D. and Robert C. Merton, 1981: "On Market Timing and Investment Performance. II. Statistical Procedures for Evaluating Forecasting Skills" ［J］. *The Journal of Business*, Vol. 54, No. 4: 513 – 533.

［372］Hermalin, Benjamin E. and Michael S. Weisbach, 2003: "Boards of Directors as An Endogenously Determined Institution: A Survey of The Economic Literature" ［J］. *FRBNY Economic Policy Review* Vol. 9, No. 1, 7 – 26.

［373］Holderness, C. and D. Sheehan, 1988, "The Role of Majority Shareholders in Publicly Held Corporations" ［J］. *Journal of Financial Economics*, Vol. 20, No. 1, 317 – 346.

［374］Huang, Jennifer; Clemens Sialm and Hanjiang Zhang, 2011: "Risk Shifting and Mutual Fund Performance" ［J］. *The Review of Financial Studies*, Vol. 24, No. 8 (August 2011): 2575 – 2616.

［375］Hui, T. Y. and Y. Chang, 2013: "Study on the Characteristics of Fund Managers and the Impacts on Fund Performance in China" ［M］. The 19th International Conference on Industrial Engineering and Engineering Management. Springer Berlin Heidelberg, 595 – 604.

［376］Hunter, David; EugeneKandel; ShmuelKandel and RussWermers, 2014: "Mutual Fund Performance Evaluationwith Active Peer Benchmarks" ［J］. *Journal ofFinancialEconomics*, 112: 1 – 29.

［377］Indro, D. C. ; C. X. Jiang; M. Y. Hu and W. Y. Lee, 1999:

"Mutual Fund Performance: Does Fund Size Matter?" [J]. *Financial Analysts Journal*, *Vol.* 55, No. 3: 74 – 87.

[378] Ippolito, R. A. , 1993: "On Studies of Mutual Fund Performance, 1962 – 1991", *Financial Analysts Journal*, Vol. 49, No. 1, 42 – 50.

[379] Ippolito, Richard A. , 1989: "Efficiency With Costly Information: A Study of Mutual Fund Performance, 1965 – 1984" [J]. *The Quarterly Journal of Economics*, Vol. 104, No. 1 (Feb. , 1989): 1 – 23.

[380] Israelsen, C. L. , 1998: "Characteristics of Winning Mutual Funds" [J]. *Journal of Financial Planning*.

[381] Jagannathan, Ravi and Zhen Wang, 1996: "The Conditional CAPM and the Cross-section of Expected Returns" [J]. *Journal of Finance*, Vol. 51, No. 1: 3 – 51.

[382] Jensen, M. and W. Meckling, 1976, "Theory of the Firm: Managerial Behavior, Agency Costs and Ownership Structure" [J]. *Journal ofFinancial Economics*, Vol. 3, No. 4. 305 – 340.

[383] Jensen, M. C. , 1993: "The Modern Industrial Revolution, Exit and the Failure of Internal Control System" [J]. *The Journal of Finance*, Vol. 48, No. 3: 831 – 880.

[384] Jensen, Michael C. , 1969: "Risk, The Pricing of Capital Assets, and The Evaluation of Investment Portfolios" [J]. *The Journal of Business*, Vol. 42, No. 2 (Apr. , 1969): 167 – 247.

[385] Jensen, Michael C. , 1968: "The Performance of Mutual Funds in the Period 1945 – 1964" [J]. *Journal of Finance*, Vol. 23, No. 2: 389 – 416.

[386] Kao, G. W. ; L. T. W. Cheng and K. C. Chan, 1998: "International Mutual Fund Selectivity and Market Timing During Up and Down Market Conditions", *Financial Review*, Vol. 33, No. 2, 127 – 144.

[387] Karagiannidis, I. , 2010: "Management Team Structure and Mutual Fund Performance" [J]. *Journal of International Financial Markets Institutions & Money*, Vol. 20, No. 2, 197 – 211.

[388] Karagiannidis I. , 2012: "The Effect of Management Team Char-

acteristics on Risk-taking and Style Extremity of Mutual Fund Portfolios" [J]. *Review of Financial Economics*, Vol. 21, No. 3: 153 – 158.

[389] Karceski, Jason, 2002: "Returns – Chasing Behavior, Mutual Funds, and Beta's Death" [J]. *The Journal of Financial and Quantitative Analysis*, Vol. 37, No. 4 (Dec. , 2002): 559 – 594.

[390] Kerr, N. L. , 1992: "Group Decision Making at a Multialternative Task: Extremity, Interfaction Distance, Pluralities, and Issue Importance" [J]. *Organizational Behavior and Human Decision Processes*, Vol. 52, No. 1: 64 – 95.

[391] Khorana, Ajay; Henri Servaes and Lei Wedge, 2007: "Portfolio Manager Ownership and Fund Performance" [J]. *Journal of Financial Economics* 85: 179 – 204.

[392] Khorana, Ajay; Peter Tufano and Lei Wedge, 2007: "Board Structure, Mergers, and Shareholder Wealth: A Study of the Mutual Fund Industry" [J]. Journal of Financial Economics, Vol. 85, No. 2, 571 – 598.

[393] Kim, Chang – Jin and Charles R. Nelson, 2000: *State – Space Models with Regime Switching: Classical and Gibbs – Sampling Approaches with Applications*, The MIT Press.

[394] Kim, Tye, 1978: "An Assessment of the Performance of Mutual Fund Management: 1969 – 1975" [J]. *The Journal of Financial and Quantitative Analysis*, Vol. 13, No. 3 (Sep. , 1978): 385 – 406.

[395] Kong, Sophie Xiaofei and Dragon Yongjun Tang, 2006, "Mutual Fund Governance: What Works and What Doesn't?", Social Science Electronic Publishing.

[396] Kon, S. J. , 2000: "The market-timing performance of mutual fund managers" [J]. *Journal of Business*, Vol. 56, No. 3, 323 – 347.

[397] Kon, Stanley J. and Frank C. Jen, 1978: "Estimation of Time – Varying Systematic Risk and Performance for Mutual Fund Portfolios: An Application of Switching Regression" [J]. *The Journal of Finance*, Vol. 33, No. 2 (May, 1978): 457 – 475.

[398] Kon, Stanley J. and Frank C. Jen, 1979: "The Investment Per-

formance of Mutual Funds: An Empirical Investigation of Timing, Selectivity, and Market Efficiency" [J]. *The Journal of Business*, Vol. 52, No. 2 (Apr. , 1979): 263 – 289.

[399] Kon, Stanley J. , 1983: "The Market – Timing Performance of Mutual Fund Managers" [J]. *The Journal of Business*, Vol. 56, No. 3 (Jul. , 1983): 323 – 347.

[400] Kostakis, A. , 2009: "Performance Measures and Incentives: Loading Negative Coskewness to Outperform the CAPM" [J]. *European Journal of Finance*, Vol. 15, No. 5 – 6: 463 – 486.

[401] Kothari, S. P. and Jerold B. Warner, 2001: "Evaluating Mutual Fund Performance" [J]. *The Journal of Finance*, Vol. 56, No. 5 (Oct. , 2001): 1985 – 2010.

[402] Koulis, A. ; C. Beneki; M. Adam; et al. , 2011: "An Assessment of the Performance of Greek Mutual Equity Funds Selectivity and Market Timing" [J]. *Applied Maths Science.* Vol. 5, No. 4: 159 – 171.

[403] Kraus, Alan and Robert H. Litzenberger, 1976: "Skewness Preference and the Valuation of Risk Assets", *The Journal of Finance*, Vol. 31, No. 4: 1085 – 1100.

[404] Kryzanowski, Lawrence; Simon Lalancette and Minh Chau To, 1997: "Performance Attribution using an APT with Prespecified Macrofactors and Time – Varying RiskPremia and Betas" [J]. *The Journal of Financial and Quantitative Analysis*, Vol. 32, No. 2 (Jun. , 1997): 205 – 224.

[405] Lee, Cheng – Few and Shafiqur Rahman, 1990: "Market Timing, Selectivity, and Mutual Fund Performance: An Empirical Investigation" [J]. *The Journal of Business*, Vol. 63, No. 2 (Apr. , 1990): 261 – 278.

[406] Lehmann, Bruce N. and David M. Modest, 1987: "Mutual Fund Performance Evaluation: A Comparison of Benchmarks and Benchmark Comparisons" [J]. *The Journal of Finance*, Vol. 42, No. 2 (Jun. , 1987): 233 – 265.

[407] Lintner, John, 1965a: "Security Prices, Risk, and Maximal Gains from Diversification" [J]. *Journal of Finance*, Vol. 20, No. 4: 587 – 616.

[408] Lintner, John, 1965b: "The Valuation of Risk Assets and the Selection of RiskyInvestments in Stock Portfolios and Capital Budgets" [J]. *Review of Economics andStatistics*, Vol. 47, No. 1: 13 –37.

[409] Lipton, M. and Jay W. Lorsch, 1992: "A Modest Proposal for improved corporate governance" [J]. *The Business Lawyer*, Vol. 48, No. 1: 59 –77.

[410] Mains, N. E. , 1977: "Risk, the Pricing of Capital Assets, and the Evaluation of Investment Portfolios: Comment" [J]. *Journal of Business*, Vol. 50, No. 3: 371 –384.

[411] Malkiel, Burton G. , 1995: "Returns from Investing in Equity Mutual Funds 1971 to 1991" [J]. *The Journal of Finance*, Vol. 50, No. 2 (Jun. , 1995): 549 –572.

[412] Mamaysky, Harry; Matthew Spiegel and Hong Zhang, 2008: "Estimating the Dynamics of Mutual Fund Alphas and Betas" [J]. *The Review of Financial Studies*, Vol. 21, No. 1, The Causes and Consequences of Recent Financial Market Bubbles (Jan. , 2008): 233 –264.

[413] Markowitz, H. M. , 1959: *Portfolio Selection: Efficient Diversification of Investments* [M]. Cambridge, M. A. : Basil Blackwell.

[414] Markowitz, H. , 1952: "Portfolio Selection" [J]. *Journal of Finance*, Vol. 7, No. 1 (Mar. 1952), 77 –91.

[415] Massa, Massimo and Rajdeep Patgiri, 2009: "Incentives and Mutual Fund Performance: Higher Performance or Just Higher Risk Taking?" [J]. *The Review of Financial Studies*, Vol. 22, No. 5 (May, 2009): 1777 –1815.

[416] McConnell, John J. ; and Henri Servaes, 1990: "Additional Evidence on Equity Ownership and Corporate Value" [J]. *Journal of Financial Economics*, Vol. 27, No. 2: 595 –612.

[417] McDonald, John G. , 1973: "French Mutual Fund Performance: Evaluation of Internationally – Diversified Portfolios", *The Journal of Finance*, Vol. 28, No. 5, 1161 –1180.

[418] McDonald, John G. , 1974: "Objectives and Performance of Mu-

tual Funds, 1960 – 1969" [J]. *TheJournal of Financial and Quantitative Analysis*, Vol. 9, No. 3 (Jun. , 1974): 311 – 333.

[419] Miller, Tom W. and Nicholas Gressis, 1980: "Nonstationarity and Evaluation of Mutual Fund Performance" [J]. *The Journal of Financial and Quantitative Analysis*, Vol. 15, No. 3 (Sep. , 1980): 639 – 654.

[420] Modigliani, Franco and Leah Modigliani, 1997: "Risk-adjusted Performance" [J]. *Journal of Portfolio Management*: 45 – 54.

[421] Mossin, Jan, 1966: "Equilibrium in a Capital Asset Market" [J]. *Econometrica*, Vol. 34, No. 2: 768 – 783.

[422] Muralidhar, Arun, 2000: "Risk – Adjusted Performance: The Correlation Correction" [J]. *Financial Analysts Journal*, Vol. 56, No. 5: 63 – 71.

[423] Murthi, B. P. S. ; Y. K. Choi andP. Desai, 1997: "Efficiency of Mutual Funds and Portfolio Performance Measurement: a Nonparametric Approach" [J]. *EuropeanJournal of Operational Research*, 98, pp. 408 – 418.

[424] Myeong – Hyeon, Cho, 1998, "Ownership Structure, Investment, and the Corporate Value: An Empirical Analysis", *Journal of FinancialEconomics*, Vol. 47, No. 1, 103 – 121.

[425] Peterson, C. A. andJ. Philpot, 2006: "Manager characteristics and real estate mutual fund returns, risk and fees" [J]. *Managerial Finance*, Vol. 32: 988 – 996.

[426] Pinnuck, Matt, 2003: "An Examination of the Performance of the Trades and Stock Holdings of Fund Managers: Further Evidence" [J]. *The Journal of Financial and Quantitative Analysis*, Vol. 38, No. 4 (Dec. , 2003): 811 – 828.

[427] Pollet, Joshua M. and Mungo Wilson, 2008: "How Does Size Affect Mutual Fund Behavior?" [J]. *The Journal of Finance*, Vol. 63, No. 6 (Dec. , 2008): 2941 – 2969.

[428] Prather, Laurie; William J. Bertin; Thomas Henker, 2004: "Mutual Fund Characteristics, Managerial Attributes, and Fund Performance" [J]. *Review of Financial Economics* 13 (2004): 305 – 326.

[429] Qi Chen, Itay Goldstein and Wei Jiang, 2008, "Directors' Ownership in the U. S. Mutual Fund Industry" [J]. *Journal of Finance*, Vol. 63, No. 6, 2629 – 2677.

[430] Reuter, J. and E. Zitzewitz, 2010: "How Much Does Size Erode Mutual Fund Performance? A Regression Discontinuity Approach" [J]. NBER Working Paper No, 16329, http: //www. nber. org/papers/w16329. pdf.

[431] Ross, Stephen A. , 1976: "The Arbitrage Theory of Capital Asset Pricing" [J]. *Journal of EconomicTheory*, Vol. 13, No. 3: 341 – 360.

[432] Sah, R. K. and Stiglitz, J. , 1991: "The Quality of Managers in Centralized versus Decentralized Organizations" [J]. *The Quarterly Journal of Economics*, Vol. 106, No. 1: 289 – 295.

[433] Sapp, Travis and Ashish Tiwari, 2004: "Does Stock Return Momentum Explain the 'Smart Money' Effect?" [J]. *The Journal of Finance*, Vol. 59, No. 6 (Dec. , 2004): 2605 – 2622.

[434] Scholz, Hendrik and Marco Wilkens, 2005a: "Investor – Specific Performance Measurement: A Justification of Sharpe Ratio and Treynor Ratio", *The International Journal of Finance*, Vol. 17, No. 4, 3671 – 3691.

[435] Scholz, Hendrik and Marco Wilkens, 2005b: "A Jigsaw Puzzle of Basic Risk-adjusted Performance Measures", *Journal of Performance Measurement*, Vol. 9, 57 – 64.

[436] Sensoy, Berk A. , 2009, "Performance Evalution and Self – Designated Benchmark indexes in the Mutual Fund Industry" [J]. *Journal of Financial Economics* 92: 25 – 39.

[437] Sharpe, William F. , 1964: "Capital Asset Prices: A Theory of Market Equilibrium under Conditions of Risk" [J]. *The Journal of Finance*, Vol. 19, No. 3: 425 – 442.

[438] Sharpe, William F. , 1966: "Mutual Fund Performance" [J]. *Journal of Business*, Vol. 39, No. 2: 119 – 138.

[439] Shawky, A. , 1982: "An Update on Mutual Funds: Better Grades" [J]. *Journal of Portfolio Management*, Vol. 8, No. 2, 29 – 34.

［440］Sortino, F. R. and Robert van derMeer, 1991: "Downside Risk" [J]. *Journal of Portfolio Management*: 27 - 31.

［441］Stutzer, Michael, 2000: "A Portfolio Performance Index" [J]. *Financial Analysts Journal*, Vol. 56, No. 3: 52 - 61.

［442］Tobin, James, 1958: "Estimation of Relationships for Limited Dependent Variables" [J]. *Econometrica*, Vol. 26, No. 1, 24 - 36.

［443］Treynor, Jack L. and Fischer Black, 1973: "How to Use Security Analysis to Improve Portfolio Selection" [J]. *Journal of Business*, Vol. 46, No. 1, 66 - 86.

［444］Treynor, Jack L. and K. Mazuy, 1966: "Can Mutual Funds Outguess the Market?" *Harvard Business Review*, Vol. 44, 131 - 136.

［445］Treynor, Jack L. , 1965: "How to Rate Management of Investment Funds" [J]. *Harvard Business Review*, 1965, Vol. 43: 63 - 75.

［446］Tufano, P. and M. Sevick. , 1997: "Board Structure and Fee - Setting in the U. S. Mutual Fund Industry" [J]. *Journal of Financial Economics*, 1997, (46): 321 - 356.

［447］Ulrich, Thomas A. , 1975: "The Effect of Portfolio Size on Portfolio Performance: An Empirical Analysis" [J]. *The Journal of Finance*, Vol. 30, No. 3 (Jun. , 1975): 921 - 922.

［448］Warther, V. A. , 1995: "Aggregate Mutual Fund Flows and Security Returns" [J]. *Journal of Financial Economics*, Vol. 39, No. 2, 209 - 235.

［449］Weisbach, M. 1988: "Outside Directors and CEO Turnover" [J]. *Journal of Financial Economics*, 20: 431 - 60.

［450］Wermers, Russ, 2000: "Mutual Fund Performance: An Empirical Decomposition into Stock - Picking Talent, Style, Transactions Costs, and Expenses" [J]. *The Journal of Finance*, Vol. 55, No. 4, Papers and Proceedings of the Sixtieth Annual Meeting of the American Finance Association, Boston, Massachusetts, January 7 - 9, 2000 (Aug. , 2000): 1655 - 1695.

［451］Williamson, O. , 1985: *The Economic Institutions of Capitalism*

［M］. The Free Press.

［452］Yan, Xuemin (Sterling), 2008： "Liquidity, Investment Style, and the Relation between Fund Size and Fund Performance" ［J］. *The Journal of Financial and Quantitative Analysis*, Vol. 43, No. 3 (Sep. , 2008)： 741 - 767.

［453］Yermack, D.. 1996： "Higher Market Valuation of Companies with a Small Board of Directors" ［J］. *Journal of Financial Economics*, 40 (2)： 185 - 212.

［454］Yermack, D. , 1996： "Higher Market Valuation of Companies with a Small Board of Directors" ［J］. *Journal of Financial Economics*, Vol. 40, No. 2： 185 -211.

［455］Zheng, Lu, 1999： "Is Money Smart? A Study of Mutual Fund Investors'Fund Selection Ability" ［J］. *The Journal of Finance*, Vol. 54, No. 3 (Jun. , 1999)： 901 -933.

附录1 样本基金名称及所属公司

序号	基金名称	基金代码	所属公司
1	嘉实研究阿尔法	000082.OF	嘉实基金管理有限公司
2	大摩品质生活精选	000309.OF	摩根士丹利华鑫基金管理有限公司
3	鹏华环保产业	000409.OF	鹏华基金管理有限公司
4	景顺长城优质成长	000411.OF	景顺长城基金管理有限公司
5	景顺长城成长之星	000418.OF	景顺长城基金管理有限公司
6	上投摩根核心成长	000457.OF	上投摩根基金管理有限公司
7	富国城镇发展	000471.OF	富国基金管理有限公司
8	富国高端制造行业	000513.OF	富国基金管理有限公司
9	上投摩根民生需求	000524.OF	上投摩根基金管理有限公司
10	华安大国新经济	000549.OF	华安基金管理有限公司
11	安信价值精选	000577.OF	安信基金管理有限公司
12	建信改革红利	000592.OF	建信基金管理有限公司
13	大摩进取优选	000594.OF	摩根士丹利华鑫基金管理有限公司
14	景顺长城研究精选	000688.OF	景顺长城基金管理有限公司
15	汇添富环保行业	000696.OF	汇添富基金管理股份有限公司
16	汇添富移动互联	000697.OF	汇添富基金管理股份有限公司
17	嘉实医疗保健	000711.OF	嘉实基金管理有限公司
18	建信中小盘	000729.OF	建信基金管理有限公司
19	招商行业精选	000746.OF	招商基金管理有限公司
20	嘉实新兴产业	000751.OF	嘉实基金管理有限公司
21	建信潜力新蓝筹	000756.OF	建信基金管理有限公司

序号	基金名称	基金代码	所属公司
22	国富健康优质生活	000761. OF	国海富兰克林基金管理有限公司
23	鹏华先进制造	000778. OF	鹏华基金管理有限公司
24	鹏华医疗保健	000780. OF	鹏华基金管理有限公司
25	工银瑞信高端制造行业	000793. OF	工银瑞信管理有限公司
26	工银瑞信研究精选	000803. OF	工银瑞信管理有限公司
27	泰达宏利转型机遇	000828. OF	泰达宏利基金管理有限公司
28	工银瑞信医疗保健行业	000831. OF	工银瑞信管理有限公司
29	鹏华养老产业	000854. OF	鹏华基金管理有限公司
30	华宝兴业高端制造	000866. OF	华宝兴业基金管理有限公司
31	民生加银优选	000884. OF	民生加银基金管理有限公司
32	工银瑞信创新动力	000893. OF	工银瑞信管理有限公司
33	汇添富外延增长主题	000925. OF	汇添富基金管理股份有限公司
34	南方新兴消费增长	160127. OF	南方基金管理有限公司
35	泰达宏利首选企业	162208. OF	泰达宏利基金管理有限公司
36	鹏华价值精选	206012. OF	鹏华基金管理有限公司
37	兴全全球视野	340006. OF	兴业全球基金管理有限公司
38	光大核心	360001. OF	光大保德信基金管理有限公司
39	上投摩根大盘蓝筹	376510. OF	上投摩根基金管理有限公司
40	国富中小盘	450009. OF	国海富兰克林基金管理有限公司
41	国泰金鑫	519606. OF	国泰基金管理有限公司
42	银河康乐	519673. OF	银河基金管理有限公司
43	汇丰晋信大盘 A	540006. OF	汇丰晋信管理有限公司
44	汇丰晋信中小盘	540007. OF	汇丰晋信管理有限公司
45	汇丰晋信低碳先锋	540008. OF	汇丰晋信管理有限公司
46	汇丰晋信消费红利	540009. OF	汇丰晋信管理有限公司
47	汇丰晋信科技先锋	540010. OF	汇丰晋信管理有限公司
48	中银消费主题	000057. OF	中银基金管理有限公司
49	中银美丽中国	000120. OF	中银基金管理有限公司

续表

序号	基金名称	基金代码	所属公司
50	富国医疗保健行业	000220. OF	富国基金管理有限公司
51	华安沪深300量化A	000312. OF	华安基金管理有限公司
52	中银优秀企业	000432. OF	中银基金管理有限公司
53	上银新兴价值成长	000520. OF	上银基金管理有限公司
54	华润元大信息传媒科技	000522. OF	华润元大基金管理有限公司
55	景顺长城优势企业	000532. OF	景顺长城基金管理有限公司
56	中银健康生活	000591. OF	中银基金管理有限公司
57	华润元大医疗保健量化	000646. OF	华润元大基金管理有限公司
58	国泰金马稳健回报	020005. OF	国泰基金管理有限公司
59	华安创新	040001. OF	华安基金管理有限公司
60	博时新兴成长	050009. OF	博时基金管理有限公司
61	博时创业成长	050014. OF	博时基金管理有限公司
62	博时医疗保健行业	050026. OF	博时基金管理有限公司
63	博时价值增长2号	050201. OF	博时基金管理有限公司
64	嘉实研究精选A	070013. OF	嘉实基金管理有限公司
65	嘉实量化阿尔法	070017. OF	嘉实基金管理有限公司
66	嘉实价值优势	070019. OF	嘉实基金管理有限公司
67	嘉实主题新动力	070021. OF	嘉实基金管理有限公司
68	嘉实领先成长	070022. OF	嘉实基金管理有限公司
69	嘉实周期优选	070027. OF	嘉实基金管理有限公司
70	嘉实优化红利	070032. OF	嘉实基金管理有限公司
71	嘉实优质企业	070099. OF	嘉实基金管理有限公司
72	大成价值增长	090001. OF	大成基金管理有限公司
73	大成行业轮动	090009. OF	大成基金管理有限公司
74	富国通胀通缩主题	100039. OF	富国基金管理有限公司
75	富国高新技术产业	100060. OF	富国基金管理有限公司
76	国投瑞银景气行业	121002. OF	国投瑞银管理有限公司
77	国投瑞银核心企业	121003. OF	国投瑞银管理有限公司

序号	基金名称	基金代码	所属公司
78	国投瑞银创新动力	121005. OF	国投瑞银管理有限公司
79	国投瑞银成长优选	121008. OF	国投瑞银管理有限公司
80	融通新蓝筹	161601. OF	融通基金管理有限公司
81	融通蓝筹成长	161605. OF	融通基金管理有限公司
82	融通行业景气	161606. OF	融通基金管理有限公司
83	金鹰中小盘精选	162102. OF	金鹰基金管理有限公司
84	泰达宏利行业精选	162204. OF	泰达宏利基金管理有限公司
85	中银中小盘成长	163818. OF	中银基金管理有限公司
86	中银主题策略	163822. OF	中银基金管理有限公司
87	建信双利策略主题	165310. OF	建信基金管理有限公司
88	银华优势企业	180001. OF	银华基金管理有限公司
89	长城久恒	200001. OF	长城基金管理有限公司
90	南方稳健成长	202001. OF	南方基金管理有限公司
91	南方稳健成长 2 号	202002. OF	南方基金管理有限公司
92	金鹰成份股优选	210001. OF	金鹰基金管理有限公司
93	招商安泰	217001. OF	招商基金管理有限公司
94	招商大盘蓝筹	217010. OF	招商基金管理有限公司
95	招商行业领先 A	217012. OF	招商基金管理有限公司
96	招商中小盘精选	217013. OF	招商基金管理有限公司
97	大摩基础行业混合	233001. OF	摩根士丹利华鑫基金管理有限公司
98	华宝兴业宝康消费品	240001. OF	华宝兴业基金管理有限公司
99	华宝兴业多策略	240005. OF	华宝兴业基金管理有限公司
100	国联安小盘精选	257010. OF	国联安基金管理有限公司
101	景顺长城优选	260101. OF	景顺长城基金管理有限公司
102	泰信优质生活	290004. OF	泰信基金管理有限公司
103	泰信蓝筹精选	290006. OF	泰信基金管理有限公司
104	泰信发展主题	290008. OF	泰信基金管理有限公司
105	泰信中小盘精选	290011. OF	泰信基金管理有限公司

续表

序号	基金名称	基金代码	所属公司
106	泰信现代服务业	290014. OF	泰信基金管理有限公司
107	申万菱信盛利精选	310308. OF	申万菱信管理有限公司
108	申万菱信新动力	310328. OF	申万菱信管理有限公司
109	申万菱信消费增长	310388. OF	申万菱信管理有限公司
110	诺安成长	320007. OF	诺安基金管理有限公司
111	诺安中小盘精选	320011. OF	诺安基金管理有限公司
112	诺安多策略	320016. OF	诺安基金管理有限公司
113	东方核心动力	400011. OF	东方基金管理有限公司
114	天弘永定成长	420003. OF	天弘基金管理有限公司
115	天弘周期策略	420005. OF	天弘基金管理有限公司
116	长盛动态精选	510081. OF	长盛基金管理有限公司
117	长盛同德	519039. OF	长盛基金管理有限公司
118	新华优选成长	519089. OF	新华基金管理有限公司
119	新华钻石品质企业	519093. OF	新华基金管理有限公司
120	新华行业周期轮换	519095. OF	新华基金管理有限公司
121	新华中小市值优选	519097. OF	新华基金管理有限公司
122	新华灵活主题	519099. OF	新华基金管理有限公司
123	新华优选消费	519150. OF	新华基金管理有限公司
124	新华趋势领航	519158. OF	新华基金管理有限公司
125	万家精选	519185. OF	万家基金管理有限公司
126	汇丰晋信龙腾	540002. OF	汇丰晋信管理有限公司
127	中邮核心优选	590001. OF	中邮基金管理有限公司
128	中邮核心成长	590002. OF	中邮基金管理有限公司
129	中邮核心主题	590005. OF	中邮基金管理有限公司
130	中邮战略新兴产业	590008. OF	中邮基金管理有限公司
131	信达澳银红利回报	610005. OF	信达澳银管理有限公司
132	信达澳银产业升级	610006. OF	信达澳银管理有限公司
133	西部利得策略优选	671010. OF	西部基金管理有限公司

续表

序号	基金名称	基金代码	所属公司
134	浙商聚潮产业成长	688888. OF	浙商基金管理有限公司
135	民生加银精选	690003. OF	民生加银基金管理有限公司
136	民生加银稳健成长	690004. OF	民生加银基金管理有限公司
137	民生加银内需增长	690005. OF	民生加银基金管理有限公司
138	民生加银景气行业	690007. OF	民生加银基金管理有限公司
139	长安宏观策略	740001. OF	长安基金管理有限公司
140	德邦优化	770001. OF	德邦基金管理有限公司

附录 2　样本基金管理公司中样本基金的数量

序号	基金管理公司名称	数量（只）
1	嘉实基金管理有限公司	11
2	摩根士丹利华鑫基金管理有限公司	3
3	鹏华基金管理有限公司	5
4	景顺长城基金管理有限公司	5
5	上投摩根基金管理有限公司	3
6	富国基金管理有限公司	5
7	华安基金管理有限公司	3
8	安信基金管理有限公司	1
9	建信基金管理有限公司	4
10	汇添富基金管理股份有限公司	3
11	招商基金管理有限公司	5
12	国海富兰克林基金管理有限公司	2
13	工银瑞信管理有限公司	4
14	泰达宏利基金管理有限公司	3
15	华宝兴业基金管理有限公司	3
16	民生加银基金管理有限公司	5
17	南方基金管理有限公司	3
18	诺安基金管理有限公司	3
19	兴业全球基金管理有限公司	1
20	光大保德信基金管理有限公司	1

续表

序号	基金管理公司名称	数量（只）
21	银河基金管理有限公司	1
22	国泰基金管理有限公司	2
23	汇丰晋信管理有限公司	6
24	中银基金管理有限公司	6
25	上银基金管理有限公司	1
26	华润元大基金管理有限公司	2
27	博时基金管理有限公司	4
28	大成基金管理有限公司	2
29	国投瑞银管理有限公司	4
30	融通基金管理有限公司	3
31	金鹰基金管理有限公司	2
32	银华基金管理有限公司	1
33	长城基金管理有限公司	1
34	国联安基金管理有限公司	1
35	泰信基金管理有限公司	5
36	申万菱信管理有限公司	3
37	东方基金管理有限公司	1
38	天弘基金管理有限公司	2
39	长盛基金管理有限公司	2
40	新华基金管理有限公司	7
41	万家基金管理有限公司	1
42	中邮基金管理有限公司	4
43	信达澳银管理有限公司	2
44	西部基金管理有限公司	1
45	浙商基金管理有限公司	1
46	长安基金管理有限公司	1
47	德邦基金管理有限公司	1
合计		140

后　记

　　本书是在博士学位论文的基础之上修改形成的，在出版之际我思绪万千，因为在我求学的道路上有太多的人无私地帮助过我、指导过我。

　　感谢山东大学经济研究院的黄少安老师。他不仅作为经济研究院的院长对我们提出了许多做人、做事的原则和准则，而且还作为任课老师教给了我们知识、思考问题的方式、方法和思路。在学业上对我们严格要求，同时又如慈父般关怀着我们的生活和学习。从他身上，我看到了一位经济学家、一位知识分子、一位学者的担当、责任和情怀。

　　感谢我的导师魏建教授和孙天琦教授。两位教授在我六年多的求学生涯中容忍我、包容我，给予了我许多的帮助，令我受益良多。在我论文开题时曾多次给予我指导，在论文写作中不断鞭策激励我，我的写作拖拖沓沓，时断时续时，两位老师经常鼓励我，让我坚持下去。如果没有两位老师的激励和鞭策，也许到今天论文也难以完成。尤其魏老师睿智的指导常常令我豁然开朗，使论文写作中遇到的困难迎刃而解。

　　感谢我硕士期间的导师徐超丽老师。在我硕士求学期间她给予我生活上、学习上许多无私帮助，在我考博士、撰写论文的过程中又给予我多次鼓励和帮助。

　　感谢经济研究院的诸位老师。黄凯南教授、孙圣民教授、王凤荣教授、韦倩教授、孙涛副教授、吴吉林副教授、张进峰副教授、谢志平副教授、叶海云副教授、杜克锐老师、陈言老师等，他们对我学习过程中遇到的困难多次给予解惑、指导。感激之情，难以言表。还要感谢济南大学的孙国茂教授、山东财经大学的郭艳茹教授和张红凤教授，在我论文预答辩中给予的帮助和指导。

感谢经济研究院办公室的各位老师给予的帮助。特别感谢石莹老师、顾颜老师、宋景尧老师、任立英老师等给予的帮助，从入学到中期考核、开题到答辩各个环节给予的帮助和指导。感谢赵燕平老师在我查找文献资料时给予的帮助。

感谢中共山东省委党校的王军副教授和张蕴萍副教授。他们在生活上、学业上帮助我，让我感激不尽、受用终生。

感谢经济研究院的各位同学和同门师弟师妹给我的帮助。辛纳、司海平每次都通知我参加魏老师的学术讨论会等。

感谢齐鲁工业大学（山东省科学院）的领导和同事。2004 年我进入齐鲁工业大学（山东省科学院）金融学院工作（单位原名称是山东轻工业学院金融职业学院、齐鲁工业大学财政与金融学院），2010 年考入山东大学经济研究院攻读博士学位。在备考和攻读博士学位期间，一边工作，一边学习，各种艰辛，难以言表。在这过程中，单位的领导和同事给予我极大的理解、帮助和支持，使我倍感温暖。

感谢我的家人。我的父母养育了我，他们虽然不懂我的专业和学习，但是时常激励我、鼓励我；我的公公婆婆特别是婆婆在我上学的前两年帮我们带孩子，虽然不懂我在干什么，但是知道我很忙，一直在尽力帮助我。感谢我的老公，他在完成本职工作的基础上尽可能多地承担家务，以免我干家务而耽误学业；感谢我的儿子，他现在已经是五年级的小学生，听话、懂事，尽可能不打扰我。

要感谢的人真的很多，无论怎么列举都可能不全。谨以此对所有帮助过我的人表达诚挚感谢！谢谢你们的关心和帮助！

人生漫漫，路修远兮！学业匆匆，段而中分！未来的路很长，学习是没有终结的，我将继续努力、拼搏，以未来的成绩报答所有帮助过我的人！

本书是齐鲁工业大学（山东省科学院）金融学院支持出版的高水平学术专著——《互联网经济》系列专著之一，入选 2018 年齐鲁工业大学"人文社科优秀成果培育计划"，本书的出版受到学院的资助，在此表示感谢！

董丽娃

2019 年 1 月于山东济南